◇ 现代经济与管理类规划教材

商务谈判
——理论·策略·实训
（第2版）

龚 荒 主编

清华大学出版社
北京交通大学出版社
·北京·

内 容 简 介

本书以商务谈判过程为逻辑顺序，全面系统阐述商务谈判活动的原理、方法、策略和技巧。全书共分8章，包括商务谈判概述、商务谈判组织与管理、商务谈判的筹划与准备、商务谈判策略、商务谈判思维与沟通、国际商务谈判、商务谈判礼仪、商务谈判签约。

本书体系完整，内容新颖，表述通俗，案例丰富，突出谈判策略技巧的实战训练，强调实践能力的培养。各章均设计安排了学习目标、关键术语、复习思考题、案例与训练等项内容，并在各章正文中穿插有实例、专栏和背景资料，同时附了两套模拟试卷，为该课程的教学提供方便。

本书适合作为本专科院校的商务、营销及经济管理类专业的教材。

本书封面贴有清华大学出版社防伪标签，无标签者不得销售。
版权所有，侵权必究。侵权举报电话：010-62782989 13501256678 13801310933

图书在版编目（CIP）数据

商务谈判：理论·策略·实训/龚荒主编.—2版.—北京：北京交通大学出版社：清华大学出版社，2015.5（2019.1重印）
（现代经济与管理类规划教材）
ISBN 978-7-5121-2265-9

Ⅰ．①商… Ⅱ．①龚… Ⅲ．①商务谈判-高等学校-教材 Ⅳ．① F715.4

中国版本图书馆 CIP 数据核字（2015）第 095919 号

责任编辑：吴嫦娥   特邀编辑：林夕莲
出版发行：清华大学出版社   邮编：100084   电话：010-62776969   http://www.tup.com.cn
　　　　　北京交通大学出版社   邮编：100044   电话：010-51686414   http://www.bjtup.com.cn
印 刷 者：北京时代华都印刷有限公司
发 行 者：全国新华书店
开　　本：185×260   印张：13.75   字数：343 千字
版　　次：2019 年 1 月第 2 版   2019 年 1 月第 2 次印刷
书　　号：ISBN 978-7-5121-2265-9/F·1497
印　　数：3 001～4 500 册   定价：32.00 元

本书如有质量问题，请向北京交通大学出版社质监组反映。对您的意见和批评，我们表示欢迎和感谢。
投诉电话：010-51686043，51686008；传真：010-62225406；E-mail：press@bjtu.edu.cn。

前　言

商务谈判是一门科学，同时又是一门艺术，是科学性与艺术性的有机结合。一方面，商务谈判是人们协调彼此的利益关系，满足各自需要的行为过程，人们必须从理性的角度对所涉及的问题进行系统的分析研究，根据一定的规律、规则来制定谈判的方案和策略。另一方面，商务谈判活动是由特定的谈判人员进行的，所以，谈判又是不同的人之间直接发生交流的一种活动。在这种活动中，谈判人员的知识、经验、情绪、情感及个性心理特征等因素，又都在一定的程度上对谈判的过程和结果产生影响作用。而属于个人特性的那些因素往往是难以预测的，在许多情况下，它们对谈判所可能产生的影响，很难在事前做出估测，调动和运用这些因素就具有某种艺术性。

因此，在商务谈判过程中，谈判者应当既坚持科学，又讲究艺术，遵循科学性与艺术性相结合的原则。一般来说，在涉及谈判双方的实力认定、谈判的环境分析、谈判方案的评估选择以及交易条件的确定等问题时，较多地强调科学性的一面；而在具体的谈判策略、战术的选择和运用方面，则较多地突出艺术性的一面。从某种意义上讲，坚持谈判的科学性，谈判者就能够正确地规划自己的行为；而坚持谈判的艺术性，谈判者就可能找到更好的途径来争取实现预期的目标。

基于上述认识，我们编写了《商务谈判——理论·策略·实训》这本教材。本书的主要特色体现在：

- 力求理论、策略、实训三位一体，便于谈判知识的系统学习和谈判技能的有效提升；
- 强调前沿理论观念与国内外商务实践的结合，体现思想性与实用性的结合；
- 关注商务谈判的基本原理、策略技巧和操作实务的介绍及实际应用；
- 贯彻案例教学的思想，选用最新案例材料并注重案例训练；
- 体现研究型教学的需要，便于任课教师的课堂拓展和互动教学。

本书第 2 版在原版基础上进行了适当补充修订。对理论知识介绍以"适度够用"为原则，做了进一步精炼压缩，同时各章节新增了一些谈判实例和背景专栏；改写和新增了部分章节的案例训练题；强化了商务谈判中的沟通技巧，拓展了口头沟通的内容，新增了非语言沟通、电话沟通、网络沟通等新章节。

本书第 2 版由龚荒任主编，杨雷、李克东、叶美玲、周莉、龚薇、丁巍等参与了编写修订工作。

在本书编写过程中，作者借鉴、参考和引用了国内外专家学者的教材、著述和研究成果，恕不一一列举；本书的出版得到了清华大学出版社、北京交通大学出版社的大力支持，得到了吴嫦娥编辑的许多帮助，在此一并致以诚挚的谢意。

为便于教师教学，本书配有教学课件及部分章后案例训练题答案，可在出版社网站 http://www.bjtup.com.cn 下载或发邮件至 cbswce@jg.bjtu.edu.cn 索取。由于作者学识水平有限，书中定有疏漏之处，恳请读者批评指正（作者信箱：gonghuang@163.com）。

编　者
2015 年 5 月

目 录

第 1 章　商务谈判概述 ……………………………………………………………… (1)
　1.1　商务谈判的概念与评价标准 ……………………………………………… (2)
　1.2　商务谈判的原则与方法 …………………………………………………… (8)
　1.3　商务谈判的类型与过程 …………………………………………………… (17)
　◇关键术语 ……………………………………………………………………… (23)
　◇复习思考题 …………………………………………………………………… (23)
　◇案例与训练 …………………………………………………………………… (24)

第 2 章　商务谈判组织与管理 ……………………………………………………… (29)
　2.1　商务谈判人员的素质要求 ………………………………………………… (29)
　2.2　商务谈判班子的构成 ……………………………………………………… (34)
　2.3　商务谈判的管理 …………………………………………………………… (38)
　◇关键术语 ……………………………………………………………………… (42)
　◇复习思考题 …………………………………………………………………… (42)
　◇案例与训练 …………………………………………………………………… (43)

第 3 章　商务谈判的筹划与准备 …………………………………………………… (46)
　3.1　商务谈判的信息准备 ……………………………………………………… (46)
　3.2　谈判的可行性研究与方案制订 …………………………………………… (56)
　3.3　谈判的物质条件准备 ……………………………………………………… (63)
　3.4　模拟谈判 …………………………………………………………………… (68)
　◇关键术语 ……………………………………………………………………… (72)
　◇复习思考题 …………………………………………………………………… (72)
　◇案例与训练 …………………………………………………………………… (72)

第 4 章　商务谈判策略 ……………………………………………………………… (77)
　4.1　开局阶段的谈判策略 ……………………………………………………… (77)
　4.2　报价阶段的谈判策略 ……………………………………………………… (80)
　4.3　磋商阶段的谈判策略 ……………………………………………………… (86)
　4.4　谈判僵局处理的策略 ……………………………………………………… (96)
　4.5　结束阶段的谈判策略 ……………………………………………………… (99)
　◇关键术语 ……………………………………………………………………… (101)

I

◇复习思考题 …………………………………………………………………… (101)
　　◇案例与训练 …………………………………………………………………… (102)

第5章　商务谈判思维与沟通 ………………………………………………… (110)
　5.1　商务谈判的思维方法 ………………………………………………………… (110)
　5.2　有效的口头表达 ……………………………………………………………… (116)
　5.3　谈判过程中的非语言沟通 …………………………………………………… (125)
　5.4　电话沟通 ……………………………………………………………………… (128)
　5.5　网络沟通 ……………………………………………………………………… (130)
　　◇关键术语 ……………………………………………………………………… (135)
　　◇复习思考题 …………………………………………………………………… (135)
　　◇案例与训练 …………………………………………………………………… (135)

第6章　国际商务谈判 …………………………………………………………… (139)
　6.1　国际商务谈判概述 …………………………………………………………… (140)
　6.2　美洲商人的谈判风格 ………………………………………………………… (147)
　6.3　欧洲商人的谈判风格 ………………………………………………………… (152)
　6.4　亚洲商人的谈判风格 ………………………………………………………… (156)
　　◇关键术语 ……………………………………………………………………… (161)
　　◇复习思考题 …………………………………………………………………… (161)
　　◇案例与训练 …………………………………………………………………… (161)

第7章　商务谈判礼仪 …………………………………………………………… (166)
　7.1　礼仪的基本概念 ……………………………………………………………… (166)
　7.2　商务礼仪的规范要求 ………………………………………………………… (170)
　　◇关键术语 ……………………………………………………………………… (178)
　　◇复习思考题 …………………………………………………………………… (178)
　　◇案例与训练 …………………………………………………………………… (178)

第8章　商务谈判签约 …………………………………………………………… (183)
　8.1　商务合同的种类及内容 ……………………………………………………… (183)
　8.2　商务合同的审核及签订 ……………………………………………………… (187)
　8.3　商务合同的履行及维护 ……………………………………………………… (191)
　8.4　涉外商务合同与国际惯例 …………………………………………………… (194)
　　◇关键术语 ……………………………………………………………………… (197)
　　◇复习思考题 …………………………………………………………………… (197)
　　◇案例与训练 …………………………………………………………………… (198)

附录A　试卷一 …………………………………………………………………… (201)
附录B　试卷二 …………………………………………………………………… (206)
参考文献 ……………………………………………………………………………… (211)

第1章

商务谈判概述

▶▶ 学习目标

通过本章的学习，使学生了解和掌握以下知识点：
◎ 谈判行为的普遍意义
◎ 谈判的概念与特征
◎ 谈判的价值评判标准
◎ 商务谈判的原则与方法
◎ 商务谈判的要素与类型
◎ 商务谈判的一般程序

"谈判"一词对人们来说并不陌生。自有人类社会以来，谈判就存在于人类活动的各个方面。

随着社会经济的发展和进步，人们越来越多地感到，谈判是经济生活中不可缺少的活动，是人际间一种特殊的双向沟通的交往方式。面对商务活动及日常生活中日益频繁的谈判活动，有人为此而困惑，也有人为此而兴奋；有人希望尽可能回避谈判，也有人则为缺乏对谈判的基本了解而苦恼。事实上，谈判是一个无法回避的事实，要想在生活和工作实践中，特别是在商务活动中得到满意的谈判结果，必须掌握谈判的基本特征和规律，并结合实际加以运用。

1.1 商务谈判的概念与评价标准

实例 1-1

琼文和苏卡的一天[①]

琼文和苏卡是一对年轻的夫妻。一大早，他们就起来了。他们家的热水器制热效果不好。昨天已经修过了，换了两个零件，共花去413元钱，但热水效果还是不好。于是琼文拿着换下的零件去鉴定，零件是好的。琼文知道上了当，还好零件在自己手里，明天维修人员才过来取零件。琼文心里明白，明天要讨回413元钱，可能需要一场艰难的谈判，必要时可能需要采取一些诸如情绪爆发的谈判策略。

琼文是一家制造厂设计组的负责人。琼文到达公司后，在办公室门口遇到了采购部经理艾笛。艾笛提醒必须解决一个问题：在琼文主管的部门中，工程师们没有通过采购部而直接与供应商进行了联系。琼文知道，采购部希望所有与供应商的接触都通过他们进行，但他也知道工程师们进行设计非常需要技术信息，而等着采购部反馈信息将大大延长设计时间。琼文与艾笛都意识到了上司希望他们部门经理之间不存在分歧。如果这个问题被提交到总经理那里，那么对他们双方来说都不好。看来，琼文得准备和艾笛进行一次内部谈判，以解决艾笛提出的问题。

临近中午时，琼文接到一个汽车销售商打来的电话。琼文想买一辆好车，但怕苏卡不同意花太多钱。琼文对销售商的报价很满意，但他认为他能让销售商的价格再优惠一些，因为他把他的顾虑告诉销售商，从而给销售商增加压力，压低车价。

琼文下午的大部分时间被一个年度预算会议所占用。在会上，财务部门随意将各部门的预算都削减30%，接着所有的部门经理都不得不进行无休止的争论，以努力恢复他们在一些新项目的预算。琼文已经确定了所能退让的限度（即谈判的底线），而且决定一旦这个限度被打破，他就要进行抗争。

傍晚时苏卡和琼文去逛商店。他们看到一件新潮大衣，标价590元。苏卡反复看了这件大衣后，对店主说："能不能便宜点？"店主说："那你给个价吧。"苏卡想了一下说："480元怎么样？"店主二话没说，取下大衣往苏卡手里一送："衣服归你了，付钱吧。"苏卡犹豫了，她想走。店主火了："你给的价格怎能不要？你今天一定得要。"苏卡又要面临一场艰难的谈判了。

---

① 资料来源：石永恒. 商务谈判精华 [M]. 北京：团结出版社，2003.

1.1.1 谈判与谈判学

1. 谈判是一种普遍的人类行为

正如案例中所描述的那样，谈判是一个无法回避的现实，它存在于人们生活和工作的各个层面和各个方面。现实世界就是一个巨大的谈判桌，无论你愿意与否，你都是一个谈判的参与者。

长期以来，人们经常有一种误解，似乎谈判只是谈判人员的事，是职业外交人员、政治家、商务主管人员才会面对的事。事实上，无论是在政治、文化、教育、家庭、婚姻、社交等活动中，还是在大量的经济活动中；无论是在战争、领土、民族等重大问题的矛盾冲突中，还是在人们日常的社会生活中，处处、时时都有谈判发生。

实际上谈判有广义、狭义之分。广义的谈判包括一切有关"协商""交涉""商量""磋商"的活动，如在市场购物时的讨价还价、找工作时的求职面试、与同事协商工作上的安排等；狭义的谈判是指在正式场合下两个或两个以上的组织按一定的程序，对特定问题进行磋商，最后达成协议的过程。

谈判作为一种普遍的生活现实，并不是人类社会发展至今才有的独特现象，而是古往今来始终存在的一种事实。所不同的只是，由于现代社会人们之间的交往大大增加，从而需要通过谈判协调的事务也大大增加。与古代社会相比，人们以比过去更高的频率，参与到更广层面的谈判之中。

谈判不仅是一种普遍的人类行为，而且是一种必须要予以认真对待的生活现实。谈判进行的过程如何，取得怎样的结果，对人们的未来生活和工作可能会产生十分重大的影响。著名未来学家约翰·奈斯比特（J. Naisbitt）在评价尤里的《逾越障碍：寻求从对抗到合作的谈判之路》一书时认为，"随着世界的变化，谈判正逐步变成主要的决策制定形式。"作为一种决策制定形式，谈判的过程及其结果直接关系到当事者各方的相关利益能否得到满足，关系到决策各方的未来关系，关系到相关各方在未来相当长的时期内的活动环境。一次成功的谈判可能帮助企业化解重大危机，一场失败的谈判则可能使企业为开拓一个新市场所付出的若干努力付诸东流。

2. 谈判学是一门正在成长的年轻学科

由于谈判与其他人类活动有着密不可分的联系，谈判行为的普遍性及其过程和结果的重要性促使人们去探究谈判活动的内在规律。自古以来，在大量文献中都有与谈判有关的研究，如对人们日常交流中的语言技巧的研究，对跨文化交流技巧的研究，对外交、军事关系的研究等。在古今中外的历史上，也有大量掌握了高超的谈判技巧，出色完成各自使命的人物记载。如中国历史名著《史记》中所记载的蔺相如、毛遂、晏婴等，古希腊和古罗马时期的思辩奇才等。

将谈判作为一门学科来加以系统地研究是20世纪中期以后的事。曾任美国谈判学会会长的美国著名律师杰勒德·尼尔伦伯格（Gerard Nierenberg）在其《谈判的艺术》一书的再版导言中宣称："当《谈判的艺术》一书于1968年出版之时，它开拓了一门新的学科，展示了一个新的研究领域。'谈判'一词，第一次获得了它的社会地位……作为一门学科……它已被视为一个包罗万象的体系，可以用来解决有关人类存在的一些最为棘手的问题——人际关系、企业间的关系和政府间的关系。"确实，自20世纪60年代以来，越来越多的学者将他们的研究视角转向谈判及其有关的问题。其中，罗杰·费雪尔所领导的哈佛谈判研究项目享有很高的声誉。20世纪80年代中期后，以大量的谈判研究成果为基础，顺应人才培养的需要，谈判课程进入越来越多的美国大学课堂。对谈判基本原理的理解和对某些基本技巧的学习运用已成为许多专业，尤其是商科学生的必修课程。[①]

在我国，随着经济体制改革和对外开放的不断深入，生活中各个层面和各个方面的谈判实践大量增加，对谈判理论和实践技巧的需求也十分迫切。在过去若干年国内学者的一些零星研究及20世纪80年代起对西方若干谈判研究成果引进、介绍的基础上，谈判研究也引起了越来越多学者的兴趣。从20世纪90年代初起，谈判课程也逐步进入了我国一些高等学校的课堂。

谈判作为一门学科的历史十分短，虽然发展十分迅速，但谈判学仍然是一门年轻的学科。

1.1.2 谈判的概念及特征

为了提高实际谈判的效率，人们需要弄清楚什么是谈判。这个问题同样是很多谈判研究者们试图回答的第一个问题。

什么是谈判？在谈判研究发展的初期，无论是在美国还是在中国，都曾有人对谈判作为一门独立学科的科学性，甚至对谈判活动是否存在一定的规律性、是否需要对谈判进行研究等提出疑问。有人甚至认为，所谓谈判，就是两条狗在抢一块肉骨头，因此谈判是一种狗咬狗的游戏。也有人则认为，就其本质而言，谈判是一种骗术，并没有什么科学性或艺术性可言。随着对谈判实践和理论研究的不断深入，人们越来越认识到，成功的谈判实践需要有优秀的谈判理论作指导；否定谈判研究的必要性及其科学性的人越来越少。但是，在同样认可谈判理论研究的科学性的前提下，由于文化背景的差异或考虑问题角度的不同，人们对谈判所做出的解释存在着很大差异。[②]

▶ 背景资料 1-1

各国学者对谈判的定义

美国学者杰勒德·尼尔伦伯格认为，谈判是人们为了改变相互关系而交换意见，为了取得一致而相互磋商的一种行为，是"一个能够深刻影响各种人际关系和对参与各方产生持久利益的过程"。

美国著名谈判咨询顾问威恩·巴罗（Wayne Barlow）和格莱恩·艾森（Glen Eisen）认为，谈判是一种双方致力于说服对方接受其要求时所运用的一种交换意见的技能。

---

① 李扣庆. 商务谈判概论：理论与艺术[M]. 上海：东方出版中心，1998.
② 李扣庆. 商务谈判概论：理论与艺术[M]. 上海：东方出版中心，1998.

英国学者马什（P. Marsh）认为，谈判是"有关贸易双方为了各自的目的，就一项涉及双方利益的标的物在一起进行磋商，通过调整各自提出的条件，最终达成一项双方满意的协议这样一个不断协调的过程"。

在《谈判基础——概念、技巧与练习》一书中，拉尔夫·约翰逊（Ralgh Johnson）则认为，谈判是个人或组织通过与他人达成协议来寻求实现自身的某些目标的过程。

在《作为谈判者的管理者》一书中，拉克斯和塞宾纽斯（Lax 和 Sebenius）提出的观点是，谈判是存在着明显冲突的双方或多方，通过共同决策而不是其他行动来谋求更好结果的潜在的相互作用的过程。

中国学者田志华等则认为，"谈判是谈判双方（各方）观点互换、情感互动、利益互惠的人际交往活动。"

有关谈判的定义还有许多。从上面引述的若干定义中可以看出，有些学者主张将谈判理解为一种技能，有些则理解为一个过程，等等。总结这些观点，可以将谈判定义为：

谈判是有关组织或个人为协调关系或化解冲突，满足各自的利益需求，通过沟通协商以争取达成一致的行为过程。

理解谈判的这一定义，必须掌握谈判所具有的以下几个特征。

1. 谈判是一种目的性很强的活动

谈判是双方或多方为实现各自的目标所进行的反复磋商的过程。人们参与谈判通常都是为了达到某些目的。

2. 谈判是一种双向交流与沟通的过程

这个过程既是双方或多方共同参与的过程，也是一个说服与被说服的过程。

3. 它是"施"与"受"兼而有之的一种互动过程

这就是说，单方面的施舍或单方面的承受（不论它是自愿的还是被动的），都不能算作是一种谈判。因为谈判涉及的必须是"双方"，所寻求的是双方互惠互利的结果。互惠互利，不是那种"我赢你输"或"我输你赢"的单利性"零和博弈"结果，而是"我赢你也赢"的双双获利的"非零和博弈"结果。唯有达成双方互惠互利，才能得到确认成交的良性结果。

"博弈"，也叫"对策"。所谓"非零和博弈"，是相对于"零和博弈"（即：$1+(-1)=0$）而言的。对谈判来说，"非零和博弈"的原则，应始终贯穿于全过程。一场成功的谈判，每一方都是胜者。

4. 它同时含有"合作"与"冲突"两种成分

任何一方的谈判者都想达成一个满足自己利益的协议，这是之所以要进行谈判的原因。为了达成协议，参与谈判的各方均须具备某一程度的合作性。缺乏合作性，双方就坐不到一起来。但是，为了使自身的需要能得到较大的满足，参与谈判的各方势必处于利害冲突的对抗状态；否则，谈判就没有必要。因此，任何一种谈判均含有一定程度的合作与一定程度的冲突。

5. 它是"互惠"的，但并非均等的

"互惠"是谈判的前提，没有这一条，谈判将无从继续。"非均等"是谈判的结果，导致产生这种谈判结果的主要原因在于：谈判各方所拥有的实力与投入、产出的目标基础不同，包括双方的策略技巧各不相同。

1.1.3 商务谈判的概念及特征

商务谈判，也叫商业谈判，是指当事人各方为了自身的经济利益，就交易活动的各种条件进行洽谈、磋商，以争取达成协议的行为过程。任何一项协议，都是因为各方利益不同才产生达成协议的愿望。在商品交易谈判中，买主和卖主对商品和货币都喜欢，但偏爱的对象却不同。卖主对货币的兴趣超过他对商品的兴趣，买主则相反，于是，交易就这样达成了。

商务谈判作为谈判的一个种类，除了具有一般谈判的特质外，还有它自身的特点：

① 商务谈判是以经济利益为目的，讲求经济效益，一般都是以价格问题作为谈判的核心；

② 商务谈判是一个各方通过不断调整自身的需要和利益而相互接近，争取最终达成一致意见的过程；

③ 商务谈判必须深入审视他方的利益界限，任何一方无视他人的最低利益和需要，都将可能导致谈判破裂。

因此，共同性的利益和可以互补的分歧性利益，都能成为产生一项明智协议的诱因。商务谈判不是瓜分剩余利益，更不是为了打倒对方。谈判也是一种合作，必须追求共同利益，才能使双方都得利。

1.1.4 商务谈判的价值评价标准

什么样的谈判才是成功的谈判呢？是不是实现了己方利益最大化的谈判就是最成功的谈判？我们先来看下面一个实例。

▶ 实 例 1-2

三源公司的经营已连续两年亏损，目前财务状况资不抵债，最大债主是荣欣公司，全公司所剩资产正好相当于对荣欣公司的负债，债务利息更无着落，为此两家公司进行了多次谈判，仍无解决办法。

最近，三源公司进行了改组，新任总经理决心改变经营方向。他们与生化研究所联系，提出对研究所的一些实用性强的研究专利进行生产开发。但研究所对这些专利索价800万元，这是三源公司难以承受的，况且正式开展生产，三源公司还缺少一笔约100万元的启动资金。

新任总经理召开领导班子会议，研究分析"二企一所"之间的关系与各自的需要。三源公司要还债、要起死回生改变经营方向，需要资金，包括购买专利的资金和启动资金；荣欣公司要讨还债款和利息；生化研究所要出让专利。经过详细的探讨，在这个会议上形成了一个既满足自身需要又满足对方需要的计划。

新任总经理首先与生化研究所谈判，诚恳说明己方的开发计划和能力，希望对方能以500万元的价格出让专利，并以参股形式将此笔款项作为投资资本。显然，研究专利关在研究所里是不会产生效益的，对研究所来说，以专利作投资资本可以获得长期稳定的收益，是一种有吸引力的理想方式，但500万元的价格偏低了，经过磋商，谈定专利的价值为620万元。

接着三源公司总经理又找荣欣公司谈判，把他的计划及与生化研究所的谈判作了详细介绍，着重说明新的经营方向的美好前景，提出延期偿还债务，同时为实现此项生产，向荣欣公司增借100万元启动资金，希望能得到荣欣公司的理解和支持。事实上，如果一定要三源立刻偿清以前的债务，那三源公司只好倒闭，其资产的账面价值虽与债务数额相当，但若通过拍卖，将这些资产变现，可能还不足以抵偿债务数额的1/3，而生化专利项目的发展前景确实看好，研究所不是也以入股方式做了投资吗？荣欣公司经过对风险和收益的认真调查，终于同意三源公司的计划。他们与三源公司详细研究了启动所需的资金，经过又一轮磋商，确定新增贷款80万元。至此，谈判取得了圆满成功，这是一个漂亮的、三赢的结局。

商务谈判以经济利益为目的，以价格问题为核心，但并不等于说能够取得最大经济利益，尤其是最大的短期利益的谈判就是成功的谈判。在进行谈判之前，明确谈判的目标，合理把握评价谈判成败的标准，对于最终顺利地实现谈判目标，有着十分重要的意义。评价谈判的成败，最关键的是要看谈判结束后各方面的结果是否对企业目前和未来的发展有利。从这一角度出发，谈判人员的眼光不能局限于经济利益，特别是短期的经济利益，而必须要善于从长远和全局的观点看问题；不能仅仅看通过努力所取得的成果的大小，还必须要看为取得这一成绩所付出的成本的大小。

一般说来，可以从以下3个方面评价谈判成功与否。

1. 谈判目标实现的程度

谈判是一种具有很强目的性的活动，如商品买卖谈判中卖方的主要目的是以理想的价格和支付条件销售一定数量的产品，或是与特定买主之间建立长期稳定的合作关系；而买方的主要目的则是以较为低廉的价格和较合理的支付条件购买一定数量的产品，或是与特定卖主之间建立较为稳定的供货关系。评价谈判的成败，首先就是要看是否实现了这些最基本的目标。

2. 所付出的成本的大小

谈判过程是一个"给"与"取"兼而有之的过程。为了达到自身的目的，获取企业所希望获取的利益，通常就需要向对方提供一定的利益，需要付出一定的成本代价，即为获取所得而向对方所提供的直接利益及其风险的大小。如一个拥有较高知名度的品牌的企业为获得进入某一地区或国家市场的机会而与当地的某一企业合作，其所获得的是当地企业将协助其建立销售网络，所付出的则是允许该企业在一定期限内使用其知名品牌。如果该公司在与当地企业订立协议时，没有对当地企业使用其知名品牌的限制措施，如对商品质量的监督、销售数量乃至地区的控制，则该企业为获得对方在建立渠道方面的合作所付出的成本代价就可能太高，可能会承担很大的风险。

对谈判成本的考虑不仅要包括为获得对方所提供的一定利益而提供给对方的利益和风险的大小，而且要包括进行谈判所需要支付的时间成本和直接的货币成本投入，包括人力、物力等。这里尤其值得注意的是时间成本。企业经营活动对谈判时间有一定的要求。比如工厂要保持生产的连续性或要在限定的时间内完成一定的生产任务，就需要或加大原材料的库存量，或是缩短原材料采购谈判的时间和程序，在库存材料不敷使用的情况下，对谈判的时间则有极其严格的要求。时间的重要性不仅仅在于企业的生产经营活动具有一定的时间要求，而且还在于时间本身就具有重要的经济价值，在于商业机会的价值会随着时间的变化而发生重大的变化。有些经营活动只有在特定的时间内进行才可能取得较为理想的效果。时间的流逝很可能使一个原本极有价值的商业机会变得毫无价值。

机会成本是在评价谈判成败时应当考虑的另一项成本。企业与特定对手谈判合作，就可能失去了与另一些企业合作的机会，而与那些企业合作也许能为企业带来更为理想的合作效果；在决定与某一企业在某一领域合作后，企业同样也就可能失去了利用其有限的资源在其他投资领域谋取较好的经济利益的机会。所有这些机会损失都构成企业利用与某一对象谈判合作谋取一定利益的机会成本，必须在作出谈判决策时予以考虑。一项成功的谈判应当能为企业把握住最好的商业机会创造条件。

3. 双方关系改善的程度

成功的谈判应当有助于维持或改善企业与谈判对手之间的关系，有助于树立良好的企业形象。在现代市场经济环境下，越来越多的企业决策者认识到树立良好的企业形象、建立与合作伙伴之间的良好关系的重要性。谈判者在谈判桌上所树立的形象是企业形象的一个重要组成部分。双方之间在一次谈判中所形成的关系状况将直接影响到相互之间在未来的合作。在企业的产品市场或原材料来源较为集中、仅限于几个对象的情况下，通过谈判建立良好的关系就具有特别重要的价值。即便是在双方将来不太可能再度合作，但在许多企业都较为注重了解潜在的合作对象以往的谈判行为的情况下，树立良好的形象，仍具有一定的价值，可能为企业带来新的合作机会。鉴于此，在一般情况下，一项成功的谈判在以较低的成本实现谈判目标的同时，应当能够促进双方之间合作关系的改善，树立良好的谈判形象，至少应当能够维持双方之间原有的合作关系。

1.2 商务谈判的原则与方法

1.2.1 商务谈判的原则

每一项商务谈判，都依存于特定的环境和条件，并服从于谈判者对特定目标的追求。因而，在现实中存在的大量商务谈判行为，必然是各具特色、互不相同的。但是，任何一项商务谈判又都是谈判双方共同解决问题，满足各自需要的过程。从这个意义上讲，不同的商务谈判对谈判者的行为又有着共同的要求。或者说，无论人们参与何种商务谈判，都必须遵循某些共同的准则。

实例 1-3

20世纪70年代末，"可口可乐"公司和"百事可乐"公司先后与印度政府谈判，想到该国设厂，扩大它们的饮料生产和销售业务。谈判初期，印度政府出于对本国饮料工业的保护，拒绝它们进入。双方谈判都陷入僵局。但是上述两家美国饮料公司并未气馁，而是继续寻机谈判，以求抓住对方。后来印度政府提出：如欲进入印度，必须规定今后生产的产品要有相当的份额出口到其他国家，而且要接受印度政府的监督，使用当地的原料，雇用当地的劳力，按印度的有关规定汇出利润……出现了又一个僵持的局面。要是过去，看了这些苛刻的规定，百事可乐公司很可能一走了之。但是现在它却一改高傲态度，抢在可口可乐公司前面向印度政府提出了三项保证。

（1）百事可乐公司无论是在印度开设分厂，还是合资企业，保证就地取材，每年按比例收购11万吨水果和蔬菜（其中8万吨用于饮料生产）、2.5万吨土豆（用以加工成炸土豆片）、5 000吨粮食（用以加工成其他产品）。

（2）百事可乐公司开设的分厂，将全部雇用当地工人或农民。如允许工厂扩大规模，则相应增加劳动力的雇用。

（3）百事可乐公司在印度兴办的饮料和食品加工厂的50%的产品将出口外销。

这一系列保证有利于印度农副产品的销售，并能增加印度的就业机会，提高印度职工的技术水平和管理能力，促进印度国民经济的发展，从而满足经济相当落后、刚刚实行开放、困难很多的印度的需求和欲望。从表面上看，百事可乐公司让步太多。但是从深层次看，百事可乐公司从此不仅打入印度这个蕴藏巨大潜力的饮料市场，而且能向印度输入自己的特有技术，能利用印度的廉价劳动力和原料生产产品向印度及其周边国家销售，并在印度人心目中建立起了一个慷慨无私、互利合作的世界性公司的形象，在与可口可乐公司的竞争中赢得了一个新的筹码，从而在印度这块饮料市场阵地上成为一个无与伦比的主动竞争者。

百事可乐谈判的成功就在于它坚守了谈判中的一些重要原则。事实上，商务谈判是一种原则性很强的活动，了解商务谈判的原则，对于我们有效地规划谈判行为，从而正确地引导谈判活动的发展，争取谈判的成功，将是十分重要和有益的。在商务谈判中，谈判者应遵循的原则主要有以下5个方面。[①]

1. 平等互利原则

商务谈判是一项互惠的合作事业。在任何一项商务谈判中，双方都应该是平等相待、互惠互利的。平等互利反映了商务谈判的内在要求，是谈判者必须遵循的一项基本原则。

商务谈判是涉及谈判双方的行为，这一行为是由谈判双方共同推动的，谈判的结果并不取决于某一方的主观意愿，而是取决于谈判双方的共同要求。在商务谈判过程中，谈判双方都是独立的利益主体，他们共同构成了谈判这一行为的主体，彼此的力量不分

---

① 张春沨，崔新有. 推销技巧与商务谈判 [M]. 成都：西南交通大学出版社，1995.

强弱，在相互关系中处于平等的地位。从某种意义上讲，双方力量、人格、地位等的相对独立和对等，是谈判行为发生与存在的必要条件。如果谈判中的某一方由于某些特殊原因而丧失了与对方对等的力量或地位，那么另一方可能很快就不再把他作为谈判对手，并且可能试图去寻找其他的而不是谈判的途径来解决问题，这样，谈判也就失去了它本来的面目。

参与商务谈判的双方都想实现自己的目标，都有自己的利益，并希望通过谈判获取尽可能多的利益，因此谈判双方都是"利己"的。但对谈判双方而言，任何一方要实现自己的利益，就必须给予对方利益，每一方利益的获取都是以对方取得相应利益为前提，因此，谈判双方又都必须是"利他"的。每一项商务谈判都包含了上述相互依存、互为条件的两个方面。

商务谈判必须在平等的基础上进行，谈判所取得的结果应该对双方都有利，互惠互利是谈判取得成功的重要保证。但这并不是说双方从谈判中获取的利益必须是等量的，互利并不意味着利益的相等。在谈判过程中，任何一方都有权要求对方做出某些让步；同时，任何一方又都必须对他方提出的要求做出相应的回应。让步对确立双方利益而言是必需的，但让步的幅度在不同的谈判方又可以是不相等的。

谈判双方为了某些共同的需要而走到一起，互相合作；同时，谈判双方又都有着自己的需要，他们作为不同的利益主体相互对立，发生冲突。如果谈判的某一方只考虑自己的利益，只想满足自己的需要，那么，这种谈判就缺乏最起码的基础，最终也不能取得理想的结果。许多谈判者往往过分强调商务谈判中的冲突因素，他们认为可用来切割的利益是有限的、固定不变的。而没有意识到通过合作，他们还可能找到更有效的解决问题的途径。西方学者常常用合作制作更大馅饼的情况来说明这一问题。谈判双方共同切割某一既定的利益，一方所得越多，另一方所得就越少；一方增加所得，另一方的所得就必然随之减少。这是一种典型的"赢—亏"式的谈判，其中冲突的因素要比合作的因素更为突出。

事实上，谈判双方可以共同努力来增加可能切割的利益总数。如果双方联合起来制作更大的馅饼，尽管其相对的份额（假设为50%对50%）保持不变，但各自的所得却增加了。这是一种典型的"赢—赢"式的谈判，其重点是合作，而不是冲突。例如，与美国摩托公司谈判的美国联合汽车工人工会领导人发现，如果坚持原来的立场将迫使公司大幅度停工，甚至破产。由于认识到了这是一个共同的问题，双方达成了一项长期协议。根据这一协议，双方各自做出让步，以便在未来得到更多的利益。这样，他们双方就合作制作了一块更大的馅饼。

实例 1-4

双赢还是双输

美国纽约印刷工会领导人伯特伦·波厄斯以"谈判毫不让步"而闻名全美。他在一次与报业主进行的谈判中，不顾客观情况，坚持强硬立场，甚至两次号召报业工人罢工，迫使报业主满足了他提出的全部要求。报业主被迫同意为印刷工人大幅度增加工资，并且承诺不采用排版自动化等先进技术，防止工人失业。谈判结果是以伯特伦·波厄斯为首的工会一方大获全胜，报业主却陷入困境。最终结果是三家大报被迫合并，接下来便是倒闭，数千名报业工人失业。这一例证表明，一方贪求谈判桌上的彻底胜利，往往会导致双方实际利益受损。

当然，在谈判中，50%对50%的做法仅仅是一种可能的结果，更为常见的是谈判各方都力图从那一块较大的馅饼中取得较多的一份。尽管商务谈判强调合作更甚于强调冲突，但在任何一项谈判中又都存在着冲突的因素。一个出色的谈判者应该善于合理地利用合作和冲突，在平等互利的基础上，努力为己方争取最大的利益。

2. 把人与问题分开的原则

无论何种类型的商务谈判，无论其服从于谈判行为主体的何种目的，谈判都必须是由特定的谈判人员参加，并由谈判各方的所有参与者共同推动的。参加谈判的每一个人都有自己的价值观念，有自己的个性特征及对客观事物的认知和情绪、情感体验。因此，任何一项商务谈判都会在一定程度上融入属于谈判者个人的某些因素，人的感情往往与正在谈判的问题的客观是非纠缠在一起。

商务谈判是以获取经济利益为目的的，每一个谈判者都希望达成自己的利益目标，人们对实际谈判活动的规划无疑也是以此为基础的。偏离了这个核心，不从谈判双方的利益关系出发，而是根据有关人员的个性来构想谈判的问题，人们就可能游离于影响至深的实质性问题之外，从而使谈判丧失效率。在商务谈判过程中，人性的因素，包括各谈判人员所具有的正常的感情和理性，不可避免地会对谈判的进程产生影响。如果把谈判看作是对对方意志的考验，而不把它当作是共同解决问题的活动，人们就可能陷入一些无谓的争执或对立之中，最终导致谈判的失败。每一个谈判人员都应意识到，商务谈判不是解决人性问题的过程，而是人们共同解决谈判问题的过程。把人的问题与谈判的问题分开，这是谈判者必须遵循的一项重要原则。

把人与问题分开，并不意味着可以完全不考虑有关人性的问题。事实上，谈判者要避免的是把人的问题与谈判的问题混杂在一起，而不是放弃对这一问题的处理。在处理人的问题时，应该注意以下3个方面的事项。

（1）每一方都应设身处地去理解对方观点的动因，并尽量弄清这种动因所包含的感情成分

人们对事物所持的观点或看法，都有其特定的背景和动因。谈判者站在对方的立场而不是自己的立场上去看待对方的观点，就不难发现在他们的观点背后，包含了多少理性的思考和感情的成分。离开了对人性问题的深刻理解和把握，处理人的问题的努力也就失去了基本的依托。

实例 1-5

从他人的立场看问题

同样的一件事在不同的人心中往往有不同的看法。这就要求谈判者必须具有这样一

种素养，即遇事能够站在他人的角度去看问题。只有这样，谈判者才能真正地知己知彼。下面是一位房东与他的房屋租用人在交涉过程中，房客对 8 个问题的感受或见解。您能否推断出房东对于这 8 个问题将产生怎样的感受或见解？

（1）房租本来已经太高！
（2）现在什么都涨价，我付不起更多的房租。
（3）这房子早就该粉刷或修补。
（4）有些朋友也租了同样的房子，但他们付的租金比我少。
（5）这房子周围的环境差，所以租金也该相应减低。
（6）我是一位不讨人厌的好房客。
（7）只要房东一开口，我立即缴租。这种房客哪里找？
（8）搬进来这么久了，房东却从未来看过，真是不通人情！

（2）谈判者应明了那些在谈判中掺杂进去或衍生而来的感情问题，并设法进行疏通

人们总是在一定的情绪、情感状态下参与谈判，人们的情绪、情感又随谈判行为的发展而发生变化。任何一方都不能无视对方的感情体验，任何一方都应该对他方的感情要求作出积极的反应。直率地讨论双方易动感情的问题，而对过激的情绪不作出直接的反应等，都有助于防止谈判陷入毫无成效的相互指责之中。

（3）谈判双方之间必须有清晰的沟通

双方都应该以积极的姿态来对待对方，主动地听取和注意对方的言谈，互相沟通对问题的看法，寻找彼此的共同点，而不是指责对方的缺点。双方都应当在适度的范围内进行信息的沟通，以使双方能明确地认识到彼此追求的利益所在。沟通的目的不是让人倾听你的谈话，而是讲清双方的利益关系。

总之，把人与问题分开，就意味着谈判双方肩并肩地处理问题，而不是面对面地看问题。这对于消除感情因素可能引发的不利影响，变消极因素为积极因素，有着非常重要的实践意义。

3. 重利益不重立场的原则

谈判者所持的立场与其所追求的利益是密切相关的。立场反映谈判者追求利益的态度和要求，而谈判者的利益则是使其采取某种立场的原因。利益在许多情况下是内隐的，而一个人的立场则由他自己决定，并常常通过自己的言谈举止显现出来。

人们持有某种立场为的是争取他所期望的利益，立场的对立无疑源于利益的冲突。如果谈判者所持的立场无助于他对利益的追求，他就会重新审视这一立场，适当地修改和调整，甚至放弃这一立场。在商务谈判中，谈判者的立场服从于他对利益的追求。就立场对立的双方来说，重要的不是调和双方的立场，而是调和彼此的利益。

把注意力集中于相互的利益而不是立场，对谈判双方来说都是十分有益的。其原因如下。

（1）每一种利益通常都存在着几个可能使这一利益得到维护的立场

或者说，谈判者追求某一利益的意愿，可以通过不同的立场来体现。例如，某一项

谈判追求的利益是取得尽可能高的销售收入，谈判者的立场可能是坚持在价格上不做或少做让步，也可以是坚持要对方在本方认可的某一个较低的价格水平上增加订货量。上述两种立场都是为谋求某种利益服务的，都有可能满足本方对利益的追求。如果谈判者过于看重立场，尤其是在与对方发生严重冲突的情况下，仍一味坚持自己的立场，就可能动摇双方共同合作的基础，从而丧失原本可以获取的利益。

（2）在互相对立的立场背后，可能内隐着双方共同的和一致的利益

比如，某一谈判立场可能是坚持合同必须包括一项对延期发运货物给予严厉处罚的条款，双方在这一立场上各不相让。但如果透过双方对立的立场，我们就不难发现，双方的利益又有一致的方面，卖方希望取得源源不断的订单，买方则想要保证原材料的不断供应。因此，立场的对立并不代表着利益的完全对立。弄清谈判双方都能理解的利益，同时又坚定地为取得这些利益而采取灵活的措施，谈判双方就可以在彼此共同的利益上达成一致。

当然，谈判双方在关心自己利益的同时，也应关注对方的利益。这样，在你阐述自己的利益时，才可能减少对方的抵触情绪。同样，你还必须向对方解释他的利益，这样才能使对方意识到，即使双方在立场上存在冲突，但仍然可以合作争取共同的利益。谈判者在讨论利益时应尽量做到具体，过于抽象化的说辞难以取得对方的理解与信任。因为在某些情况下，所谓的"原则上"的协议，往往意味着双方虽愿意安排一个解决问题的办法，但一时却找不到可以解决协议条款的任何基础。

4. 坚持客观标准的原则

商务谈判是谋求双方互利的过程，是双方互惠合作的过程。但是，无论谈判者是如何了解彼此的利益和需求，或者多么重视维护双方的合作关系，任何一方都不可避免要面对存在的分歧。人们都希望能够通过谈判来减少分歧，但分歧的减少甚至消除，不是靠谈判者良好的主观愿望就可以实现的。

面对存在的分歧，有些谈判者往往持强硬的态度，试图迫使对方不断做出让步；有些谈判者则过分突出感情的因素，在对方的压力面前不断地退让。靠压力来达成协议可能给谈判者带来一时的利益，但他不可能只凭借强大的压力来获取长久的成功。同样，宽厚大方的做法虽然维系了双方的良好关系，却陷自己于微利甚至是无利可图的境地，谈判的效率是低下的。

坚持客观标准的原则，就是坚持协议中必须反映出不受任何一方立场左右的公正的客观标准。谈判依据的是客观标准，而不是某一方的压力。通过对客观标准的讨论而不是固执地坚持自己的立场，就可以避免任何一方向另一方屈服的问题，使双方都服从于公正的解决办法。

在谈判中谈判者运用客观标准时，应注意以下几个问题。

（1）建立公平的标准

可供双方用来作为协议基础的客观标准是多种多样的，通常在商务谈判中，一般遵循的客观标准有市场价格、行业标准、价格指数、科学的计算等。客观标准的选取要独立于双方的意愿，并且为双方所认可和接受。

（2）建立公平的分割利益的步骤

例如，在两个小孩分橘子的传统例子中，"一个切，一个选"；大宗商品贸易由期

货市场定价进行基差交易;在两位股东持股相等的投资企业中,委派总经理采取任期轮换法等,这都是一些通过步骤来分割利益的例子。

(3) 将谈判利益的分割问题局限于寻找客观依据

在谈判中,多问对方:您提出这个方案的理论依据是什么?为什么是这个价格?您是如何算出这个价格的?

(4) 善于阐述自己的理由并接受对方提出的合理的客观依据

一定要用严密的逻辑推理来说服对手。对方认为公平的标准必须对你也公平。运用你所同意的对方标准来限制对方漫天要价,甚至于两个不同的标准也可以谋求折中。

(5) 不要屈从于对方的压力

来自谈判对手的压力可以是多方面的。例如贿赂、最后通牒、以信任为借口让你屈从、抛出不可让步的固定价格等。但是无论哪种情况,都要让对方陈述理由,讲明所遵从的客观标准。

实例 1-6

防克菜篮

某厂家向一个公司经理推销自己生产的专利产品:防克菜篮——一种可以防止短斤少两的菜篮,希望由该公司总经销。其他方面都没有问题,但是双方在价格问题上始终谈不拢,一次、两次、三次,都因价格问题而使谈判失败。第四次,厂家改变了策略,双方刚一见面,对方就说:"价格不降,我们不能接受,即使再谈也没有用。"厂家马上回答说:"经理先生,今天我不是来同您谈价格的,我是有一个问题要向您请教,您能花一点儿时间满足我的要求吗?"经理愉快地接受了。坐定后,厂家说:"听说您是厂长出身,曾经挽救过两个濒临倒闭的企业。您能不能给我们一些点拨?"在对方一阵愉快的谦逊之后,厂家接着说:"我们的菜篮正如您所说,价格偏高,所以销售第一站在你们这里就受阻了。再这样下去,工厂非倒闭不可。您有经营即将倒闭的企业的经验,您能不能告诉我,如何才能降低这些菜篮子的成本,达到您所要求的价格而我们又略有盈余?"

然后,厂家与经理逐项算账,从原材料型号、价格、用量,到生产工艺、劳务开支等,进行了详细核算,并对生产工艺进行了多方改进,结果价格却只是微微降了一些。当然,对经理先生所付出的劳动,厂家报以真诚的感谢,送上一份礼品以示谢意,同时表示一定接受经理的意见,在工艺上进行改进,以减少生产成本。当厂家再谈到总经销价格时,对方没有任何犹豫就接受了,并说:"看来这个价格的确不能再降,你们做了努力,我们试试吧。"

5. 科学性与艺术性相结合的原则

商务谈判是一门科学,同时又是一门艺术,是科学性与艺术性的有机结合。一方面,商务谈判是人们协调彼此的利益关系,满足各自需要的行为过程,人们必须从理性的角度对所涉及的问题进行系统的分析研究，根据一定的规律、规则来制订谈判的方案和对策。谈判者不仅有着特定的目标，而且谈判行为的发生、发展又依存于某些特定的环境和条件，并受这些环境条件的影响和制约，如果离开了科学的分析和决策，不对谈判活动做出科学的规划，就不可能有效地引导谈判行为的发展变化，使之始终朝向谈判者预期的方向和目标。

另一方面，商务谈判活动是由特定的谈判人员进行的，所以谈判又是不同的人们直接发生交流的一种活动。在这种活动中，谈判人员的知识、经验、情绪、情感及个性心理特征等因素，又都在一定的程序上对谈判的过程和结果产生影响作用。在商务谈判过程中，属于个人特性的那些因素往往是难以预测的，在许多情况下，它们对谈判所可能产生的影响，很难在事先做出估测，调动和运用这些因素就具有某种艺术性。比如，在客观环境、条件完全相同的情况下，同样的谈判由不同的人去进行，最终的结果往往是不一样的。一般来说，在涉及谈判双方的实力认定、谈判的环境分析、谈判方案的评估选择及交易条件的确定等问题时，较多地强调科学性的一面。而在具体的谈判策略、战术的选择和运用方面，则较多地突出艺术性的一面。

在商务谈判过程中，谈判者应当既坚持科学，又讲究艺术，遵循科学性与艺术性相结合的原则。只有用理性的思维，抱着科学的态度去对待谈判，才能发现谈判中带有规律性的现象和实质要求，把握其一般的发展趋势；同时，只有运用艺术化的处理手法，才能及时化解谈判中可能出现的各种难题，灵活地调整自己的行为，从而使自己在面对不断变化的环境因素时，能保持反应的灵敏性和有效性。从某种意义上讲，坚持谈判的科学性，谈判者就能够正确地规划自己的行为；而坚持谈判的艺术性，谈判者就可能找到更好的途径来争取实现预期的目标。

1.2.2 商务谈判的方法

1. 软式谈判法

所谓软式谈判法，又称让步型谈判，是指谈判者偏重于维护双方的合作关系，以争取达成协议为其行为准则的谈判。在让步型谈判中，谈判者总是力图避免冲突。为了达成协议，他们随时准备做出让步，希望通过谈判签订一项令双方满意的协议。让步型的谈判者不是把对方当作敌人，而是当成朋友来对待，他们的目的在于达成协议而不是取得胜利。因此，软式谈判，较之利益的获取，谈判者更注重建立和维护双方的合作关系。在一项让步型谈判中，一般的做法是：提议、让步、信任、保持友善，以及为了避免冲突而屈服于对方。

如果谈判双方都能以宽宏大度的心态进行谈判，那么谈判中冲突的成分就会减少到最低的程度，达成协议的可能性、速度及谈判的效率都将是比较满意的；而且彼此的良好合作也会使双方的关系得到进一步的加强。但在现实的谈判活动中，这种情况很少发生。在绝大部分场合，许多谈判者都避免这种为了达成协议而不顾实际利益的做法，尤其在面临强硬的谈判对手时更是如此。让步型谈判通常只限于在双方的合作关系极为良好，并有长期业务往来的情况下使用，而且双方所持的态度和谈判的方针必须是一致的。

2. 硬式谈判法

所谓硬式谈判法，又称立场型谈判，是指参与者只关心自己的利益，注重维护己方的立场，不轻易向对方做出让步的谈判。立场型谈判者在任何情况下都将谈判看作是一场意志力的竞赛和搏斗，认为在这样的搏斗中，态度越是强硬，立场越是坚定，最后的收获也就越大。

在立场型谈判中，谈判双方的注意力都集中在如何维护自己的立场，否定对方的立场上。谈判者只关心自己的需要，以及从谈判中能够得到的利益，而无视对方的需要及对利益的追求。他们只看到谈判内在的冲突的一面，总是利用甚至创造一切可能的冲突机会向他方施加压力，忽视去寻找能兼顾双方需要的合作途径。

立场型谈判者往往在谈判开始时提出一个极端的立场，并始终持强硬的态度，力图维护这一立场，只有在迫不得已的情况下，才会做出极小的松动和让步。如果谈判双方都采取这样的态度和方针，双方极易陷入立场性争执的泥淖，在根本难以找到共同点的问题上做出无谓的努力，增加谈判的时间和成本，降低谈判的效率。即使某一方服从于对方的意志力，被迫做出让步并最终签订协议，而其内心则是不以为然，甚至是极为不满的。因为在该项谈判中，他的需要并未得到应有的满足。这种结果很可能导致他有意消极地对待协议的履行，甚至想方设法阻碍和破坏协议的执行。从这个意义上讲，立场型谈判没有真正的胜利者。

3. 原则型谈判

所谓原则型谈判，是指参与者既注重维护合作关系，又重视争取合理利益的谈判。在原则型谈判中，双方都将对方当作与自己并肩合作的同事，而不是作为敌人来对待。他们注重与对方建立良好的人际关系，但又不像让步型谈判那样，只强调维护双方的合作关系，而忽视利益的获取。原则型谈判者注意协调双方的利益而不是双方的立场。他们尊重对方的基本需要，寻求双方在利益上的共同点。谈判双方都努力争取自己的利益，当双方的利益发生冲突时，则坚持在公平的基础上协调双方的冲突，以获取对双方都有利的结果。

原则型谈判者认为，在谈判双方对立的立场背后，既存在冲突性的利益，也存在共同性的利益。立场的对立并不意味着双方在利益上的彻底对立。只要双方立足于共同的利益，以合作的姿态去调和冲突性的利益，双方就可能寻找到既符合本方利益，又符合对方利益的替代性立场。原则型谈判强调通过谈判而取得的"价值"。这个价值既包括经济上的价值，又包含了人际关系上的价值。因此，原则型谈判也称价值型谈判。原则型谈判是一种既理性而又富于人情味的谈判，在现实的谈判活动中具有很广泛的实用意义。

4. 谈判方法的选择

上述3种谈判各具特点，适用于不同情况和不同条件下的谈判。在选择或运用时要考虑到以下几个制约因素。

（1）与对方继续保持业务关系的可能性

如果己方希望与对方保持长期的业务关系，并且具有这种可能性，就不能采用立场型谈判，而应采取原则型谈判或让步型谈判；如果与对方发生的只是偶然的、一次性的业务往来，则可考虑使用立场型谈判。

(2) 谈判双方的实力对比

如果双方实力接近，可以采用原则型谈判；如果己方实力远远强于对方，可以考虑使用立场型谈判。

(3) 交易的重要性

如果某项交易于己方来说非常重要，可以考虑运用原则型谈判或立场型谈判。

(4) 谈判的资源条件

如果谈判的开支庞大，己方在人力、财力和物力等方面的支出又受较大的制约，谈判时间过长，必然难以承受，应考虑采用让步型谈判或原则型谈判。

(5) 双方的谈判技巧

谈判者都有既定的目标，而达成这一目标的方法可以是多种多样的。有些谈判者具有较高的谈判技巧，善于控制和引导谈判行为，往往是有张有弛，软硬结合，不拘泥于某一种谈判类型。

(6) 谈判人员的个性与谈判风格

某些谈判人员生性好胜。总期望成为胜利者，在谈判中倾向于坚持立场，多采用立场型谈判。有的谈判人员比较随和，倾向于使用让步型谈判。

1.3 商务谈判的类型与过程

1.3.1 商务谈判的基本要素

商务谈判的要素是指构成商务谈判活动的必要因素。它是谈判行为得以存在的基础，通常由谈判当事人、谈判议题、谈判环境3个要素构成。

1. 谈判当事人

谈判总是在人的参与下才能进行的，所以即使有时从表面上看是某些组织或组织之间的谈判，实际上仍然是这些组织中某些具体个人彼此之间的谈判。商务谈判的当事人可以是双方的，也可以是多方的，其最大特点在于表现出充分的主观能动性和创造性，为此，各方均应认真挑选和组织谈判人员。

2. 谈判议题

谈判议题是指谈判需商议的具体问题，包括谈判的起因、内容和目的。它决定当事各方参与谈判的人员组成及其策略，反映着他们的利益互补和差别所在，所以其不是凭空拟定或单方面的意愿，而是与各方利益需求相关、为各方所共同关心，从而成为谈判内容的提案。

谈判议题的最大特点在于当事人各方认识的一致性。如果没有这种一致性，就不可能成为谈判议题，谈判也就无从谈起。按其涉及的内容分，有货物买卖、技术贸易、劳务、工程承包等；按其重要程度分，有重大议题、一般议题；按其纵向和横向结构分,有主要议题及其项下的子议题、以主要议题为中心的多项并列议题、互相包容或互相影响的复合议题等。由于谈判议题的多样性,其谈判的复杂程度也就不同。

3. 谈判环境

谈判环境是指商务谈判所处的客观条件。任何谈判都不可能孤立地进行,而必须处在一定的客观条件下并受其制约,脱离了具体的环境去谈论谈判就没有什么意义。谈判环境既包括外部的大环境,如政治、经济、文化、市场、竞争等,也包括谈判的小环境,如时间、地点、场所、交往空间等。

谈判的大环境方面,东西方国家之间、不同种族和不同民族之间,甚至一个国家内的不同区域之间,往往会有很大的差异;而谈判的小环境可直接影响谈判者的心境。一个安静、舒适、整洁的场所,合理的时间安排,往往可以产生意想不到的调节效果,使谈判者心情舒畅、态度明朗,能更加集中精力解决问题;相反,过于紧张的环境氛围对谈判则有害无利。因此,谈判环境对商务谈判的发展过程有着重要的影响,是其不可忽视的要件。

1.3.2 商务谈判的主要类型

任何一项商务谈判指向的都是各方共同利益的满足,成功的商务谈判追求的都是一种"赢—赢"的结局。但就某一项具体的商务谈判而言,它的发生总是依存于某些特定的条件,服从于谈判者特定的目标。因而,在现实生活中存在的大量商务谈判行为又是各不相同的。可以按照一定的标准把商务谈判划分为各种不同的类型,这些不同类型的商务谈判各有其特点,对实际的谈判行为也有不同的要求。比如,根据谈判中双方所采取的态度和方针,可以把商务谈判划分为3种类型,即让步型谈判、立场型谈判和原则型谈判。这3种谈判类型已在1.2节中作了介绍,这里不再重复。以下分5组来介绍几种常见的谈判形式。

1. 个体谈判与集体谈判

根据参加谈判的人数规模,可以将商务谈判区分为个体谈判与集体谈判两种类型。前一种类型,双方都只有一个人参加,一对一地进行协商洽谈;后一种类型,双方都有两个或两个以上的人员参加谈判。当然,在集体谈判中双方参加谈判的人数并不一定要完全相同。

谈判的人数规模不同,在谈判人员的选择、谈判的组织与管理等许多方面都有不同的要求。比如谈判人员的选择,如果是个体谈判,那么参与谈判的人员必须是全能型的,他需要具备该项谈判所涉及的各个方面的知识,包括贸易、金融、技术、法律等方面的知识;同时,他还必须具备完成该项谈判所需的各种能力。因为对本方而言,整个谈判始终是以他为中心的,他必须根据自己的知识和经验,把握谈判行为的发展趋势。对谈判中出现的各种问题,他必须及时地作出分析,予以处理,独立地作出决策。如果是集体谈判,则可以选择一专多能型的谈判人员,他们可能分别是贸易、技术和法律方面的专家,相互协同,构成一个知识互补、密切配合的谈判班子。

个体谈判有着明显的优点，那就是谈判者可以随时有效地把谈判的设想和意图贯彻到实际的谈判行为中，但由于只有他一个人独立应付全局，不易取得本方其他人员及时而必要的帮助。集体谈判有利于充分发挥每个谈判人员的特长，形成整体耦合的优势，但如果谈判人员之间配合不当，就会增加内部协调的难度，在一定程度上影响谈判的效率。一般来说，关系重大而又比较复杂的谈判大多是集体谈判，反之则可采用个体谈判。

2. 双边谈判与多边谈判

根据参加谈判的利益主体的数量，可以把商务谈判划分为双边谈判和多边谈判。双边谈判是只有两个利益主体参加的谈判，多边谈判则是指有两个以上的利益主体参加的谈判。在这里，利益主体实际上就是指谈判行为主体，可以是自然人，也可以是法人组织。

任何一项谈判都必须至少有两个谈判方，当然在某些情况下也完全可以多于两方。比如政府为阻止罢工而卷入了工会与资方的谈判之中，或者两个以上的国家共同谈判一项多边条约，等等。但无论谈判是由双方或多方参与，谈判各方都必然存在着特定的利益关系。一般而言，双边谈判的利益关系比较明确、具体，彼此之间的协调比较容易。相比之下，多边谈判的利益关系则较为复杂，各方的协调要困难得多。比如在建立中外合资企业的谈判中，如果中方是一家企业，而外方也是一家企业，彼此的关系就比较容易协调。如果中方有几家企业，外方也有几家企业，谈判的难度将明显增大。因为中方几家企业之间存在利益上的矛盾，互相要进行协商，求得一致；外方几家企业之间也存在着利益冲突，同样需要进行协商。在此基础上，中外双方企业之间才能进行合资谈判。在谈判过程中，中外双方都应该不断调整自己的需要，做出一定程度的让步。而无论是中方或者外方做出让步，都会涉及中方各企业或外方各企业之间的利益，因而中方企业之间及外方企业之间又必须通过不断协商，求得彼此的协调一致。而最终形成的协议也必须兼顾到每个谈判方的利益，使参与谈判的各个企业都能得到相应的利益和满足。与双边谈判相比，多边谈判的利益关系错综复杂，各方之间不易达成一致意见，协议的形成往往十分困难。

3. 口头谈判与书面谈判

根据谈判双方接触的方式，可以将商务谈判区分为口头谈判和书面谈判。口头谈判是双方的谈判人员在一起，直接进行口头的交谈协商；书面谈判则是指谈判双方不直接见面，而是通过信函、电报等书面方式进行商谈。

口头谈判的优点主要是便于双方谈判人员交流思想感情。在谈判过程中，双方谈判人员之间保持着经常性的接触。双方不仅频繁地就有关谈判的各个事项进行磋商，而且彼此之间的沟通往往会超出谈判的范畴，在谈判以外的某些问题上取得一致的认识，进而使谈判过程融入了情感的因素。不难发现，在某些商务谈判中，有些交易条件的妥协让步完全是出于感情上的原因。此外，面对面的口头谈判，有助于双方对谈判行为的发展变化作出准确的判断。谈判人员不仅可以透过对方的言谈，分析、把握其动机和目的，还可以通过直接观察对方的面部表情、姿态动作了解其意图，并借以审查对方的为人及交易的诚信程序，避免作出对己方不利的决策。但是，口头谈判也有其明显的不足。在一般情况下，双方都不易保持谈判立场的不可动摇性，难以拒绝对方提出的让步要求。

书面谈判在双方互不谋面的情况下即可进行，借助于书面语言互相沟通，谋求彼此的协调一致。它的好处在于：在表明己方的谈判立场时，显得更为坚定有力，郑重其事；在向对方表示拒绝时，要比口头形式方便易行。特别是在己方与对方人员建立了良好的人际关系的情况下，通过书面形式既直接表明了本方的态度，又避免了口头拒绝时可能出现的尴尬场面，同时也给对方提供了冷静分析问题、寻找应对策略的机会；在费用支出上，书面谈判也比口头谈判节省得多。书面谈判的缺点在于：不利于双方谈判人员的相互了解，并且信函、电报、电传等所能传递的信息是有限的。谈判人员仅凭借各种文字资料，难以及时、准确地对谈判中出现的各种问题作出反应，因而谈判的成功率较低。

一般来说，书面谈判适用于那些交易条件比较规范、明确，谈判双方彼此比较了解的谈判。对一些内容比较复杂、交易条件多变，而双方又缺乏必要了解的谈判，则适宜采用口头谈判。随着交换方式的变革及现代通信业的发展，电话谈判作为介于口头谈判与书面谈判之间的一种新的谈判类型，已经逐渐地发展起来。

4. 主场谈判、客场谈判与中立地谈判

根据谈判进行时所在的地点，可以将商务谈判区分为主场谈判、客场谈判和中立地谈判3种类型。主场谈判是指在本方所在地进行的谈判；客场谈判是指在他方所在地进行的谈判。对于某一项谈判来说，如果谈判是在该方所在地进行，该项谈判于该方称主场谈判，与此相对应，该项谈判于另一方而言就称为客场谈判。所谓中立地谈判则是指在谈判双方所在地以外的其他地点进行的谈判。

不同的谈判地点使谈判双方具有了不同的身份，并由此而导致了双方在谈判行为上的某些差别。如果某项谈判在某一方所在地进行，该方就是东道主，他在资料的获取、谈判时间与谈判场所的安排等各方面都将拥有一定的便利条件，就能较为有效地配置为该项谈判所需的各项资源，控制谈判的进程。对于另一方来说，他是以宾客的身份前往谈判地，己方的行为往往较多地受到东道主一方的影响，尤其是在对谈判所在地的社会文化环境缺乏了解的情况下，面临的困难就更大。当然，谈判双方有时完全不必囿于身份的差异，可以采取灵活的策略和技巧来引导谈判行为的发展。但身份差异所造成的双方在谈判环境条件上的差别，毕竟是客观存在的。为了消除可能出现的不利影响，一些重要的商务谈判往往选择在中立地进行。

5. 投资谈判、货物买卖谈判与技术贸易谈判

根据谈判的事项即所涉及的经济活动内容，可以把商务谈判划分为多种形态，其中最主要的是投资谈判、货物（劳务）买卖谈判和技术贸易谈判，其他还有租赁谈判、承包谈判等。下面就上述3种主要的谈判类型作简单的分析。

（1）投资谈判

投资，就是把一定的资本（包括货币形态的资本、所有权形态的资本、物质形态的资本和智能形态的资本等）投入和运用于某一项以盈利为目的的事业。所谓的投资谈判，是指谈判双方就双方共同参与或涉及双方关系的某项投资活动，对该投资活动所要涉及的有关投资的目的、投资的方向、投资的形式、投资的内容与条件、投资项目的经营与管理，以及投资者在投资活动中权利、义务、责任和相互之间的关系所进行的谈判。

(2) 货物（劳务）买卖谈判

货物买卖谈判是一般商品的买卖谈判。即买卖双方就买卖货物本身的有关内容，如数量、质量、货物的转移方式和时间，买卖的价格条件与支付方式，以及交易过程中双方的权利、责任和义务等问题所进行的谈判。

劳务买卖谈判是劳务买卖双方就劳务提供的形式、内容、时间、劳务的价格、计算方法和劳务费的支付方式及有关买卖双方的权利、责任、义务关系所进行的谈判。由于劳务具有明显区别于货物的各项特征，因此劳务买卖谈判与一般的货物买卖谈判有所不同。

(3) 技术贸易谈判

技术贸易谈判是指技术的接受方（即买方）与技术的转让方（即卖方）就转让技术的形式、内容、质量规定、使用范围、价格条件、支付方式及双方在转让中的一些权利、责任、义务关系问题所进行的谈判。

技术作为一种贸易客体有其特殊性。比如技术的交易过程具有延伸性，技术市场价格完全由交易双方自由议定等。因此，技术贸易谈判不仅有别于一般的货物买卖谈判，与劳务买卖谈判相比，也存在一定的差异。

1.3.3 商务谈判的一般过程

由于谈判所涉及的范围十分广泛，它不会仅有一套固定不变的模式，但一切较为正式的谈判，总是按照特定的程序进行的，如图 1-1 所示。

图 1-1 谈判的基本步骤示意图

1. 准备阶段

准备阶段就是谈判人员与对手进行正式磋商之前，在信息资料收集分析研究基础上，结合主客观条件做出谈判预案的阶段。谈判前的准备工作对洽谈的成败起着关键性的作用，很多情况下，谈判在会谈开始前，就已经胜负明了，而事前准备的质量好坏往往起着一锤定音的作用。谈判前的准备工作做得如何，将决定着谈判能否顺利进行以及能否达成有利于己方的合同。但由于商务谈判内容和情况各异，很难统一准备形式。一般来说，准备阶段主要涉及谈判人员的组织与管理、商务谈判信息的准备、谈判的可行性研究、谈判方案及执行计划的制订、谈判的物质条件准备、模拟谈判等问题。本书第 3 章将对此作详细的阐述。

2. 导入阶段

导入阶段就是谈判各方正式直接接触，通过简要介绍相互认识的阶段。这一阶段主要是使谈判双方对对方的基本情况有一个概括的了解。介绍的方法有自我介绍和专人介绍两种，介绍的内容主要是姓名、地位、职务或职称等。

导入阶段最好形成自然结合的有秩序的相互交谈。自然大方的举止和热情适中的寒暄是创造谈判和谐气氛的重要因素。双方见面是拥抱、握手还是点头都十分讲究。如果是握手，也要把握分寸，既热情又不卑不亢才好。握得轻了，容易让人感觉冷淡，甚至会觉得你在轻视他，握得重了，有人会认为你很热情，有人却会觉得你在炫耀优势，还有人会认为你过于虚伪。双方寒暄常见的话题有：对方一路旅途的经历；个人的兴趣和爱好；对方的籍贯及地方特色；文体消息及当前社会上的热门话题等。在寒暄中要注意不应涉及对方的隐私，也不宜过多地开玩笑。

导入阶段是谈判的序曲，时间不宜太长，但应努力创造一种平等、宽松、和谐的人际沟通气氛。在这种气氛中，双方能较迅速地缩短感情上、心理上的距离感。良好的开端是成功的一半。良好地导入谈判有利于发扬合作精神，对以后的相互谅解、友好地达成协议起着不可忽视的作用。

3. 概说阶段

概说阶段就是谈判各方陈述己方意向，让对方通晓自己的基本想法、目标和意图的阶段。在引入概说时，应当采取简短明确、感情色彩较为浓厚的语言。比如"咱们先把会谈程序定下来好吗？"或者是"我打算先和您商量一下今天会谈的议题，您看行吗？"这种问话最容易引起对方的肯定答复，有利于营造谈判所需要的一致性气氛。

概说阶段主要涉及谈判主题、谈判程序、谈判人员的行为等问题。在这一阶段中，双方既要谈出基本想法、意图，又要隐藏着不想让对方知道的资料。

因此，概说用时要简短，一般几分钟即可。概说必须得到对方的首肯，只有双方最初的意见彼此一致，才能为谈判开辟道路。

4. 明示阶段

明示阶段又叫报价阶段，就是谈判各方明确地提出各自交易条件，表达不同立场和意见，暴露出分歧点并初步展开讨论的阶段。谈判中必然会有一些不同意见，明智之举是及早提出这些意见和问题，以求彻底解决。一般而言，谈判双方包含4种主要问题，即：自己所求、对方所求、彼此相互所求、内涵所求。

在明示阶段，各方都应把分歧点摆到桌面上来，然后以坦诚的态度，心平气和地进行讨论，以求妥善解决，将彼此不同的意见纳入共同利益的轨道。为此要做到：己方所求要合理，不要过分；对对方所求不要谴责；彼此所求，尽量使对方认清并接受，对尚未表露出来的内涵需求，要待时机成熟、条件允许时提出。在明示阶段，可以在一些非原则问题上做一些适当的让步。这种让步要表现在明处，让对方知道己方的诚意。对原则性的问题，则一定要坚持，不能有丝毫让步。在满足己方需求的同时也满足对方的需求，是最终达成协议的基础。

这样，双方都将自己的要求和意见如实地摆了出来。一个想卖，一个想买，在彼此一致的基础上，双方就支付方式问题在后来的讨论中充分发表了自己的意见。

5. 交锋阶段

交锋阶段就是谈判各方为了获取利益，争夺优势而处于对立状态的阶段。在这个阶段，双方对彼此的要求和意图都有了较清楚的了解，各方都极力坚持自己的立场，竞争明显展开，谈判形成紧张气氛和对立。双方都列举大量事实数据，证实己方的论点，希望对方理解并接受己方的想法和建议，同时也都据理对对方的论点进行反驳。这时的谈判犹如打乒乓球一样，双方你来我往，各不相让。

在交锋阶段，谈判者一方面要提高勇气，坚定必胜信念，另一方面要以科学的态度、严密的逻辑推理和充分的客观事实去分析对方的意见，回答对方的质询。还应随着情况的变化，采用灵活变通的方法，不断重新估计、调整自己的谈判目标；出现了对立也应冷静下来，双方本着友好合作的态度，采取积极的态度打破僵局，求同存异，促进谈判成功。

6. 妥协阶段

妥协阶段就是谈判各方经过激烈交锋后，寻求都可以接受的途径阶段。一场成功的谈判，双方都应是胜利者，结果是达成双方都满意的协议。因此，双方的交锋不可能一直持续下去，必要时可在某些方面适当妥协，以满足对方的要求。妥协的原则是"有所施，就有所受"，即向对方做某一方面的妥协，就要在其他方面得到相应的补偿。如果做出了最大限度的让步而对方仍不做任何妥协时，谈判只能破裂。在妥协阶段，谈判者要科学地分析谈判发展趋势，对可能妥协的范围、谁先妥协、怎样妥协、在什么地方妥协、妥协到什么程度及妥协带来的补偿等问题做到心中有数。妥协的关键是要把握双方的利益所在。

7. 协议阶段

协议阶段就是谈判各方经过交锋与妥协，均认为达到预期的目标，而拍板签字的阶段。各方可在求大同存小异或求大同存大异的基础上拟就协议书（或公报、合同、意向书等），并签字生效。必要时，应聘请律师参加，以确保协议顺利进行。值得注意的是，不要以为一经达成协议，便大功告成。当某些条件发生较大变化时，往往又需重新谈判，修改协议。

关键术语

谈判　商务谈判　非零和博弈　谈判的价值评价标准　谈判的构成要素
平等互利原则　把人与问题分开的原则　重利益不重立场的原则　客观标准原则
软式谈判法　硬式谈判法（立场型谈判）　原则型谈判　主场谈判　客场谈判
中立地谈判

复习思考题

1. 什么是谈判？什么是商务谈判？
2. 谈判活动有什么特征？
3. 你认为什么样的谈判才算得上真正成功的谈判？
4. 商务谈判中着眼于利益与着眼于立场有何联系和区别？
5. 为什么在商务谈判中要把人与问题分开？怎样才能做到把人与问题真正分开？

6. 谈判中如何坚持客观标准的原则?
7. 为什么说谈判既是一门科学,又是一门艺术?
8. 对于软式、硬式和原则型3种谈判方法,你更倾向于哪一种?为什么?
9. 谈判的基本要素包括哪些?
10. 谈判的一般过程是怎样的?
11. 谈判模式有哪几种类型?

案例与训练

【案例1-1】

分橙子的谈判

以下是一个在谈判界广为流传的经典小故事。

有一个妈妈把一个橙子给了邻居的两个孩子。这两个孩子便讨论起来如何分这个橙子。两个人吵来吵去,最终达成了一致意见,由一个孩子负责切橙子,而另一个孩子选橙子。结果,这两个孩子按照商定的办法各自取得了一半橙子,高高兴兴地拿回家去了。

第一个孩子把半个橙子拿到家,把皮剥掉扔进了垃圾桶,把果肉放到果汁机上打果汁喝;另一个孩子回到家把果肉挖掉扔进了垃圾桶,把橙子皮留下来磨碎了,混在面粉里烤蛋糕吃。

从上面的情形,我们可以看出,虽然两个孩子各自拿到了看似公平的一半,然而,他们各自得到的东西却未物尽其用。这说明,他们在事先并未做好沟通,也就是两个孩子并没有申明各自利益所在。没有事先申明价值导致了双方盲目追求形式上和立场上的公平,结果,双方各自的利益并未在谈判中达到最大化。

我们试想,如果两个孩子充分交流各自所需,或许会有多个方案和情况出现。可能的一种情况,就是遵循上述情形,两个孩子想办法将皮和果肉分开,一个拿到果肉去喝汁,另一个拿皮去做烤蛋糕。然而,也可能经过沟通后是另外的情况,恰恰有一个孩子既想要皮做蛋糕,又想喝橙子汁。这时,如何能创造价值就非常重要了。

结果,想要整个橙子的孩子提议可以将其他的问题拿出来一块谈。他说:"如果把这个橙子全给我,你上次欠我的棒棒糖就不用还了。"其实,他的牙齿被蛀得一塌糊涂,父母上星期就不让他吃糖了。

另一个孩子想了一想,很快就答应了。他刚刚从父母那儿要了五块钱,准备买糖还债。这次他可以用这五块钱去打游戏,才不在乎这酸溜溜的橙子汁呢。

两个孩子的谈判思考过程实际上就是不断沟通、创造价值的过程。双方都在寻求对自己最大利益的方案的同时,也满足对方的最大利益的需要。

商务谈判的过程实际上也是一样。好的谈判者并不是一味固守立场,追求寸步不让,而是要与对方充分交流,从双方的最大利益出发,创造各种解决方案,用相对较小的让步来换得最大的利益,而对方也是遵循相同的原则来取得交换条件。在满足双方最大利益的基础上,如果还存在达成协议的障碍,那么就不妨站在对方的立场上,替对方着想，帮助扫清达成协议的一切障碍。这样，最终的协议是不难达成的。

问题：结合案例谈谈你对谈判本质的认识。

【案例1-2】

中德合资兴建拜耳-上海齿科有限公司谈判案

在20世纪80年代中期，中德合资兴建拜耳-上海齿科有限公司的谈判从准备阶段到终局阶段、从文字工作到人员配合都很严谨，也很成功，具有一定的典型意义。

这次谈判，中方是上海齿科材料厂。它的齿科产品占国内产量的70%，是国内同行业的佼佼者。该厂与德国合资兴建有限公司一事立项后，即预先做了充分的准备工作。首先，上海齿科材料厂派人赴德国实地考察，进行可行性研究，了解有关信息、资料，考虑谈判方案的选择与比较，分析可能影响谈判的各种主客观情况，并与德方在对项目进行综合评判的基础上共同编制了可行性研究报告。回国后，该厂又专门挑选组织了一个包括从上级部门请来参与谈判的参谋和从律师事务所聘来的项目法律顾问的谈判班子，为该项目的谈判奠定了一个良好的基础。谈判的准备工作做得愈充分、愈细致，谈判的成功率就愈大。上海齿科材料厂为此而做出了努力。

该项谈判的另一方是德国拜耳公司。该公司系德国全国第三大公司，在世界上有100多个分公司。其医药产品遍及世界，年销售额为600亿马克。在谈判之前，德方对国际国内的市场做了充分的了解，进行了全面深入的可行性研究，还特别对中方的合作伙伴做了详细的分析，全面掌握了与谈判有关的各种信息和资料，并在此基础上组织了一个精干的谈判班子。该班子由公司董事长兼首席法律顾问充当主谈人。

这一年9月份，中德合资兴建拜耳-上海齿科有限公司谈判在中国举行，先后举行了10余轮谈判，历时近1年的时间，谈判成功。中德双方既竞争又合作，求同存异，共同努力，终于达成了一个双方都满意的协议。

在谈判的开局阶段，德方采用了先声夺人的策略，力图抢占谈判优势。他们凭借拜耳这一威名赫赫的国际性大公司的实力、技术和经验等各方面的专长来影响中方的谈判心理，希望中国方面依赖他们。中方与对方一交手就意识到，必须扬己所长，避己所短，才能抵制对方的"优势战"。因此，中方发挥东道主的优势，强调在中国兴建合资企业，受中国行政管辖和法律制约，只有充分尊重中方的意见，才有利于谈判。中方用无可回避的事实，有力地打消了德方试图在谈判中发挥主导作用的心理。从谈判开始阶段的技术角度考虑，双方率先打"优势战"，抢占制高点是正常的。因为有经验的谈判者在谈判的开局时，总想掩饰己方的需求，夸大对方的需求。夸大己方的实力、贬低对方的实力，强调己方的优点、夸大对方的弱点，以图制造对方有求于己方的气氛。谁能成功地完成这一步，谁就掌握了谈判的主动权。双方在进行了初步较量之后，是否能从各自释放的能量中产生一种合力，拨正谈判之舟的舵轮，开始在合作基础上对等谈判，这是衡量谈判开局阶段成败的关键。谈判开局阶段双方的努力是否成功，要看谈判者在起始阶段是否能把握好竞争与合作的分寸，是否能扬长避短，进取有度。无论哪一方在谈判的开局时努力不足或工作失误，都会使谈判的舵轮偏向，进而导致在谈判磋商阶段的失利。

从中德合资企业谈判的开局阶段来看,双方势均力敌,旗鼓相当,创造了谈判开局阶段的均势,矫正了谈判之舟的船头。

由于双方的共同努力,在谈判的开局阶段形成了一种合力,把谈判推向了友好协商的阶段,在这一谈判阶段中,中德双方采用了分合兼用的工作方法,时而召开全体会议进行总体讨论,共同磋商,调节工作进程,时而分技术、财务、法律三个组进行专项研究,具体谈判。双方各自对保密与泄情的信息不断进行分析综合、评估调整。

谈判中的磋商阶段是谈判过程中最复杂、最具体的讨价还价阶段,在中德谈判的这一阶段中,产生了许许多多烦琐的实际问题,需要双方不断地谈判商榷。这里仅列举以下几个具有典型意义的问题,予以评析介绍。

一、有关合资企业的名称

关于中德合资企业的名称,德方提出定名为"拜耳齿科中国有限公司",中方反对。因为这个名称实际上是否定了双方的平等谈判的主体资格,形成了总公司与分公司的隶属关系。我国《企业名称登记办法》中规定:国名不能放在企业名称中。据此,中方提出了"上海拜耳齿科有限公司"的名称。中方根据有关规定,有力地支持了己方的立场,使德方不得不做出让步。德方在同意这个名称的前提下,要求"拜耳"与"上海"两个名词对换,把"拜耳"放在"上海"之前。德方的理由有三:(一)拜耳是世界性的大公司,在国际上享有盛名;(二)拜耳的声誉有利于合资企业经销产品;(三)拜耳在合资企业的股份多于中方。德方有理有据的意见也使中方无法拒绝,但中方又提议在拜耳、上海之间加一横线,就成为"拜耳-上海齿科有限公司",德方同意。中德合资企业的这一名称,使双方都感到满意。这一问题的谈判成功,充分证明了双方既竞争又合作、既进取又让步、平等互利、友好协商的精神。拜耳-上海齿科有限公司名称的产生,也力证了双方都是胜利者的这一观点。

二、关于德方独占出口权

关于德方独占出口权问题,是一个关系到市场分配、价格、外汇等多种复杂因素的问题,关于产品的销售问题,在该项目的可行性研究中曾有两处提到:一是"外商负责包销出口25%,其余75%在国内销售";二是"合资公司出口渠道为拜耳、合资公司和中国外贸公司"。双方在这一表述的理解上产生了分歧。这种理解上的分歧,是构成谈判障碍的重要因素之一。德方对此两点表述的理解是:许可产品(用外方技术生产的产品)只能由拜耳独家出口25%,一点也不能多,而其他的两个渠道是为出口合资企业的其他产品留的。中方的理解是:许可产品的25%由拜耳出口,其余75%的产品中的一部分有可能的话用另外两个渠道出口。两方争执的焦点在于对许可产品,中方与合资企业是否有出口权。德方担心扩大出口数量和多开出口渠道会打破自己的价格体系,挤掉自己的国际市场,故反对中方和合资企业出口。中方同样基于自己利益而不愿放弃出口权。双方为此互不相让,僵持不下,谈判步入危难局面。此时,正值第三轮谈判的最后一天,德方要求终止分组讨论,由双方主谈人召集全体会议,就此问题展开专题辩论。但是,双方仍互不让步。于是,德方宣布终止谈判,以示在此问题上决不让步,导致谈判破裂(这是一个假性败局)。德方终止谈判不过是个手段,无非是想以以此来向中方施加压力,迫使中方做出让步。当时,中方对谈判破裂的性质认识不清,一时陷于忧心忡忡的境地。

中方召集大家集思广益,研究对策。经过认真分析,大家认识到,此项目投资大,且拜耳是个享有盛名的大公司,其目光是长远的。该公司此次来中国谈判,事先是做过充分的可行性调查研究的,此项目旨在投石问路,打开中国市场。在中国,上海齿科材料厂是最合适的合作伙伴。因为它无论从技术到产品都是国内第一流的。如果德方在中国第一个合作项目失败,再想在中国投资办合资企业就难了。为此,德方是不会轻易放弃此项谈判的,其终止谈判不过是个手段而已。

中方谈判班子正确的分析,为正确的决策提供了依据。因此,中方不再担心谈判失败,而是顺水推舟,不予理睬。这是一种典型的主观性假性败局。谈判从形式上看虽已破裂,但双方都在坚持对方的让步,此种对峙局面,对双方的毅力、耐性都是一个考验。一般来说,谁先妥协,谁就要付出代价。几天之后,德方因对该项谈判的依赖性较大,吃不住劲了,主动发来电传,再次陈述其理由:(一)包销25%的许可产品已经承担了很大风险;(二)如再出口其余的75%,就等于自己投资来创造与自己竞争市场的对手,这绝非拜耳合资办企业的目的;(三)合资企业出口会打破拜耳的价格体系;(四)如75%的其余产品再出口,就超出了中方要求获得技术和利润的目标,拜耳则无法实现获得市场和利润的目标。

中方接到电传后,仔细研究了德方的理由,觉得不无道理,但己方又不肯让步。为此,中方采取了新的对策,假手"第三人"的权威性来迫使对方让步。谈判重新开始时,中方请来上海外经贸委负责联系此项目的同志一起参与谈判。中方的这一做法有两个目的:一是希望他起到缓冲作用;二是希望以审批机构代表意见的权威性促使对方让步。在此次谈判中,中方也陈述了坚持扩大出口的三项理由:(一)合资企业是独立法人,享有独立经营权;(二)国际市场潜力巨大,合资企业会与拜耳共同战胜竞争对手;(三)合资企业增加出口,有助于外汇平衡,利于企业长期生存。

外经贸委的同志此时如同一个仲裁者,听取了中德双方陈述的理由后,巧妙地提出了一个意见:请德方把所占领的国际市场区域做出图示。这下可把德方难住了。因为德方产品销售不可能覆盖全球。尽管如此,他们毕竟是身经百战的谈判老手,立即转守为攻,笼统地坚持拜耳在全世界都有销售点,回避接触实际问题。

然而,细心人看得出,德方那道决不让步的防线已被打开了缺口。中方趁机提出,如果合资企业直接收到国外订单该如何处理?为此,双方经过进一步的讨价还价之后,最终在这一问题上都作出了妥协,达到了一个合资企业在不破坏拜耳的国际价格体系的前提下,可对外来订单有条件履行合同的方案。这个条件主要是:如果合资企业接到合同地域外塑料牙的订单,其价格和拜耳国际价格表相同,只要在收到合资企业通知后的14个工作日内,拜耳未以书面通知合资公司(即由拜耳或由拜耳指定的第三者将接受这些订单)的话,合资公司则有权履行这些订单。对所有通过合资公司而由拜耳履行的订单,拜耳应支付给合资公司1%的佣金。如果拜耳将订单转给合资公司,并由合资公司履行,合资公司也应支付拜耳同样的佣金。这个双方妥协的方案,实际上既保护了德方一定的利益,同时也否定了外商独占出口权。

三、关于在合同中规定解散条款

德方坚持要在合同中规定："当中国法律有新的规定，德方判断它对外商不利时，可以申请合资企业解散。"这又是一个中方不能接受的难题。双方为此再次争执，结果德方同意删除，但要规定："本合同经审批机构批准后，即使中国法律有新的规定，本合同仍按其合同条款执行。"这一条意味着中国新的立法对合资企业无管辖权。开始，中方不接受，谈判再度搁浅。为能促成谈判和局，中方谈判班子再三进行了研究。大家认为德方已经对一些条款作出了让步，中方在此问题上不顾外商利益，采取僵化立场，不利于争取谈判成功。为此，谈判项目法律顾问提出了一个新的、但是顺理成章的解释：（一）相信中国对外开放的政策会愈走愈宽；（二）《涉外经济合同法》第四十条明确规定，对于已经批准的合同，即使有新的立法，仍可按原合同执行。这一解释说服了大家。这是一个不拘泥于原则，以务实的精神寻求实际利益的生动例证。正是中方这一关键性的让步，才迎来了一个成功谈判的和局。

中德拜耳－上海齿科有限公司谈判经过双方艰苦的努力，本着竞争又合作、进取又妥协的原则，求同存异，友好协商，使谈判之舟循着"平等互利"的航道顺利地抵达了成功的彼岸——谈判和局阶段。谈判和局阶段的主要工作是：对已经成立的谈判的有关文件，进行逐条逐字的修正完善，斟酌定稿，相互校对章程、协议、合同等文字文本的意思是否一致等。中德双方对这一阶段的工作做得十分认真。该项目谈判签署的具有法律效力的文件原件是由英文写成的。中方将它翻译成中文，并经专门人员三校其稿，再由法律顾问用英文本逐句核对。为慎重起见，专请汉语专家对中文本的字句进行审核。排印之前，再由法律顾问做最后的文字审定。德方在此阶段的工作也非常仔细，他们先是把中方审定的中文本带回德国，让没参加该项目工作的人译成英文，与谈定的英文本对照，看意思是否一致，然后再由他们的法律和文字专家检查。可见，双方都没有放过终局阶段的每一个细节。从另一种意义上看，谈判终局阶段的文字工作愈是仔细，就愈能反映出履约的诚意。

问题：
1. 对照谈判的价值评价标准，对案例中的谈判活动做出你的评价。
2. 上述谈判活动体现了商务谈判的哪些原则？
3. 谈判双方采用的是哪种谈判方法？

第 2 章

商务谈判组织与管理

学习目标

通过本章的学习，使学生了解和掌握以下知识点：
◎ 谈判人员的素质要求
◎ 谈判班子的构成
◎ 谈判人员的选拔
◎ 谈判活动的管理

对谈判活动的有效组织和管理，将会放大个人的力量，并且形成一种新的力量，这就是组织的总体效应。组织力量的来源，一方面是组织成员的个人素质和能力，另一方面是组织成员之间的协同能力。

2.1 商务谈判人员的素质要求

谈判人员选择的关键在于要发现并任用那些具备基本的能力，能够并且愿意完成谈判任务的人员。对理想的谈判者的要求通常包括多个方面。艾克尔在《国家如何进行谈判》一书中提出的"完美无缺的谈判者的标准"几乎包括了人类的一切美德。艾克尔写道："根据17—18世纪的外交规范，一个完美无缺的谈判家，应该心智机敏，而且具有无限的耐心；能巧言掩饰，但不欺诈行骗；能取信于人，而不轻信他人；能谦恭节制，但又刚毅果敢；能施展魅力，而不为他人所惑；能拥巨富、藏娇妻，而不为钱财和女色所动。"在现实的商务活动中，几乎很难找到类似的"完美无缺"的谈判者。但一个优秀的商务谈判人员至少应符合以下几个基本的素质要求。

2.1.1 政治素质要求

良好的政治素质是一切经济工作人员的基本要求，对于商务谈判人员来说，必须遵纪守法，廉洁奉公，忠于国家、组织，忠于职守。这一条是必须具备的首要条件，也是谈判成功的必要条件。

在一些重大的涉外谈判中，商务谈判人员是作为特定组织的代表出现在谈判桌上的，不仅代表组织个体的经济利益，而且在某种意义上还肩负着维护国家利益的义务和责任。因此，作为谈判人员必须遵纪守法、廉洁奉公，忠于国家、组织，时刻以国家、企业的利益为重，要有强烈的事业心、进取心和责任感。

同时，不同社会通常有不同的道德标准、价值观念，同一社会不同人群的道德标准往往也有一定的差别。但就商务活动来说，无论处于怎样的社会，一个理想的谈判者都必须遵守基本的商业道德规范，能够正确处理公司与个人之间的利益关系。作为企业的代表，在谈判过程中，应当始终把握"组织的利益就是最高利益，组织发展自己才能发展"的原则，积极谋求企业利益的目标的实现，而不是谋求个人利益目标。

2.1.2 业务能力要求

商务谈判人员的业务能力是多方面知识和能力的集合，是在谈判中充分发挥作用、驾驭各种复杂局面所应具备的重要条件。

1. 复合型的知识结构

商务谈判是谈判各方利益关系的协调磋商过程，在这个过程中，复合型的知识结构是谈判人员讨价还价、赢得谈判的重要条件。

复合型的知识结构是指谈判人员必须具备完善的相关学科的基础知识，要把自然科学和社会科学统一起来，普通知识和专业知识统一起来，在具备贸易、金融、营销等一些必备的专业知识的同时，还要对心理学、经济学、管理学、财务学、系统论等一些学科的知识广泛涉猎，具有较强的综合素质。在广博的知识面基础上，还要求谈判人员在专业知识的掌握上必须具有足够的深度，要求专业知识功底必须系统而精深，这是进行成功谈判的客观要求。改革开放以来，尤其在我国的涉外商务活动中，出现了许多因缺乏系统的专业知识、因不精通专业技术造成的进口设备重大失误的案件，也出现了一些财务会计的预算错误而造成的经济损失，因不懂法律造成的外商趁机捣鬼事端等，都是前车之鉴。

实例 2-1

内地某公司与一家香港公司谈判并签订了一项合同——为内地某公司提供贷款。内地某公司提出按当时香港汇丰银行最优惠的贷款月利率8.7%计算，合同上却写明按香港汇丰银行的最优惠贷款利率计算。由于内地某公司有关谈判者对专业知识不了解，又缺乏对香港银行利率变化的分析，也就答应了。后来，港方公司拿来了汇丰银行的最优惠贷款利率，一连七八个月都在20%以上。按照这个标准，内地某公司将付出高额利息。为此，该内地公司要求修改合同，按月利率8.7%计算，但港方以合同已生效为由拒绝修改。几经交涉没有结果，该内地公司终因负债累累而倒闭。

当然，满足多方面知识的需求应该依靠商务谈判组织的集体，而每一个谈判人员在自己成长的过程中应该尽快地掌握更多方面的有关知识，拓宽知识视野、深化专业知识，这是发挥自己才能的必需准备。

2. 较高的能力素养

谈判者的能力是指谈判人员驾驭商务谈判这个复杂多变的"竞技场"的能力，是谈判者在谈判桌上充分发挥作用所应具备的主观条件。它主要包括以下几个方面。

（1）认知能力

善于思考是一个优秀的谈判人员所应具备的基本素质。谈判的准备阶段和洽谈阶段充满了多种多样、始料未及的问题和假象。谈判者为了达到自己的目的，往往以各种手段掩饰真实意图，其传达的信息真真假假、虚虚实实。优秀的谈判者能够通过观察、思考、判断、分析和综合的过程，从对方的言行和行为迹象中判断真伪，了解对方的真实意图。

（2）运筹、计划能力

在商务谈判过程中常常会出现各种矛盾和预想不到的情况，对于谈判人员，尤其是谈判班子的领导成员来说，必须发挥其运筹、计划的能力，掌控谈判的进度，合理运用谈判的技巧和策略，确保谈判向着既定目标前进。

（3）团队合作能力

由于商务谈判主体是以团队的形式参与谈判活动的，所以，任何谈判人员都是作为谈判团队的一员而非其个人来执行谈判工作。因此，对于一名合格的谈判人员，首先必须要具备充分的团队精神和合作共事能力。如果没有团队意识，不善于与他人合作，那么，即使个人谈判能力再强，也不是一名合格的谈判人员。团队合作能力在谈判人员个人身上主要表现为：善于听取别人的意见；具备服从大局的意识；善于协调团队内部关系等。

（4）沟通表达能力

谈判是一个信息交流的过程。要能胜任谈判任务，谈判者就必须要具备较强的信息沟通能力，善于恰当地传递信息，及时准确地理解、接受有关信息，并充分利用有关信息为实现谈判目标而服务。

沟通表达能力简单地可分为口头表达能力和书面表达能力，对商务谈判人员来说，口头表达能力尤为重要。商务谈判少不了双方直接面对面的交锋，这就要求谈判人员具有超出普通人的口头表达能力。不仅要善于口头表达，同时还要掌握一些肢体语言沟通技巧。

（5）社交能力

商务谈判活动并不是孤立的，它必然与一些其他的社交活动交杂在一起。例如，宴会、酒会、招待会、新闻发布会以及一些户外社交活动等。所以，对于商务谈判人员来说，不仅要求其具有良好的商务交往能力，同时也需要具备一定的社会交往能力。事实证明，许多商务谈判成果的取得，并不完全是在谈判桌上，有一大部分来自于谈判桌外。具有良好的社交素质的商务谈判人员，懂得通过在谈判桌外的努力，来解决谈判桌上无法解决的问题，或者进一步促进在谈判桌上的活动，为己方争取更大的利益。

良好的社交素质主要表现在以下几个方面。

① 仪表风度。它是指谈判人员在与对方进行沟通时所具有的风度。一般来说，谈判人员应保持彬彬有礼的风度，与对方交谈时应保持良好的体态，并面带微笑。

② 遵守交往原则。商务谈判中基本的交往原则应当是不卑不亢、有礼有节，要能够正确处理与谈判对手的关系，做到亲近而不亲热，礼貌而不谄媚。由于商务谈判活动毕竟是为双方利益进行斗争的过程，与对方谈判人员的社交活动也是在己方谈判目标需要的前提下展开的。所以，在社交活动中要遵守交往的基本原则，和对方保持适度的关系，保证这种关系不至于影响到谈判目标的实现。

③ 机智灵活。谈判人员在谈判中应时刻观察谈判形势，做到随机应变。在与谈判对手交往时，应注意能够根据谈判局势的变化灵活地调整谈判策略、语言等。例如，遇到气氛紧张的时候，应该能够试着用轻松的话题或者幽默的语言来缓和气氛，而不是火上浇油。

④ 善解人意。谈判人员应该善解人意，表现在谈判中能够随时听出自己同伴或对方人员的话外之音，并且及时做出相应的回应。例如，在谈判对手对自己的还价为难的时候，应当表示可以给对方一点时间考虑，而不是步步紧逼。

2.1.3 心理素质要求

谈判是各方之间在精力和智力上的对抗，对抗的环境在不断变化，对方行为带有很大的不确定性，要在这种对抗中实现预定目标，谈判人员必须具有良好的心理素质。

1. 百折不挠

在商务谈判过程中，难免会因为谈判主体利益追求的差距，而在谈判中产生冲突，甚至使得谈判陷入僵局。在这个时候，谈判人员切忌灰心丧气，失去了继续谈判的信心和热情。作为商务谈判最重要的目的，就是达成交易，缔结谈判合约。所以，只要还有继续谈判的可能，就不应该放弃。百折不挠是商务谈判人员应该具备的首要心理素质，只有坚持到底的人，才有可能获得最后的胜利。

2. 宠辱不惊

商务谈判是一个长期而艰巨的过程，其中必然伴随着暂时的成功或失败。但是，谈判寻求的是最终目标的实现，所以，谈判过程中一时的成功或者失败都不意味着最后的结果。在谈判中，应该始终保持平和的心态，无论是一时的成功还是一时的失败都不能影响到自己的心态，要做到宠辱不惊。一时的沾沾自喜或者悲观失望都会影响到在后面谈判中的心态，从而影响到谈判心理及谈判策略的使用，导致因小失大，无法实现最终的谈判目标。

3. 喜怒无形

在商务谈判漫长的过程中，商务谈判人员总会因为谈判中的得失而产生心理变化，可以是兴奋、激动、紧张、沮丧或者生气等。但是无论内心有什么心理变化，都切忌外露表现出来。因为一旦情绪外泄，被谈判对手看出来，很容易让对手利用自己的情绪变化，对谈判进程施加影响甚至操纵谈判的走向，这样会使己方陷于不利的境地。所以，在谈判中要学会控制自己的情绪不外泄，做到喜怒无形。

4. 处变不乱

由于商务谈判活动的复杂性，谈判的发展过程很难完全都在预料和控制之内，难免会出现一些意外的突发情况。作为一名优秀的谈判人员，必须在谈到中做到处变不乱，对各种突发状况都能够从容不迫地应对。因为紧张慌乱非但不解决面对的问题，反而会失去方向，找不到合理解决问题的途径，而且会把紧张的情绪传染给其他的成员。另外，谈判对手也会抓住己方慌乱的机会争夺更多的利益。

5. 勇于决断

谈判是承诺（给予）和获取兼而有之的过程，它要求谈判者不断根据形势的变化，对对方的要求做出回答，对己方以后的策略作出决断。果断决策可以为企业赢得良好的机会，也可能赢得对方的尊重；反之，则可能坐失良机。但决策过程往往存在一定的风险，谈判者对决策相关因素的了解越少，风险越大；可供决策的时间越短，难度也越大。因此，要求谈判者具有在关键时刻敢于作出决策的勇气和魄力，能够对谈判中出现的问题做出快速反应，提出应变的对策措施。

勇于决断不是要谈判者盲目决策、随意决策。为避免谈判过程中决策的盲目性，谈判者要将谈判时的勇于决断建立在平时深思熟虑的基础上。只有在谈判之前就注意搜集信息，加强对谈判可行性的研究，才能提高谈判过程中决策的科学性，才能做到真正的勇于决策。

综上所述，一个优秀的商务谈判人员，在政治素质、业务能力、心理素质方面必须满足一些基本的要求，并注意这些方面素质、修养的培养和提高，不仅在实践中有意识地培养，还要以各种方式进行专门训练。

另外，一个优秀的商务谈判人员还应熟悉有关的社会、政治和法律知识，能够适应文化差异等。

背景资料 2-1

美国谈判大师卡洛斯认为理想的商务谈判者应该具有的 12 种特质如下：

① 有能力和对方商谈，并且赢得他们的信任；
② 愿意并且努力地做计划，能了解产品及一般的规则，同时还能找出其他可供选择的途径，勇于思索及复查所得到的资料；
③ 具有良好的商业判断力，能够洞悉问题的症结所在；
④ 有忍受冲突和面对暧昧字句的耐心；
⑤ 有组织去冒险、争取更好目标的能力；
⑥ 有智慧和耐心等待事情真相的揭晓；
⑦ 认识对方及其公司里的人，并和他们交往，以助交易的进行；
⑧ 品格正直，并且能使交易双方都有好处；
⑨ 能够敞开胸怀，听取各方面的意见；
⑩ 商谈时具有洞察对方的观察力，并且能够注意到可能影响双方的潜在因素；

⑪ 拥有丰富的学识、周全的计划以及公司对他的信任；
⑫ 稳健，必须能够克制自己，不轻易放弃，并且不急于讨好别人。

2.2　商务谈判班子的构成

2.2.1　商务谈判班子的组织构成

1. 谈判班子的规模

从某种意义上说，谈判班子的理想规模是一个人。因为这可使谈判人员在谈判中充分发挥作用，不会在协作和沟通上出现问题，可以完全控制自己一方。然而，谈判中常常需要掌握很多情报和专业知识，一个人不可能在各方面都成为权威性的专家，而且谈判时无暇仔细观察对方，以至于不能充分灵活地立即作出适时而正确的选择。因此，通常一个正规的谈判班子的人数超过一个人，由主谈人和陪谈人组成。

通常情况下，在国内商务谈判中谈判队伍的最佳规模是 3～4 人。因为在这种情况下，谈判班子较容易取得一致意见，有利于集体力量的发挥，上级领导也比较容易管理和控制。如果谈判涉及的内容比较多、性质复杂、时间短，或者需要分组谈判等，那么谈判班子规模可以适当扩大至 6～8 人。在大型国际商务谈判中，由于涉及的面比较广，需要各方面的专业人员，所以，谈判班子规模也要求比较大，一般在 10 人左右。

就谈判所需要的知识范围来看，长达几个月的大型谈判会涉及许多专业性知识，但从每一个洽谈阶段所需专业知识考虑，也不会超过三四种。从谈判的全过程看，参加谈判的人员也并非一成不变，随着各个阶段内容的不同，谈判人员需要及时变更。例如，在谈判开始阶段，负责起草协议的律师就毋需登场。但是，在协议阶段，生产技术人员又完成使命了。如果需要更多的专家参加谈判，他们可以作为谈判顾问，而没有必要以正式成员的身份出席谈判。

2. 主谈人的职责

主谈人又叫首席代表，对谈判的作用十分关键。他不仅要具备一般谈判人员的素质，还要具有更强的控制能力和协调能力；主谈人除了对谈判对手所提的问题要善于应答外，还要有效地指挥与协调谈判班子每个成员的活动，发挥谈判班子的群体效应，担负起谈判的组织和领导责任。具体地说，主谈人的职责可归纳为以下几个方面。

（1）做好谈判前的准备工作

谈判桌上的成功主要还是来自谈判桌外的准备工作。作为主谈人，准备工作抓得实与虚直接影响谈判。主谈人在履行这一条职责时，必须坚持一个"明"字。所谓"明"字就是：务必明确了解与谈判有关的各种信息；务必使谈判目标有明确的定量指标和定性要求；务必使谈判班子的全体成员都明白无误地了解谈判目标和策略；务必使每个谈判成员明白自己的工作与谈判目标和策略的关系；务必使每个谈判成员明白自己的工作规范和行为准则。总之，主谈人要能领悟上级的指示精神并能向其他参与人员透彻地宣明，组织参与人员依此共同行动并能实现目标。同时，主谈人也应考虑谈判中如发生意外情况，将如何向上级汇报，以便领导及时作出决策。

（2）发挥谈判核心人的作用

主谈人的特定身份和谈判的惯例，决定了他是谈判班子的正式发言人。一方面，主谈人代表着上级的指示精神；另一方面，主谈人代表着谈判过程中一方的正式立场。无论对方在陪谈人身上做了多少工作，最终签约还取决于主谈人的意见。主谈人是双方互通信息的连接点。因此，除了试探对方动向外，有经验的谈判者都会直接与对方的主谈人就实质性问题交换意见，以免浪费时间或造成误解。

正因为主谈人是一方的正式发言人，他就必须是信誉的代表。言出必信，承担责任，使对方认识到主谈人的信息具有权威性和契约性，是主谈人起码的职责；否则，主谈人朝说夕改，反复无常，让对方感到无法信任，对方便会失去对话的信心，不是要求更换主谈人，就是中止谈判。在实际谈判中，主谈人的成熟与能力并不完全在于"有问必答"或"有问必会答"，而是有问必须回答得准确、时机得当、分寸适度，并且出言不悔。

（3）在谈判中寻找主攻点

谈判协议是双方妥协的结果。谈判过程就是双方共同寻找妥协点的过程。由于双方利益的矛盾性和共存性，双方都希望对方尽量让步，自己能守住阵地，激烈的争论也往往由此产生。主谈人的责任就是寻找对方能力范围内可能妥协的条款作为主攻点。主攻点并不是要对方提出最终的妥协目标，而是抓住对方最虚、最不合理的提议作为主攻方向。抓住了对方的弱点，就可收到"牵一发而动全身"的作用，从一点突破而推动全局的进展。

（4）调动全体成员的积极性

谈判班子活动的源泉，在于全体成员的积极性、智慧和创造力。主谈人是组织在谈判桌前的代表，也是一线的指挥员。主谈人分工是否得当，能否听取陪谈人的意见，能否使谈判班子形成统一力量，并按整体的意愿共同议定谈判策略，是调动全体成员积极性的关键。主谈人在履行这条职责时，要充分注意尊重陪谈人的意见，当与陪谈人意见相左时，应平心静气，认真考虑。如果谈判遇到挫折或发生问题，要及时平息陪谈人的思想波动，共同研究找出解决问题的办法。

3. 陪谈人的任务

谈判中陪谈人的任务也很重要。他要详细记录双方谈判的主要情节内容，在某些具体细节上答复主谈人的咨询或直接向对方提出质疑，以协助主谈人完成谈判任务。陪谈人最忌不经主谈人同意就对外发表自己的意见，而这些意见往往不能同主谈人保持一致，从而在谈判对手面前暴露出内部矛盾，陪谈人还应避免抛开现场的谈判内容去谈一些无关的其他事情，涣散谈判气氛。陪谈人在言行上要与主谈人保持一致，要有与主谈人相呼应的效力。

2.2.2 商务谈判班子的业务构成

商务谈判班子的业务构成是指一个谈判班子内各类专业人员应具有的合理的比例结

构。一项较复杂的谈判,不可能由一种专业人才来完成,必须进行多种专业人才的高度精细的合作。一般而言,一个谈判班子应包括下列专业人员。

1. 技术人员

商务谈判班子的技术人员,应是熟悉本组织的专业技术特点并能决定技术问题的工程师或技术领导。在谈判中,技术人员主要负责有关技术性能、技术资料和验收办法等问题。

2. 商务人员

主要负责有关价格、交货、支付条件、风险划分、信用保证、资金筹措等商务性条款的谈判。他必须熟悉财务信用事务,对谈判方案的变动所带来的收益变化能作出正确的分析与计算。

3. 法律人员

谈判班子的法律人员,应是熟悉各种相关法规并有一定签约和辩护经历的专业人员。在谈判中,法律人员应懂得和解释协议文件、协议中各种条款的法律要求,并能根据谈判情况草拟协议文本。

4. 翻译人员

如是涉外谈判,谈判班子还应配备自己的译员。译员不仅要熟悉外文,还要懂得一些基本的与谈判内容有关的各种知识。在谈判中,译员应积极主动,遵纪守法,切不可任意发挥、歪曲本意。

以上各类人员在商务谈判中并不是单兵作战,而是相互密切配合,各自根据所掌握的材料和知识经验,对谈判全局提出参考意见,共同制订谈判方案,并经上级批准,分头实施,在谈判桌上根据既定方案相机而动,彼此呼应,形成目标一致的谈判统一体。

2.2.3 商务谈判班子成员的性格构成

性格是一个人比较固定的对人对事的态度和行为方式,是最核心的个性心理特征。在一个合理而完整的谈判班子中,性格应当是协调的。所谓性格协调,并不要求其成员在性格上完全一致,而是要求各种性格的人兼容并蓄,通过"性格补偿作用",使多种人才相互补充、相互协调。如急躁的性格与温和的性格就是一个补充。一般而言,谈判人员的性格可以分为以下几种类型。

1. 独立型

这类人员的特点是:性格外露,善于交际,情感显露,决断能力强,处事果断,敢负责任,上进心强,为人热情,善于洞察谈判对手心理。他们不愿意接受他人过多的命令和约束,有的甚至期望指挥他人,乐于承担自主性强和能充分发挥个人才能的工作。

2. 活跃型

这类人员的特点是:性格外露,活泼开朗,情感丰富,精力旺盛,富有朝气和想像力;善于交际,思维敏捷,善于捕捉时机,容易与对手迅速成交,技术熟练,但情绪易波动,业务学习和工作有时也不够踏实,因而成熟度不够。这类人员适于从事流动性大、交际广的工作。

3. 急躁型

这类人员的特点是：性格开朗，为人直率，情感易变，情性急躁，接待对方谈判人员态度热情，但显得浮躁，与对方发生矛盾时容易激动暴躁，态度因情绪波动而变动。这类人员适于从事简单的、易于快速完成的工作。

4. 顺应型

这类人员的特点是：性格柔和，为人随和，独立性差，喜欢按别人的意见办事，情绪比较稳定，接待谈判对方时态度谦和、诚恳认真，介绍情况实事求是，能尊重对方的意见，尽量满足对方的要求，很少与对方发生争吵。一旦发生矛盾，就显得束手无策，依赖于他人解决问题。他们适于从事正常的、不紧迫的工作。

5. 精细型

这类人员的特点是：性格沉着冷静，情绪稳定，工作细致，有条不紊，善于体察对方心理，对谈判对手的态度反应极为敏感，与对方发生矛盾时能细致分析、冷静处理，但工作缺乏魄力和开拓精神。这类人员一般适于从事精密细致的工作。

6. 沉静型

这类人员的特点是：性格内倾，性情孤僻，高傲自赏，不爱交际，情感内隐，对待谈判对方表现得较冷淡，沉默寡言，慢条斯理，但一般较耐心，很少与对方发生争吵，对谈判对手提出的问题一般用简单的语言回答，反应迟缓。这类人员一般适于从事较少交往的独立工作。

2.2.4 商务谈判的智囊团组织

一般的商务谈判，不可能组织一个各类业务人员都参加的庞大班子。而且，一些中小型组织在进行较复杂的商务谈判时，也难以一时选择出专业齐全、精明强干的谈判班子。这时，要保证谈判的成功，就必须依靠智囊团这个"外脑"。

智囊团就是指由若干专业人才组成的一个智力优化的群体。在智囊团中聚集一批专家学者，运用集体的智慧，可以为商务谈判提供最佳的谈判方案，制订谈判方案，帮助解决一两个主谈人所解决不了的问题。

1. 智囊团的任务

智囊团一般有这样几个方面的任务：在深入调查研究的基础上，对商务谈判的目标、谈判程序的设计提出具体建议，对谈判中可能出现的问题提出大胆假设，并制定相应的谈判策略，在谈判进程中，通过某种方式与主谈人保持联系，以便在谈判遇到难以解决的重大问题时提供如何解决的咨询意见，对谈判的提议和承诺提出会审意见；随时为主谈人提供谈判中需要采用的应变措施和应引起注意的问题，对谈判方案或主谈人谈判中出现的问题或失误，及时提供预防或补救的意见等。

2. 智囊团的组织

由于商务谈判的内容不同，智囊团的组织形式也不尽相同。有的吸收各种专家学者作为陪谈人参加谈判；有的聘请专家学者担任谈判顾问工作；也有的组织成立自己的智囊团，专门为本组织的谈判服务。

① 充分利用社会上的专门智囊团机构的作用，如公关公司、咨询公司等。组织可根据谈判内容对口挂钩，请它们承担组织的谈判战略研究或综合咨询的任务。

② 聘请高等院校或科研机构的一批有专门知识的教授、专家担任谈判的咨询顾问。组织可把某些谈判议题交由他们研究，进行专题性咨询，并听取他们对谈判计划的改进意见或新的建议。

③ 上级主管部门对组织开展咨询诊断活动，也是发挥智囊团作用的一种形式。

④ 在组织内部成立主谈人自己的智囊班子。主谈人把某些具有丰富实践经验和一定理论知识的人组织起来，让他们围绕谈判中的重大问题献计献策。

⑤ 充分发挥组织内部各职能部门的参谋作用。一般谈判中职能部门也参加与之相关的谈判，但大部分职能部门不可能都参加，而谈判的内容将直接或间接地涉及各职能部门的工作。各职能部门与其专业人员针对谈判内容对本组织进行自我诊断，不仅能够发现谈判中潜在的问题，而且可以提出解决问题的具体方案，供主谈人选择。

2.3 商务谈判的管理

充分的组织准备为商务谈判的成功奠定了基础，但仅止于此是远远不够的。在动态的谈判过程中，谈判者必须面对复杂多变的谈判环境。随时处理各种可能出现的问题，如果离开了严格的管理，谈判者的行为就可能偏离既定的计划和目标的要求，甚至蒙受巨大的损失。从某种意义上讲，商务谈判的管理，不仅关系到某一项交易的成败得失，还对以后的谈判工作产生潜在的影响。只有通过科学、严格的管理，才能有效地利用各项资源，把各个因素、各个方面的工作有机地结合起来，提高谈判活动的效率。商务谈判的管理一般包括谈判人员的行为管理、谈判信息的管理、谈判时间的管理及谈判后的管理等内容。①

2.3.1 商务谈判过程中的管理

1. 谈判人员的行为管理

谈判活动是由谈判人员推动的，而且在多数谈判场合，谈判双方的合作是通过彼此选配的谈判小组来完成的。谈判过程的发展变化，不是取决于某一个谈判人员，而是谈判小组成员共同努力的结果。为了保证谈判小组的协调一致，谈判双方都必须对谈判人员的行为加以管理。

谈判人员行为管理的核心是制定严格的组织纪律，并在谈判过程中认真地予以执行。一个谈判班子的组织纪律应包括以下几个方面的内容。

(1) 坚持民主集中制的原则

一方面，在制定谈判的方针、方案时，必须充分地征求每一个谈判人员的意见，任

---

① 张春法，崔新有. 推销技巧与商务谈判 [M]. 成都：西南交通大学出版社，1995.

何人都可以畅所欲言，不受约束，与谈判有关的信息应及时传达给每一个谈判人员，使他们都能对谈判的全局与细节有比较清楚的了解；另一方面，应由谈判小组的负责人集中大家的意见，作出最后的决策。决策确定以后，任何人都必须坚决地不折不扣地服从，绝对不允许任何人把个人的见解和看法带到谈判桌上去。

（2）不得越权

企业对谈判小组的授权是有限的，同样在谈判中，每个谈判人员的权力也是有限的。任何人都不得超越权限范围作出承诺或提出某些要求。原则上，是否让步或承诺某项义务，应由谈判领导人员作出决策。

（3）分工负责、统一行动

在谈判中，谈判人员之间要进行明确的职责分工，每一个人要承担某一方面的工作，每位谈判人员都应把自己的工作严格控制在自己的职责范围之内，绝不可随便干预他人的工作；同时，每一个成员又都必须从谈判的全局出发，服从统一的调遣。除非允许，否则任何人都不得单独地与对方接触，商谈有关内容，以免在不了解全局、考虑不周的情况下盲目作出决定。

（4）单线联系原则

当谈判小组需要与企业主管部门联系时，特别是在客场谈判的情况下，必须实行单线联系的原则，即必须遵循只能由谈判小组的负责人与直接负责该谈判的上级领导人进行联系的原则。

谈判班子内其他成员就有关问题与企业相应的职能部门领导进行联系，原则上是不允许的。某个谈判成员如果在某一问题上需要请示，必须通过谈判小组的负责人来进行，由谈判小组的负责人与企业的主管取得联系，并由主管直接与有关人员协商，作出决策。这一程序看上去比较费力费时，但对谈判负责人有效地控制谈判的全过程却是非常重要的。因为：首先，他必须审核这种联系的必要性，并检查其安全性；其次，任何一个职能部门的咨询意见，都难免带有一定的不完整性或片面性，比如，财务部门与制造部门对技术的评价往往侧重点不一样，结论也有差别；最后，从维护谈判小组负责人的权威角度，由谈判小组的成员自己向其部门主管汇报，并据以对抗谈判小组负责人的做法，对保证谈判小组内部领导的集中统一也是极为不利的。

2. 谈判信息的管理

信息在谈判中的作用是不言而喻的。谁掌握的信息越多，谁就能在谈判中占有主动和优势。对谈判信息的管理包括两个方面的内容，一是信息的收集与整理，二是信息的保密。信息的收集渠道非常广泛，接触过程中对方的语言、表情、手势乃至"体态"都蕴含着一定的信息，谈判人员要善于获取这种信息。为保证信息的真实性和可靠性，还必须对信息进行分析、处理，去伪存真。在信息的保密方面，以下两种情况需要特别注意。

（1）客场谈判的保密措施

涉外商务谈判在客场进行，在国外的谈判小组必须与国内的管理机构进行联系时，应该采取必要的保密措施。比如，凡发往国内的电报、电传一律自己亲手去发，不要轻信旅馆的服务员、电话总机员，避免因此而泄露机密。又如，对那些在政治上属于敏感性的问题，或者是商业上的机密内容，应该运用事先约定的密码暗语与国内进行通信联络。电报、电传有时会被其他竞争对手窃获。

（2）谈判小组内部信息传递的保密

在谈判桌上，为了协调本方谈判小组各成员的意见和行动，或者为了对对方的某一提议作出反应而需商量对策时，谈判小组内部需要及时传递信息。由于这种传递本身就处于谈判对手的观察之中，保密就显得尤为重要。

有些人习惯于在谈判桌上或谈判室内把本方人员凑在一起商量，自以为声音很低，又是用本国语言或本地方言，对方不是听不见、听不清，就是听不懂。其实，这样做是很危险的。对方或许有人能听清、听懂你的语言，即使听不懂，但从你及你的同事的眼神、面部表情中就能判断出你们之间传递的信息内容。

因此，在谈判桌上如确有必要进行内部信息传递和交流，应尽可能采用暗语形式，或者通过事先约定的某些动作或姿态来进行，或者到谈判现场以外的地方去商量，以求保密。

除了上述两个方面应该注意以外，谈判人员还应注意培养自己良好的保密习惯。

第一，不要在公共场所，如车厢里、出租汽车内及旅馆过道等处讨论业务问题。

第二，在谈判休息时，不要将谈判文件留在洽谈室里，资料应随身携带。如果实在无法带走，就要保证自己第一个再度进入洽谈室。

第三，如果自己能够解决，那么最好不要叫对方复印文件、打字等。如果迫不得已，应在己方人员的监督下完成，而不要让对方单独去做。

第四，不要将自己的谈判方案敞露于谈判桌上，特别是印有数字的文件。因为对方可能是一个倒读能手。

第五，在谈判中用过而又废弃的文件、资料、纸片等不能随便丢弃，对方一旦得到，即可获得有价值的情报。

3. 谈判时间的管理

时间的运用是谈判中一个非常重要的问题；忽视谈判时间的管理，不仅会影响到谈判工作的效率，耗时长久而收获甚微。更重要的是，它有可能使我们在时间的压力下作出错误的决策。因此，从某种意义上讲，掌握了时间，也就掌握了主动。

（1）谈判日程的安排

在客场谈判的情况下，做客场谈判的一方总会受到一定的时间限制，在安排谈判日程时，要尽可能在前期即将活动排满，尽快进入实质性谈判，以防止因时间限制而匆忙作出决策。为此，在客场谈判时，一定要有强烈的时间意识和观念，不能被对方的盛情招待所迷惑。

如果在主场谈判，由于我方在时间安排方面比较宽裕，应想方设法推迟进入实质性谈判，以缩短双方讨价还价的时间。为此在谈判的前半段，要尽可能安排一些非谈判的内容，如游览、酒宴等，从而在谈判时间上赢得主动。

（2）对本方行程的保密

客方确定何时回返，这是做东谈判的一方最想知道的信息。因为一旦掌握了这个信息，就可以有针对性地调整和安排谈判日程与谈判策略。因此，客场谈判时绝对不要向对方透露本方准备何时回返，预订机票、车票等工作应回避对方。

实例 2-2

温柔一刀

赫本·柯思曾举了一个他自己初出茅庐时的教训作为实例来说明谈判期限的作用。赫本·柯思初次受命谈判,他雄心勃勃地坐上飞机,到东京去进行为期 14 天的谈判。赫本虽做了大量准备工作,可一下飞机却坠入"友好而有礼貌"的隆重接待之中。日本人为他提供周到、舒适的服务,甚至热情地帮助他学习日语。

闲谈中日本人问他:"你是要按时坐飞机回去吗?我们好安排车送你返回机场。"当时的赫本尚未意识到时间期限的重要作用,他心中暗想:"考虑得多周到啊!"赫本不假思索地伸手从口袋里拿出回程机票给日本人看,好让他们知道什么时候送他。可是,他当时并没有察觉到日本人已知道了他的"死线"(赫本后来幽默地把截止期限称为"死线")。

尽管只有两周的期限,日本人却不及时开始谈判,反而继续派人陪同他去"体验日本文化"。一个多星期的时间,让赫本尽兴旅游了整个国家。每天晚宴及"余兴"节目,都在 4 小时以上。赫本时常焦急地督促日方快快谈判,日方却总是说:"不忙,还有很多时间,时间足够用。"最后,到了第 12 天谈判才正式开始。这一天的下午,日本人有意拉他一起去打高尔夫球,使谈判早早休会。第 13 天谈判重新开始,但由于饯行晚宴的关系,谈判很早又结束了。最后到第 14 天,亦即按预期将离开东京的最后时间,这时仍在继续谈判。正当谈判进行到关键时刻,等候送赫本去机场的轿车已停在门外。为了不耽误计划行程,赫本只得同日本人草草讨论条件,并赶在轿车开动时完成了交易。

不言而喻,这一次谈判以日方获胜而结束。这给赫本以极深刻的教训。

2.3.2 谈判后的管理

谈判后的管理主要是对签约以后的有关工作进行管理。

1. 谈判总结

合同签订后,本方谈判小组应对本项谈判进行总结。总结的内容主要包括以下两个方面。

第一,从总体上对本方谈判的组织准备工作、谈判的方针、策略和战术进行再评价,即事后检验。据此,可以发现哪些是成功的,哪些是失败的,哪些方面还有待改进。同时,每个谈判人员还应从个人的角度,对自己在谈判中的工作进行反思,总结经验和教训。通过上述总结,可以有效地培养和提高本方谈判人员的谈判能力。

第二,对签订的合同进行再审查。虽然合同已经签字生效,在一般情况下没有更改的可能。但是,如果能尽早地发现其中的不足,就可以主动地思考对策,采取弥补措施,早作防范。

2. 保持与对方的关系

协议的达成并不意味着双方关系的了结；相反，它表明双方的关系进入了一个新的阶段。从近的方面来看，合同把双方的关系紧紧地连接在一起；从远的方面而言，本项交易又为以后的交易奠定了基础。因此，为了确保合同得到认真彻底的履行，以及维持今后双方的业务关系，应该安排专人负责与对方进行经常性的联系，以使双方的关系保持在良好的状态。

3. 资料的保存与保密

对本项谈判的资料，包括总结材料，应编制成客户档案，善加保存。这样，在以后再与对方进行交易时，上述材料即可成为非常有用的参考资料。

在保存资料的同时，还应就有关资料的保密工作进行恰当的安排。如果有关本项谈判的资料，特别是关于本方的谈判方针、策略和技巧方面的资料为对方所了解，那么，不仅为对方在今后的交易中把握我方的行动提供了方便，而且也可能直接损害目前合同的履行和双方的关系。比如，谈判中在某个方面本来对方是可以不让步的，或者是可以争取到我方让步的，结果因我方采取了某些策略和技巧而使对方作了让步，或者没有争取到我方的让步。这一信息如果为对方所了解，必然心生懊悔，甚至产生想重新将之争取回来的想法。这样，其履行合同的热情与诚意就可能大打折扣，甚至荡然无存。

对于客户的档案，非有关人员，未经许可不得调阅，这应成为企业的一项制度。

4. 对谈判人员的激励

行为科学揭开了人有自我实现的需要，谈判人员总是希望通过出色完成任务来证明自己的价值，这种自我"激励"往往影响程度深、持续时间长，对焕发谈判人员的创造潜力具有重要的推动作用。因此，无论是企业领导人还是谈判小组负责人，都应高度重视下属人员的这种自我实现的需要，充分承认他们的工作成绩，不断给予各种挑战与机会，让下属在工作中得到满足。当然，如果将外在激励与自我激励相配合，效果就更为理想。如足够的薪金、津贴及额外的奖金不仅是对谈判人员艰苦工作的补偿，也是对他们工作成效的一种认可；再如经历高度紧张磋商的谈判人员，其疲乏与劳累是不言而喻的，若能给予他们必要的休假与调整的机会，不仅有利于他们恢复过度消耗的体力与精力，而且能使其在心理上得到满足，使他们体会到上级主管对其工作价值的充分认识和承认。

关键术语

谈判人员素质　　谈判班子　　主谈人　　陪谈人　　谈判"智囊团"　　民主集中制原则　　单线联系原则　　保密措施　　谈判人员激励

复习思考题

1. 谈判人员应具备哪些基本素质？对比一下，你自己已经初步具备了哪些素质，还需要做哪些努力？

2. 谈判班子应配备哪些专业人员？其主要职责是什么？
3. 何为主谈人、陪谈人？两者关系如何？
4. 谈判小组的组织纪律主要包括哪些内容？
5. 对谈判信息、谈判时间的管理应分别做好哪些工作？
6. 谈判后管理工作主要包括哪些内容？

 案例与训练

【案例2-1】

中日索赔谈判

引子：我国从日本S汽车公司进口大批FP—148货车，使用时普遍发现严重的质量问题，蒙受巨大经济损失。为此，我国向日方提出索赔。

中日双方在北京举行谈判。首先是卡车质量问题的交锋。日方深知，FP—148汽车质量问题是无法回避的，他们采取避重就轻策略，说有的轮胎炸裂，挡风玻璃炸碎，电路有故障，铆钉震断，有的车架偶有裂纹等。果不出我方所料，日方所讲的每一句话，言辞谨慎，都是经过反复研究推敲的。毕竟质量问题与索赔金额有必然的联系。我方代表用事实给予回击：贵公司的代表都到过现场亲自察看过，经商检和专家小组鉴定，铆钉非属震断，而是剪断的；车架出现的不仅仅是裂纹，而是裂缝、断裂！而车架断裂不能用"有的"或"偶有"，最好还是用比例数来表达，则更为科学准确。日方怦然一震，料不到我方对手如此精明，连忙改口："请原谅，比例数字，未作准确统计。""贵公司对FP—148货车质量问题能否取得一致看法？""当然，我们考虑贵国实际情况不够。""不，在设计时就应该考虑到中国的实际情况，因为这批车是专门为中国生产的。至于我国道路情况，诸位先生都已实地察看过，我们有充分理由否定那种属中国道路不佳所致的说法。"

室内谈判气氛趋于紧张。日方转而对这批车辆损坏程度提出异议："不至于损坏到如此程度吧？这对我们公司来说，是从未发生过，也是不可理解的。"我方拿出商检证书："这里有商检公证机关的公证结论，还有商检拍摄的录像，如果……""不，不，不！对商检公证机关的结论我们是相信的，无异议，我们是说贵国是否能做出适当的让步；否则，我们无法对公司交代。"

对FP—148货车损坏归属问题上取得了一致的意见。日方一位部长不得不承认，这属于设计和制造上的质量问题所致。初战告捷，但是我方代表深知更艰巨的较量还在后头。索赔金额的谈判才是根本性的。

我方一位代表，擅长经济管理和统计，精通测算，在他的纸笺上，在大大小小的索赔项目旁布满了密密麻麻的阿拉伯数字。这就是技术业务谈判，不能凭大概，只能依靠准确的计算。根据多年的经验，他不紧不慢地提出："贵公司对每辆车支付加工费是多少？这项总额又是多少？""每辆10万日元，计58 400万日元。"日方又反问："贵国报价是多少？""每辆16万日元，此项共95 000万日元。"

久经沙场的日方主谈人淡然一笑，与助手耳语了一阵，神秘地瞥了一眼中方代表，问:"贵国报价的依据是什么?"我方将车辆损坏的各部件,需要如何维修加工,花费多少工时,逐一报出单价。"我们提出这笔加工费不高。如果贵公司感到不合算,派员维修也可以。但这样一来,贵公司的耗费恐怕是这个数的好几倍。"日方对此测算叹服了:"贵方能否再压一点?""为了表示我们的诚意,可以考虑,贵公司每辆出多少?"

"12万日元。"

"13万日元如何?"

"行。"

这项费用日方共支付77 600万日元。但中日双方争议最大的项目,是间接经济损失赔偿金,金额高达几十亿日元。日方在谈这项损失费时,也采取逐条报出。每报完一项,总要间断地停一下,环视一下中方代表的反应,仿佛给每一笔金额数目都要圈上不留余地的句号。日方提出支付30亿日元。我方代表琢磨着每一笔报价的奥秘,把那些"大概""大约""预计"等含糊不清的字眼都挑了出来,指出里面埋下的伏笔。

在此之前,我方有关人员昼夜奋战,液晶体数码不停地在电子计算机的荧光屏上跳动着,显示出各种数字。在谈判桌上,我方报完每个项目和金额后,讲明这个数字测算的依据。在那些有理有据的数字上,打的都是惊叹号。最后,我方提出日方应赔偿间接经济损失费70亿日元!日方代表听了这个数字后,惊得目瞪口呆,老半天说不出话来,连连说:"差额太大,差额太大!"于是,进行无休止的报价、压价。

"贵国提的索赔额过高,若不压半,我们会被解雇的。我们是有妻儿老小的……"日方代表哀求着。

"贵公司生产如此低劣产品,给我国造成多么大的经济损失啊!"继而又安慰道,"我们不愿为难诸位代表。如果你们做不了主,请贵方决策人来与我们谈判。"

双方各不相让,只好暂时休会。即日,日方代表通过电话与公司决策人密谈了数小时。接着,谈判又开始了。先是一阵激烈鏖战继而双方一语不发,室内显得很静寂。

我方代表打破僵局:"如果贵公司有谈判的诚意,彼此均可适当让步。"

"我公司愿付40亿日元,这是最高突破数了。"

"我们希望贵公司最低限度必须支付60亿日元。"

这一来,使谈判又出现了新的转机。但差额毕竟是20亿日元的距离啊!后来,双方几经周折,提出双方都能接受的方案:中日双方最后的报价金额相加,除以2,等于50亿日元。除上述两项达成协议外,日方愿意承担下列三项责任:一是确认出售到中国的全部FP—148型卡车为不合格品,同意全部退货,更换新车;二是新车必须重新设计试验,精工细作和制造优良,并请中方专家试验和考察;三是在新车未到之前,对旧车进行应急加固后继续使用,日方提供加固件和加固工具等。

一场罕见的特大索赔案终于公正地交涉成功了!

问题:请对本案例中的中日双方谈判代表的素质与表现予以评价。

【案例2-2】

事情发生在美国一家生产家用厨房用品的工厂和他的采购商之间,合同即将签订,一切都仿佛可以顺利进行了。然而有一天工厂接到了采购负责人打来的电话。"真是很遗憾，事情发生了变化，我的老板改了主意，他要和另一家工厂签订合同，如果你们不能把价钱降低10%的话，我认为就为了10%而毁掉我们双方所付出的努力，真是有些不尽情理。"

工厂慌了手脚，经营状况不佳，已使他们面临破产的危险，再失去这个客户就像濒于死亡的人又失去了他的救命稻草。他们不知道在电话线的那一方采购负责人正在等着他们来劝说自己不要放弃这笔生意，工厂的主管无可避免地陷入了圈套，他问对方能否暂缓与另一家工厂的谈判，给他们以时间进行讨论。采购负责人很"仗义"地应允下来，工厂讨论的结果使采购负责人达到了目的，价格被压低10%。要知道这10%的压价并不像采购负责人在电话里说的那样仅仅是10%，它对工厂着实是个不小的数目。

如果我们能看清这场交易背后的内幕，就会发现工厂付出的代价原本是不应该的，那么采购方是如何把这笔金额从工厂那里卷走而只留给他们这项损失的呢？

事情还要追溯到合同签订的前一个月，工厂的推销员在一次与采购负责人的交谈中给工厂泄了底。他对精明的采购人说他们的工厂正承受着巨大的压力，销售状况不佳，已使他们面临破产。对于他的诚实，作为回报，采购负责人并没有对他们给予同情，而是趁机压榨了一下，因为他已知道工厂在价格问题上不硬。

一次不注意的谈话，使工厂被掠走大量利润。所以，讨价还价者们应时刻提醒自己提高警惕，对涉及己方利害关系的信息三缄其口，在这种情况下，如果再能讨得对方的信息，则是上上策了。

作为讨价还价的负责人，应严格控制其成员严守秘密，需要透露的重要信息只能由负责人传递给对方。当涉及人员太多，负责人无法监督其成员是否能贯彻保密制度时，保密工作就更为重要了，关键信息只能由几个关键人物掌握。

问题：你认为谈判活动中要做到信息保密，关键点是什么？

第 3 章

商务谈判的筹划与准备

学习目标

通过本章的学习，使学生了解和掌握以下知识点：
◎ 商务谈判的信息准备
◎ 谈判的可行性研究
◎ 谈判方案及其执行计划
◎ 谈判的物质条件准备
◎ 模拟谈判

凡事预则立，不预则废。进行一场商务谈判，其能否取得成功，不仅取决于谈判桌上的唇枪舌剑、讨价还价，而且有赖于谈判前充分、细致的筹划和准备工作。所谓知己知彼，百战不殆，任何一项成功的谈判都是建立在良好的筹划准备工作的基础上的。谈判筹划和准备做得充分可靠，谈判者就会增强自信，从容应对谈判过程中的变化，处理好各种问题，在谈判中处于主动地位，为取得谈判成功奠定基础。

3.1 商务谈判的信息准备

实例 3-1

谈判大师夏派罗在巴尔的摩开律师事务所。一天，接到客户电话说，想卖出他三年前花 200 万美元买下的一处位于巴尔的摩和华盛顿之间的地产。他刚买下，房地产也就开始下滑。税费、保险还有其他费用又花了 60 万美元，简直是雪上加霜。这块地皮很久都无人问津。最近有人对那块地感兴趣。客户要求夏派罗帮他谈成这笔生意。

夏派罗开始了解情况，包括：那块地皮周边类似地产的价格，附近地区地价涨落的趋势等。客户给他地产的定价是 320 万美元，底线是 260 万美元。

买家是 GG 建筑材料公司，是一家上市公司。夏派罗立即找到它的相关信息——季报、半年报、年报、损益表、新闻报道、相关文章。得知他们刚刚上市几个月，手中有大量的通过出售股票募集的现金。还调查了 GG 公司的营业范围。他们在芝加哥、得克萨斯、密西西比及佛罗里达都有销售中心。其业务已拓展到全国。据他们的宣传材料上讲，还要继续扩展到中部大西洋地区。这对夏派罗来说是个好消息，因为客户的地产正位于这一带的中部。

渐渐地，夏派罗获得的信息越来越多。就在那时，想到了他的朋友阿尼，他在那个地方经营一家电视台。估计电视台的老板应该认识当地不少人。于是，打电话给阿尼，问他是否了解 GG 建筑材料公司。阿尼说 GG 公司没有在电视台做广告，不是他的客户。"不过，在一次商会的招待会上，GG 建筑材料公司的副总经理对我说：'你是巴尔的摩人，能不能给我介绍几个当地的房地产经纪人？'"夏派罗由此推断 GG 建筑材料公司要在巴尔的摩建立分公司，他们对房地产有迫切的需求。

谈判开始时，对方反复说夏派罗定价离谱，说他们公司可能会集中精力拓展南部业务。而关注这个地区只是他们的谈判策略。这种说法显然不太诚实。他们说的与夏派罗了解的情况不一致。

最后，夏派罗说尊重他们的意见。还说："我们还有其他的选择需要考虑，比如说把这块地分割开出售（事实上也确实如此）。万一以后你们决定在我们这个地区开展业务而我们还没有把这块地卖出去，请再和我们联系。"

这时，夏派罗的客户狠狠地捏了一下他的腿。很显然他有点沉不住气了，认为夏派罗太冒险。

这位客户度日如年。这么多年来他这块地都无人问津，现在终于有人感兴趣了，希望谈判千万不能破灭。等到第十天 GG 公司打来电话，不同意 320 万美元的价格，说想再谈谈。经过讨价还价，最终以 270 万美元成交。

在当今的信息社会，信息即是商务活动的先导，也是影响商务谈判成败的决定性变量之一。作为商务谈判人员来说，了解商务谈判信息的价值，掌握信息收集方式方法，并在此基础上进行周密的筹划，是做好商务谈判工作的最基本要求。

3.1.1 信息收集的主要内容

1. 谈判环境信息

商务谈判是在一定的法律制度和在某一特定的政治、经济、文化影响下的社会环境中进行的。社会环境的各种因素，都会直接或间接地影响到谈判。因此，谈判的成功与否，在很大程度上受不同国家、不同地区的不同社会环境的影响，谈判各方的意见分歧又往往产生于这些不同的社会环境。谈判人员必须对各种环境因素进行全面系统的调查和分析，才能因地制宜地制定出正确的谈判方针和策略。

（1）政治法律信息

政治和经济是紧密相连的，政治对于经济具有很强的制约力。由此，政治因素对商务谈判活动,特别是涉外商务谈判有着非常重要的影响。当一个国家的政局稳定,政策符合本国国情,它的经济就会发展,就会吸引众多的外国投资者前往投资;否则,政局动荡,市场混乱,人心惶惶,就必然产生相反的结果。因此,必须详尽地了解谈判对方的政治环境信息,主要包括政局的稳定、政府之间的关系、非政府机构对政策的影响程度、对方国家或地区政府与对方组织的关系等。

法律制度和政治制度一样,都对商务谈判有着无形的控制力。只有清楚地了解谈判对方所处的法律制度环境,才能减少商业风险。法律制度信息主要是了解与商务谈判活动有关的法律法规,如涉外谈判中就要了解对方的法律制度是否限制协议必须受到有关法律约束,对方执行法律裁决有什么制度,法律是否限制对方领导人的权力范围等。

(2) 宗教信仰

宗教是社会文化的一个重要组成部分,当前在世界各地宗教问题无不渗透到社会的各个角落。宗教信仰影响着人们的生活方式、价值观念及消费行为,也影响着人们的商业交往。人们在很多情况下所面临的矛盾与冲突,大多数情况下缘于宗教信仰,也就是意识形态的不同而引起的。对于宗教的有关问题,商务谈判人员必须了解,如宗教的信仰和行为准则、宗教活动方式、宗教的禁忌等,这些都会对商务活动会产生直接的影响;如果把握不当,则会给企业带来很大的影响。

(3) 商业习惯

商业习惯是整体文化环境的组成部分,由于区域文化的支配作用,商务谈判在接触级别、语言使用、礼貌和效率及谈判重点等方面都存在较大的差异。因此,必须要了解对方国家和地区经济组织的经营方式、谈判和签约的方式与习惯、商业间谍的活动状况、商务活动中的行贿索贿情况等惯例,否则就可能误入陷阱或造成误会。

(4) 社会习俗

一个国家或地区有着不同的社会习俗,这些习俗会自然或不自然地影响业务洽谈活动,对此,谈判者必须加以了解和把握。社会习俗包括符合社会规范的称呼方式、衣着款式及其他为社会公众所接受并约定俗成的行为方式。谈判人员必须尊重和适应这些社会习俗,并且善于利用社会习俗信息为己方服务,确保业务活动的正常开展。

实例 3-2

1992年中国一个代表团去美国采购三千万美元的化工设备和技术。美方自然想方设法令我方满意,其中一项是送给我们每人一个小纪念品。纪念品的包装很讲究,是一个漂亮的红色盒子,红色代表发达。可当我们高兴地按照美国人的习惯当面打开盒子时,每个人的脸色却显得很不自然——里面是一顶高尔夫帽,但颜色却是绿色的。美方的原意是:签完合同后,大伙去打高尔夫。但他们哪里知道,"戴绿帽子"是中国男人最大的忌讳。合同我们最终没和他们签,其中原因之一也与此相关,不是因为他们"骂"我们,而是因为他们对工作太粗心,连中国人忌讳"戴绿帽子"都搞不清,怎么能把几千万美元的项目交给他们?

(5) 财政金融状况

商务谈判活动尤其是涉外商务谈判活动中，谈判的结果会使得资产形成跨国流动，这种流动与谈判方财政金融状况密切相关。谈判人员应随时了解各种主要货币的汇兑率及其浮动现状和变化趋势，了解国家的财税金融政策以及银行对开证、承兑、托收等方面的有关规定等情况。

(6) 其他环境信息

其他环境信息如一个国家或地区的基础设施、后勤供应、气候等状况资料，这些因素都会直接或间接地对商务谈判活动产生影响。

2. 市场信息

商务谈判的市场信息是指与谈判有关的市场行情方面的信息，主要内容有以下5个方面。

(1) 市场分布

市场分布情况主要是指市场的地理分布、运输条件、市场潜力和容量、市场的配套设施和相关的政策法规、与其他市场的经济联系等。

(2) 市场供求

市场供求情况主要包括有关商品的生产状况、可供市场销售的商品量、商品的库存情况、运输能力及变化、商品的进出口情况、替代产品的情况等供给信息及商品消费者的数量和构成、消费的需求特点、需求的波动情况、商品的需求趋势、用户的要求等需求信息。

(3) 市场销售

市场销售情况包括有关商品的市场销售量、市场份额、销售价格、商品的寿命周期、经销途径、促销措施与效果等。

(4) 市场竞争

市场竞争情况包括主要竞争者和潜在竞争者是谁；其产品、价格、渠道、促销等方面的信息资料；其资信情况等。

3. 有关自身的信息

(1) 了解本组织的情况

其内容包括本组织的社会地位、经济实力、人才力量、设备能力、管理水平、劳动效率、产品的优缺点等基本情况。通过对这些组织情况的了解和分析，谈判者可以明了与对方相比自己有哪些优势或劣势，从而充分掌握事实证据、辩论要点、合理建议等谈判的论据。明了自己的优势与劣势极为重要，它将决定己方的谈判目标和确定谈判的让步区间。例如，假设对方是我方唯一一做某笔交易的伙伴，而且我方的产品也缺乏绝对的竞争力，则谈判中对方就处于优势。我方就应在满足对方需求的条件下寻求自己利益的实现，并适当地在价格等方面做出让步。

(2) 考察谈判者自身

正确地评价谈判者自身并不是件容易的事，要通过对有关信息的考察才能做好。除谈判者的自我认识、自我评价外，更需要本组织来客观地认识和评价。通过对谈判者的价值观、人生观、性格特征、情感类型和智力水平、能力水平的详细考察，谈判者可以排除影响谈判能力的精神特性与弱点，克服使己方陷于被动的假设，树立起取得谈判成功的信念。

4. 有关对方的信息

实例 3-3

精密仪器的购销谈判

荷兰某精密仪器生产厂家与中国某企业拟签订某种精密仪器的购销合同，但双方在仪器的价格条款上还未达成一致。因此，双方就此问题专门进行了谈判。谈判一开始，荷方代表就将其产品的性能、优势以及目前在国际上的知名度作了一番细致的介绍，同时说明还有许多国家的有关企业欲购买他们的产品。最后，荷方代表带着自信的微笑对中方代表人员说："根据我方产品所具有的以上优势，我们认为一台仪器的售价应该在4 000美元。"

中方代表听后十分生气，因为据中方人员掌握的有关资料，目前在国际上此种产品的最高售价仅为3 000美元。于是，中方代表立刻毫不客气地将其掌握的目前国际上生产这种产品的十几家厂商的生产情况、技术水平及产品售价详细地向荷方代表全盘托出。

荷方代表十分震惊，因为根据他们所掌握的情况，中方是第一次进口这种具有世界一流技术水平的仪器，想必对有关情况还缺乏细致入微的了解，没想到中方人员准备得如此充分。荷方人员无话可说，立刻降低标准，将价格调到3 000美元，并坚持说，他们的产品是世界一流水平的，是物有所值。

事实上，中方人员在谈判前就了解到，荷兰这家厂商目前经营遇到了一定的困难，陷入了巨额债务的泥潭，对他们来说，回收资金是当务之急，正四处寻找其产品的买主，而目前也只有中国对其发出了购买信号。于是，中方代表从容地回答荷方："我们也决不怀疑贵方产品的优质性，只是由于我国政府对本企业的用汇额度有一定的限制。因此，我方只能接受2 500美元的价格。"荷方代表听后十分不悦，他们说："我方已经说过，我们的产品是物有所值，而且需求者也不仅仅是你们一家企业，如果对方这样没有诚意的话，我们宁可终止谈判。"中方代表依然神色从容，"既然如此，我们很遗憾。"

中方人员根据已经掌握的资料，相信荷方一定不会真的终止谈判，一定会再来找中方。果然，没过多久，荷方就主动找到中方，表示价格可以再谈。在新的谈判中，双方又都作了一定的让步，最终以2 700美元成交。

谈判所应具备的最有价值的信息是关于对方的情报资料。只有摸清对方虚实，才能对症下药，制定相应的对策。

（1）了解对方组织的情况

其内容包括对方组织的发展历史、社会地位、资信能力以及同其他组织的关系。如果对方是公司企业，则还应包括对方的产品性能与特点、市场占有率与市场半径、技术水平与工艺水平、价格水平等。了解对方组织的情况，通常可以研究以下资料：

① 预算财务计划；
② 组织的出版物和报告；
③ 新闻发布稿；
④ 产品的详细说明书；
⑤ 证券交易委员会或政府机构的报告书；
⑥ 领导者的公开谈话和公开声明。

了解对方组织的情况，还可由谈判人员通过直接调查来取得。比如，向曾与对方有交往或交过手的组织或人进行了解，通过函电方式直接同对方先行联系或直接询问等。另外，还可以从有关咨询机构取得所需的信息资料。

（2）了解对方谈判人员的情况

主要包括对方谈判班子的组成，成员各自的身份、地位、年龄、经历、爱好、性格、谈判经验以及谁是谈判中的首席代表，其能力、权限、特长及弱点如何，此人对该项谈判所抱态度、倾向性意见等，这些都是必不可少的情报资料。

实例 3-4

中日两家公司在谈判开始之后，双方人员彼此作了介绍，并马上投入了技术性的谈判。中方商务人员利用谈判休息时间，对日方技术人员表示赞赏："技术熟悉，表述清楚，水平不一般，我们就欢迎这样的专家。"

该技术人员很高兴，表示他在公司的地位很重要，知道的事也多，中方商务人员顺势问道："贵方主谈人是你的朋友吗？"

"那还用问，我们常在一起喝酒，这次与他一起来中国，就是为了帮助他。"他回答得很干脆，中方又挑逗了一句："为什么非要你来帮助他，没有你就不行吗？"

日方技术员迟疑了一下："那倒也不是，但这次他希望成功，这样他回去就可升为部长了。"中方随口跟上："这么讲，我也得帮助他了；否则，我就不够朋友。"

在此番谈话后，中方认为对方主谈人为了晋升，一定会全力以赴要求谈判的结果——合同。于是，在谈判中巧妙地加大压力，谨慎地向前推进，成功地实现了目标，也给对方得到合同和升官的条件。

3.1.2 信息收集的途径

一般说来，信息资料收集的途径包括以下几种。

（1）互联网

互联网上可以非常方便迅捷地查阅国内外企业信息、市场行情信息及其他多种信息。这个途径获取的信息丰富，但对海量信息的真实性、有效性需要进一步鉴别。

(2) 专业报刊

通过查阅行业性的报纸、杂志、内部刊物及专业书籍等，从它们登载的消息、图表、数字等来进行信息资料的收集。城市图书馆、企业、高校及研究机构的资料室通常都保存这些印刷媒体，甚至存有电子档形式的数据库。

(3) 大众传媒

大量的市场信息是通过电视、广播、报纸、杂志等大众传播媒介公开传播的。可以从大众传媒播发的有关新闻资料、经济资讯、经济动态、市场行情及各类广告来收集有关信息。

(4) 统计资料

统计资料主要是指各部门、各企业发布的公开资料，如各国政府或国际组织、各国地方政府及社会组织等的各类统计年鉴，各行业协会、金融机构、信息咨询公司的统计数据及各类报表，这种信息收集渠道可获得大量的原始数据，收集的数据资料相对准确。

(5) 各种会议

通过参加各种会议，如商品交易会、订货会、博览会、企业界联谊会、行业协会组织的研讨会等来获取资料。这种信息收集渠道特点是信息非常新鲜，可从中获取较为丰富的有价值的情报资料。

(6) 专业机构

一些专业性组织，如消费者组织、质量监督机构、股票交易所及研究院所也会定期或不定期发表有关统计资料和分析报告。当然，谈判者也可以通过委托专业的咨询机构来帮助收集信息。

(7) 知情人员

通过朋友、客户、公司的商务代理人、消费者、谈判对方的雇员等了解所需要的信息资料。

(8) 驻外机构

在国际商务谈判中，可通过主管国内外贸易的官方机构、驻当地使、领馆、商务代办处、本公司在国外的分支机构等了解有关国际商务方面的信息资料。

背景资料 3-1

收集国外谈判对手信息资料的渠道[①]

要明确哪些因素会对谈判产生影响，首先必须要有大量的信息来源，这样才能从中筛选出那些对实际谈判有影响的客观因素。信息的来源大致有这样两条途径。

---

① 资料来源：马什. 合同谈判手册 [M]. 章汝, 译. 上海：上海翻译出版社，1998.

1. 国内
(1) 商务部；
(2) 对外经济贸易促进机构及其各地的分支机构；
(3) 银行的咨询机构；
(4) 已与该谈判对手国建立业务联系的本国银行；
(5) 有关的报纸、杂志、新闻广播等。

2. 国外
(1) 本国驻当地的大使馆、领事馆，特使等；
(2) 国内银行在当地的分行；
(3) 本公司或本行业集团在当地开设的营业机构；
(4) 国内其他公司在当地的办事处；
(5) 本公司的代理人；
(6) 当地的报纸、杂志。

其次在搜集、整理这些信息资料的过程中，有一点必须注意的是，由于任何文字或口头的信息资料都是主观意识的产物，因此，它难免带有一定的片面性。具体原因如下。

(1) 提供信息的人可能对你的谈判感兴趣，因此，他所提供的信息很大一部分都是有利于谈判的。至于不利因素他可能只字不提，以促成买卖双方达成协议。

(2) 有些人为了讨好你，就专门给你提供合你胃口的信息。

(3) 有些人无法回答你的问题，但为了不失面子，就不懂装懂地回答你。

(4) 有些人虽然从不说谎，但他的信息来源不可靠。这些人的信息来源往往是一些社会上的闲言碎语，因为他们的活动范围仅仅限于使馆等区域，没有深入到实际中去找事实根据。

(5) 最坏的情况是，从表面上看，有些人是在为你提供信息，而实际上都在暗中支持你的竞争者。因为这样做他可得到更多的报酬。

3.1.3 信息资料收集的方法

商务谈判信息的内容涉及方方面面，其收集的方法途径必然多种多样，而且处于激烈竞争中的商务谈判各方，都想通过各种手段去收集尽可能多的、有用的信息，努力做到"知己知彼"，取得预期中利益。

1. 文案调查法

文案调查法是一种间接的信息收集方法，主要是收集谈判对手的已经加工过的资料，以文献性信息为主，它具体表现为各种文献资料，如书籍、报纸杂志上所提供的信息，谈判对手公司财务、统计报表所反映的信息。文案调查所收集的资料包括动态和静态两个方面，尤其偏重于从动态角度收集各种与谈判对手相关的历史与现实信息资料。

实例 3-5

1959年9月25日，我国石油勘探队在东北松辽盆地陆相沉积中找到了工业性油流。时值新中国成立十周年，所以这个油田以"大庆"命名。由于当时国际环境复杂多变，到20世纪60年代我国开始大庆油田的建设时，有关大庆的一切信息几乎还都是保密的。除了少数一些有关人员以外，一般外界连大庆油田的具体位置都不知道。

由于中国开发石油需要大量的设备，精明的日本商人很早就深知这一点，并着手广泛收集了中国的有关报纸、杂志等资料，进行了一系列的分析和研究。

1964年4月20日，《人民日报》发表了一篇《大庆精神大庆人》的文章，肯定了中国有大油田。日本人把这一信息储存起来，但是大庆在哪里呢还是一个谜。

1966年7月的《中国画报》又刊登了"王铁人"（王进喜）的照片。日本人从王铁人戴的皮帽子及周围景象推断：大庆位于冬季-30℃以下的我国东北，大致在哈尔滨和齐齐哈尔之间。但是，具体位置还是不清楚。

后来，他们从1966年10月的《人民中国》杂志第76页有一篇介绍王铁人的文章中，发现了"马家窑"这个地方，文章中还提到钻机是人推、肩扛弄到井场的。日本人由此断定，油田靠车站不远，并进一步推断就在安达车站附近。因为日本人对我国东北的地图清楚之至，从地图上，他们找到了马家窑是黑龙江省海伦县东南的一个小村，这样他们就确定了大庆油田的位置，并依据马家窑推测从"北满"到松辽油田统称大庆油田。进而，日本人又从一篇报道王铁人1959年国庆节在天安门观礼的消息中分析出，1959年9月王铁人还在甘肃省玉门油田，以后便消失了，这就证明大庆油田的开发时间自1959年9月开始。

当1964年王进喜出席第三届全国人民代表大会的消息见报时，日本人肯定地得出结论：大庆油田出油了，不出油王进喜当不了人民代表。1966年7月，日本人又进一步对《中国画报》上刊登的一张炼油厂的照片进行研究，从钻台扶手栏杆等方面的信息推算出油井的直径，再根据油井直径和政府工作报告，用当时的石油产量减去原来的石油产量，估算出了平时大庆油田的石油产量。

这样，日本人开始注意和中国进行出卖炼油设备的谈判。

到了20世纪70年代，随着我国中外关系的不断正常化，大庆油田向全世界征求石油设备的设计方案。日本商家期待已久的时机终于来了。当时，其他国家都没有准备，唯独日本人胸有成竹，早已准备好了与大庆油田现有情况完全吻合的设备方案，在与大庆油田的谈判中，一举中标。

文案调查的方法不外乎两类：有偿收集和无偿收集。在具体的操作方法上主要有以下5种。

① 查找。这是文案调查的基本方法。为提高查找的效率，应注意熟悉检索系统和资料目录，在可能的情况下，要尽量争取公共机构工作人员的帮助。

②索讨。这是向占有信息资料的单位或个人无代价的索要。由于索讨是属于不计代价的，这种方法的效果在很大程度上取决于对方的态度。因此应注意索讨的渠道和方式，如采用复印的手段，常是索讨成功的有效办法之一。

③购买。即通过付出一定的代价，从有关单位获取资料。这是一种借助外部力量，达到了解谈判对手目的的重要手段。目前许多专业信息公司储存的信息实行有价转让，大多数信息出版物也是有价的。在己方力量不足，尤其是谈判对手有防范戒备的情况下，可以充分利用这种方法。

④交换。这是指与一些信息机构或单位之间进行对等的信息交流。当然，这种交换不同于商品买卖之间的以物易物，而是一种信息共享的协作关系。交换的双方都有向对方无代价提供资料的义务和获得对方无代价提供资料的权利。

⑤接收。这是指接纳谈判对手主动免费提供的信息资料，如谈判对手公司的广告、产品说明书、宣传资料等。作为信息资料的接收者，要注意接收和积累这些信息。虽然其中有的信息资料一时显不出其价值，且又有经常性的特点，但坚持长期收集，往往会成为有价值的资料。

文案调查可通过各种渠道较方便地获得谈判对手相关的信息资料。尤其在涉外商务谈判中，由于地域遥远、市场条件各异、语言障碍等原因，采用实地调查需要更多的时间和经费。相比之下，文案调查就显得方便多了。但是，由于所收集的资料大多是针对其他目的而形成，因此，对于目前特定的目标就有一定的局限性，如能否适用于本次谈判所需，或多大程度上能适用，以及二手资料的准确性问题等。

2. 定性调查研究法

定性研究是将大量的、模糊的谈判对手研究问题转化为相对较小的、清楚的研究目标，对特定研究目标实现的思路、意向等作深入而全面的探索，主要是对被调查对象态度与行为获得认知，收集被调查对象的意见、想法，并形成一些假设，然后在定量研究中进一步确认，而不是要得出精确的结论。

定性调查研究法根据被调查对象是否了解本项调查的真正目的分为直接法和间接法两大类。直接法是对调查研究的目的不加掩饰，对被调查对象是公开的，或者从所问的问题可以明显看出。焦点小组访谈法和深度访谈是主要的直接法。与之对应的间接法需掩饰调查的真正目的。投射法是间接法中最常见的，包括联想法、完成法、构筑法和表达法。

定性研究也有一定的局限性，一是被调查对象并不一定是符合调查者要求的特定人群；二是进行资料收集工作的谈判人员并不一定是专业市场调研人员，没有接受过正式的培训，一方面小组讨论中可能无法保证被调查对象不偏离调查者所关注的主题；另一方面，使得决策人员无法分辨研究结果的质量。

3. 访问调查法

访问调查法是调查者围绕调查的主题，选择访问对象进行访问以获取谈判所需信息资料的方法，可细分为面谈访问法、电话访问法、邮寄问卷访问法、留置问卷访问法、固定样本调查法、互联网调查法。各种方法的比较如表3-1所示。

表 3-1　各种访问调查法的比较①

方法项目	面谈访问法	电话访问法	邮寄问卷访问法	留置问卷访问法	固定样本调查法	互联网调查法
回收率	高	较高	低	较高	较高	一般
真实性	好	较好	好	好	较好	一般
灵活性	强	较强	差	强	较差	一般
费用	高	较低	低	高	较低	低
速度	较快	快	一般	慢	慢	快
收集大量信息的能力	很好	一般	较好	好	差	很好
处理复杂问题的能力	很好	差	一般	很好	较好	一般
样本控制	很好	好	一般	很好	很好	差
投入人力	较多	较少	少	较少	较少	少

如表 3-1 所示，访问调查的各种方法，各有所长，在商务谈判信息资料的收集过程中，通常只能采用一种或少数几种，究竟采用何种方法，信息收集人员应根据调查的要求和被调查对象的特点，合理评价和选择。

4. 观察法

观察法是指企业有关人员根据一定的观察目的，运用自己的感官直接了解谈判对手，以取得第一手感性资料的方法。观察法可分为直接观察和间接观察、隐蔽观察和非隐蔽观察、人工观察和机械观察等类型。其具体形式主要有以下几种。

① 参观谈判对手的生产经营场地，以了解对方的实际情况。

② 安排非正式的初步洽谈。通过各种预备性的接触，创造机会，当面了解谈判对手的态度，观察其意图。

③ 购买谈判对手的产品进行研究。将谈判对手的产品拆开后进行检验，分析其结构、工艺等，获取相关有价值信息。

观察法收集信息的适用性强，并且其直接性和可靠性较大，但其也带有一定的局限性，如观察活动必须在现象发生的现场、受到时空限制等。

3.2　谈判的可行性研究与方案制订

商务谈判的准备工作是一个复杂的系统工程，可行性研究是其中重要的一环。商务谈判可行性研究，是指在正式的谈判前，对前期信息准备工作中收集到的谈判对手的相关信息资料进行分析，参照分析的结果衡量谈判是否可以进行，是否值得进行，并借以作为拟订谈判的目标和可供谈判的时间、地点，以及决定参与谈判的策略和方法的依据及基础。

---

① 资料来源：王华清，程秀芳. 市场调查研究 [M]. 徐州：中国矿业大学出版社，2009.

3.2.1 谈判环境的分析

谈判环境的分析是商务谈判可行性研究的首要环节，其主要是在前期信息资料准备工作基础上，对谈判的客观环境条件进行审查，分析客观环境因素对某项商务活动的可行性所产生的影响，如分析政治法律环境、社会文化环境、经济技术环境等环境条件是否允许企业正常开展有关的商务活动，并能取得理想的效益。

有关谈判的政治法律环境、社会文化环境及市场环境对企业某项商务活动可行性的影响在 3.1 节中商务谈判信息收集的主要内容中已进行了相关阐述，这里不再赘述。在此主要分析技术环境对谈判可行性的影响。

技术可行性的研究皆在掌握技术现状、技术未来发展趋势的基础上，明确整个技术发展趋势对具体商务活动的技术要求，确定谈判中符合本企业利益的技术指标，从技术角度发掘企业在谈判中的优势和需要解决的问题。在一般货物买卖谈判中，虽不涉及十分复杂的技术问题，而某些技术指标的商定仍是必不可少的。而在技术较为复杂的商品交易和技术贸易中，围绕着技术问题展开的讨论往往是谈判的主题。但无论在何种类型的谈判中，结合各方面条件，对技术问题进行较为深入的研究都是必要的。缺乏必要的技术可行性研究，就可能会导致不合理的交易行为。

对买方或技术的引进而言，必须要通过技术可行性研究，明确自身到底需要获得怎样的技术，需要购买的商品的技术水准是什么，有无特别的技术要求等。缺乏这些研究，就可能购买了技术指标不符合要求的商品，或是引进了与本企业现有及将来条件不相适应的技术，从而要么不能使用所购买的商品或技术，要么必须在花费较大的成本去对所引进的技术进行较大的调整。

对卖方或技术的转让方来说，必须要明确自身到底能够提供怎样的技术，生产的商品能够达到怎样的技术水准，有无特别的技术优势等。缺乏足够的技术可行性研究，既可能导致所提供的技术不能适应市场技术发展趋势，从而在谈判中处于十分被动的地位，也有可能没有充分认识到自身所具备的技术优势，从而在谈判中无法利用这种优势为实现谈判目标服务。

3.2.2 谈判对手的分析

1. 谈判对手的实力和资信

谈判对手的经济实力和资信分析主要是对包括对方的财务状况、流动资金状况、盈亏状况以及经营管理状况；包括产品的生产、销售、售后服务状况；包括合同的履约情况、收付款期限和方式；包括竞争对手的市场目标和竞争方式等的审查。掌握了对方的经济实力与资信信息，才能确定交易的可能规模，判定是否与对方建立长期的商务关系。

2. 谈判对手的需要和诚意

需要及对需要的满足是谈判进行的基础。谈判对手的需要分析主要是获得其谈判的目的。把握谈判对手在谈判过程中的行为规律，就必须要获得其真正需要，包括谈判对手为什么要进行谈判，谈判对手的需要满足情况以及对不同层次、不同类型需要的重要程度的认识如何等。而判断谈判对手谈判的诚意主要是获得对方是否将我方视为唯一的谈判对手，对方对我方的评价和信任程度等。掌握这些信息可以更好地设计商务谈判方案，争取主动。

实例 3-6

荷伯·科恩与煤矿老板的谈判

有一次，谈判大师荷伯·科恩代表一家大公司到俄亥俄州购买一座煤矿。矿主是个强硬的谈判者，开价 2 600 万美元，荷伯还价 1 500 万美元。

"你在开玩笑吧？"矿主粗声道。

"不，我们不是开玩笑。但是请把你的实际售价告诉我们，我们好进行考虑。"

矿主坚持 2 600 万美元不变。

在随后的几个月里，买方的出价依次从 1 800 万美元、2 000 万美元、2 100 万美元到 2 150 万美元。但是卖主拒绝退让，于是形成僵局：2 150 万美元与 2 600 万美元的对峙。显然，在此情况下，只谈结果不可能取得创造性结果。由于没有有关需要的信息，就很难重拟谈判内容。

为什么卖主不接受这个显然是公平的还价呢？令人费解。荷伯一顿接一顿地跟他一块儿吃饭，每次吃饭时，他都要向矿主解释公司做的最后还价是合理的。卖主总是不说话或说别的。一天晚上，他终于对荷伯的反复解释搭腔了，他说："我兄弟的煤矿卖了 2 550 万美元，还有一些附加利益。"

"哈，哈，"荷伯心里明白了，"这就是他固守那个数字的理由。他有别的需要，我们显然忽略了。"

有了这点信息，荷伯就跟公司的有关经理人员碰头。他说："我们首先得搞清他兄弟究竟确切得到多少，然后我们才能商量我们的建议。显然，我们应处理个人的重要需要，这跟市场价格并无关系。"公司的官员们同意了，荷伯就按这个路线进行。

不久，谈判达成协议，最后的价格没有超过公司的预算。但是付款方式和附加条件使卖主感到自己远比他的兄弟强。

在这场谈判中，荷伯一开始一直没有弄清楚矿主的真正需要，在对方态度强硬、不肯让步的情况下还是一味跟他谈价格只能导致谈判陷入僵局，面临破裂。最后，他终于通过场外途径了解到对方坚持这个价格的真正理由并进而了解到对方的真正需要，通过交易条件的改变使得双方的满意区间最终形成了交集，从而愉快地达成了协议。试想，如果荷伯当时没有对对方的真正需要追根溯源，谈判最后会是一个什么样的结果呢？

3. 谈判对手的权限和时限

谈判的一个重要法则是不与没有决策权的人谈判。谈判对手的权限分析就是要弄清对方谈判人员的权限有多大。谈判者应当弄清对方的组织机构，弄清对方决策权限分配的状况，弄清具体对手的权利范围。错误地判断对手的权限，将没有足够决策权的人作为谈判对象，不仅在浪费时间，甚至可能会错过更好的交易机会。

谈判时限与谈判任务量、谈判策略、谈判结果都有重要关系。谈判人员经常需要在一定的时间内完成特定的谈判任务，可供谈判的时间长短与谈判人员的技能发挥状况成正比。时间越短，谈判人员用以完成该项特定任务的选择就越少，谈判时限的压力常常迫使谈判者不得不采取快速行动，甚至立即做出决定，否则不能与对方达成协议，可能就意味着未在特定时间内完成任务。因此，在双方的谈判过程中，哪一方可供谈判的时间越长，哪一方就拥有较大的主动权。

4. 谈判对手的出席代表

谈判对手的出席代表分析主要是考察对手的资历、地位和谈判经历，分析其成败的记录，以便了解其思考方式和工作能力，从中寻找弱点。同时获取对手的心理类型，包括气质、性格、兴趣爱好、生活方式等，从而进一步确定对手将持有什么样的谈判态度和方式，准备相应的对策。

3.2.3 谈判者的自我评估

1. 谈判信心的确立

谈判信心来自对自己实力和优势的了解，也来自谈判准备工作是否做得充分。谈判者应该了解自己是否准备好支持自己说服对方的足够的依据；是否对可能遇到的困难有充分的思想准备，一旦谈判破裂是否能找到新的途径实现自己的目标；如果对谈判成功缺乏足够的信息，是否需要寻找足够的信心确立条件。

2. 自我需要的鉴定

自我需要的状况直接与谈判的实力相关联。自我需要的鉴定应仔细分析以下问题：己方希望借助谈判而得以满足的需要是什么，或希望借助谈判满足己方哪些需要；要清楚地知道哪些需要必须得到全部满足，哪些需要可以降低要求，哪些需要在必要的情况下可以不考虑，即各种需要的满足程度；需要满足的可替代性问题，即谈判对手的可选择性有多大，谈判内容可替代性有多大；己方能满足对方哪些需要，满足对方需要的能力有多大，即还要对满足对方需要的能力进行鉴定。

自身需要的不同状况意味着不同的谈判实力。一般来说，若要借助于一次谈判来满足的需要越多，现有的需要满足程度越低，需要满足的可替代性越差，满足对方需要的能力越差，则该谈判者的地位可能越不利，因此在该次谈判的可行性上要慎重考虑。

3. 判断的分析与检验

在商务谈判的前期准备工作中，谈判人员不免要做出各种各样的判断，进行各种各样的假设，有有关自身的、有关谈判对手的，也有关谈判环境的。判断和假设正确，就能使谈判人员在未来的谈判活动中赢得主动，反之则可能陷于十分被动的局面。因此，对谈判前做出的各种判断及假设进行分析和检验是十分必要的。人们的判断或假设总是在一定的前提下做出的，所以首先应对判断或假设赖以成立的前提的正确性进行分析和检验；其次，另一种情况是要对判断或假设赖以成立的前提的充分性做出分析和检验。

3.2.4 成本与效益分析

商务活动的重要目标之一是利润的最大化，成本与效益分析就是在一个特定时期内，对新的商业机会所获得的利润是否会超过相关成本做出评估，分析实现这一目标的可行性。

针对某项特定商务谈判的成本效益分析考虑的主要内容包括该项谈判人力、物力、财力、时间、成本的投入情况；谈判达成协议后，未来协议的履行能够为企业带来怎样的效益，企业形象的提升、市场占有率、获利率、市场版图扩大等产出情况，以及确定为取得一定的效益，在谈判过程中对有关交易条件（特别是价格），本企业应当坚持怎样的要求等。

对一项特定商务活动进行成本效益分析的步骤如下：
① 确定购买新产品或一个商业机会中的成本；
② 确定额外收入的效益；
③ 确定可节省的费用；
④ 制定预期成本和预期收入的时间表；
⑤ 评估难以量化的效益和成本。

完成以上任务后，就可以进入评估阶段，可使用以下一种或多种工具进行分析：
① 投资收益（ROI）；
② 投资回收期；
③ 盈亏平衡分析；
④ 净现值（NPV）；
⑤ 敏感度分析。

成本与效益分析是商务谈判可行性研究中最后的关键环节，只有确实精算出效益后，方可从容接受谈判邀约。

实例 3-7

中国 F 公司的谈判准备[①]

中国 F 公司与法国 G 公司商谈一条计算机生产线的技术转让交易。G 公司将其报价如期交给了 F 公司，报价包括：装配线设置、检测实验室、软件、工程设计、技术指导、培训等。双方约定接到报价后两周内在中国北京开始谈判。F 公司接到报价后即着手准备。

F 公司首先将有关技术部分交专家组去分析，并提出了相关要求；而商务部分则由主谈负责分析，随后约定时间开会讨论。

专家组对技术资料反映的技术先进性、适用性、完整性进行了分析，对不清楚的部分列出清单，对国际市场的状况做了对比，对 G 公司的产品系列及特点做了说明，形

---

① 资料来源：丁建忠. 商务谈判教学指引 [M]. 北京：中国人民大学出版社，2003.

成了书面协议。

主谈则将装配线设备、检测试验室设备等列出清单，标上报价，并列出对照分析价、交易目标价、分部实现的阶段价，形成了一份设备价格方案表；又照此法，将技术内容列出清单，分出各项价格并形成了一份技术价格方案表；将技术指导和人员培训费分列出人员专业、人数、时间、单价、比较价、目标价等并制订出一份技术服务价格方案表；将工程设计列出分工内容、工作量估算、单项价、比较价、目标价等并制定出工程设计价格方案表。在所有的价格方案表中，均以对应形式列出：G公司报价及可能的降价空间，F公司的还价及可能的还价幅度，并附上理由。

开会讨论时，专家组与主谈交换了各自的准备情况，同时分析了双方在企业面临的政治经济状况、市场竞争、各自需求及参加谈判的人员等各方面的有利与不利因素。经过讨论，主谈与专家组意见略有分歧：主谈认为这是我方第一次采购且G公司第一次进入中国市场，应有利于压价，谈判目标可以高些；专家组认为G公司技术较好，我方又急需，少压价能成交也可接受。这个分歧可能直接影响谈判条件以及谈判策略，于是，主谈决定请示领导。

主谈、专家组一齐向项目委托谈判单位的领导汇报了情况及分歧。在领导的指导下，大家进一步分析利弊后达成了共识，形成了谈判预案。

3.2.5 商务谈判方案及其执行计划

由于商务谈判过程的复杂性和不确定性，谈判人员组织好以后，在对所收集到的情报信息分析研究基础上，结合谈判需要，必须对如何开展谈判以达到预期的结果做一个全面、系统的筹划，即商务谈判方案及其执行计划的制订。

由于商务谈判过程的复杂性和不确定性，谈判人员组织好以后，在对所收集到的情报信息分析研究基础上，结合谈判需要，必须对如何开展谈判以达到预期的结果做一个全面、系统的筹划，即商务谈判方案及其执行计划的制订。

1. 商务谈判方案的制订

商务谈判方案一般是企业最高决策层或上级领导就某项谈判的内容所拟定的谈判主体目标、准则、具体要求和规定。对大多数的中小型谈判来说，谈判方案与其执行计划往往是合二为一的，复杂的、涉及管理层较多的大型谈判则需要分开。

根据商务谈判的规模、重要程度不同，商务谈判方案的内容、形式可有所差别。内容可多可少，可以是书面形式，也可以是口头形式，但其要求都是一样的，都要求尽量做到简明扼要，同时要有一定的灵活性，以便谈判人员既能照章执行又能随机应变。商务谈判方案的拟定内容应包括以下几个方面。

（1）确定谈判的主体目标

即明确主要交易条件的可接受范围，同时要考虑到可能发生的各种风险因素，列明各项主要交易条件中己方可接受的最低限度。

（2）规定谈判期限

由于市场价格、供求关系随时处在变化之中，加之谈判的时间越长，其人力、物力和财力的耗费也就越大，所以必须对谈判期限作出规定。

（3）明确规定谈判人员的分工及其职责

谈判过程中常常出现意料不到的情况,当这些情况的处理超出谈判小组负责人的权限时,就需要向上级请示;有时需要向总部索取资料、通报谈判进展,这些都需要在谈判方案中列明联络方式、联络人员和时间。

2. 商务谈判执行计划的制订

商务谈判执行计划是谈判小组为实施商务谈判方案而准备采取的一系列具体措施,亦称工作计划,其制订过程主要包括以下几个阶段。

（1）调查研究阶段

调查研究的范围和对象包括谈判环境、自身实力及谈判对手的各种状况等。在调查研究阶段所搜集的信息及对这些信息的分析必须是客观的,从而摆正自己的位置,把握最新的情况以制订出合适的执行计划。

（2）确定目标阶段

谈判目标是谈判的起点,也是进行谈判执行计划制订的出发点。谈判目标是在谈判主题确定的基础上,在制订谈判执行计划时,对谈判所要达到结果的设定,是整个谈判的指导核心。

一般来说,谈判目标要有弹性。如果在谈判中缺乏回旋余地,那么稍遇分歧,就会使谈判破产。因此,通常把商务谈判目标分为3个层次,即最低限度目标、可接受目标和最优期望目标。

① 最低限度目标。谈判者期待通过谈判所要达成的下限目标,它对一方的利益具有实质性作用,是谈判的底线,是不能妥协的;否则,就失去了谈判的意义,只好放弃谈判。

② 可接受目标。指谈判一方根据主客观因素,考虑到各方面情况,经过认真分析后纳入谈判计划的目标。这种目标能使谈判一方获得实际需要的利益,是一方希望达到的目标,谈判人员应努力争取实现。但它也具有一定的弹性,当争取该目标的谈判陷入僵局时也可以放弃。

③ 最优期望目标。指谈判者希望通过谈判达成的上限目标,对谈判一方最有利的理想目标,它能在满足一方的实际需求之外,还能获得额外的利益。这种目标带有很大的策略性,在谈判中一般很难实现,因为谈判是各方利益分配的过程,没有哪个谈判方甘愿将利益全部让给他人。但尽管如此,不应忽略该目标的构建。一方面,它可以作为谈判的筹码,用以换取对己方有利的其他条件,起到交易作用;另一方面,它又有迷惑对手的烟幕弹作用,对己方的其他谈判目标起保护作用。

（3）制定策略阶段

制定商务谈判的策略,就是要选择能够达到和实现己方谈判目标的基本途径和方法。在商务谈判策略的制定过程中要注意考虑下列影响因素:

① 双方实力的大小;
② 对方的谈判作用和主谈人员的性格特点;
③ 双方以往的关系;
④ 对方和己方的优势所在;
⑤ 交易本身的重要性;
⑥ 谈判时间限制;

⑦ 是否有建立持久，友好关系的必要性。

（4）确定谈判计划阶段

确定谈判计划主要是商务谈判方案的确定以及谈判执行计划的最终拟订。

① 确定谈判方案。应考虑谈判目标、最低限度量、期限、联络方式及汇报程序。

② 制订谈判的执行计划。

（5）实施控制阶段

实施控制阶段是计划过程的最后阶段。从管理的角度看，这是一个通过信息反馈不断调整完善计划的阶段。

3.3 谈判的物质条件准备

3.3.1 谈判地点的选择

谈判地点的选择不是一件随意的事情，恰当的地点往往有利于取得谈判的主动，谈判者应当很好地加以利用。通常，有3种方案可供谈判者选择。

1. 己方场地（主场）

（1）主场谈判的优势

在可供选择的谈判地点中，许多专家都倾向于选择己方的场所。在己方的场地举行谈判，占据天时、地利、人和，从获胜的可能性角度讲，确有特定的好处和明显的优势。

① 谈判者在己方的领地谈判，不需要再去适应新的时间、空间及人际关系环境，有较好的心理态势，自信心较强，并可以把精力更集中地用于谈判。同时，谈判队伍与高层领导之间的沟通较为方便，信息资料获取便捷，决策过程中的压力较小。

② 可以选择己方较为熟悉和喜欢的具体谈判场所，并按照自身的文化习俗和喜好布置谈判场所。

③ 作为东道主，可以通过安排谈判之余的活动，从文化上、心理上对对方施加潜移默化的影响，从而主动掌握谈判进程。

④ 可以节省外出谈判的差旅费用和旅途时间，降低谈判成本，提高经济效益，并且可以免除旅行疲劳等对谈判的不利影响。

实例 3-8

日本充分利用主场谈判的优势

日本的钢铁和煤炭资源短缺，渴望购买煤和铁。澳大利亚生产煤和铁，并且在国际贸易中不愁找不到买主。按理来说，日本人的谈判者应该到澳大利亚去谈生意，但日本人总是想尽办法把澳大利亚人请到日本去谈生意。

澳大利亚人一般都比较谨慎，讲究礼仪，而不会过分侵犯东道主的权益。澳大利亚人到了日本，日本方面和澳大利亚方面在谈判桌上的相互地位就发生了显著的变化。澳大利亚人过惯了富裕的舒适生活，他们的谈判代表到了日本之后不几天，就急于想回到故乡别墅的游泳池、海滨和妻儿身旁去，在谈判桌上常常表现出急躁的情绪；而作为东道主的日本谈判代表则不慌不忙地讨价还价，他们掌握了谈判桌上的主动权。结果日本方面仅仅花费了少量款待作"鱼饵"，就钓到了"大鱼"，取得了大量谈判桌上难以获得的东西。最后谈判结果可想而知，日方顺利地达成了对自己十分有利的谈判协定。

（2）主场谈判的劣势

① 由于身在公司所在地，不易与公司工作脱钩，经常会由于公司事务需要解决而干扰谈判人员，分散谈判人员的注意力。

② 由于与公司高层沟通方便，谈判人员易产生依赖心理，一些问题不能自主决断而频繁地请示领导，也会造成失误与被动。

③ 主场谈判的东道主主要负责安排谈判会场及谈判中的各项事宜，要负责对客方人员的接待人员的接待工作，安排宴请、游览等活动，负担较重。

另外，主场谈判中，作为东道主，必须懂得礼貌待客，包括邀请、迎送、接待、洽谈组织等。礼貌可换来信赖，它是主场谈判者谈判中的一张王牌，它会促使谈判对手积极思考东道主谈判者的各种要求。

2. 对方场地（客场）

（1）客场谈判的优势

① 己方谈判人员可以全身心投入谈判，避免主场谈判时来自工作单位和家庭事务等方面的干扰。

② 在高层领导规定的范围内，更有利于发挥谈判人员的主观能动性，减少谈判人员的依赖性，提高其决断力。

③ 己方不需要负责具体的场所准备事务。同时，可以实地考察对方公司的各方面情况，获取直接的信息资料。

（2）客场谈判的劣势

① 与公司本部相距较远，联系沟通相对不便，为信息的传递及资料的获取带来了不利影响，某些重要事项也得不到及时磋商解决。

② 需要花费时间和精力去适应新的环境，克服路途劳累、时差不适应等因素带来的不利影响。

③ 在谈判具体场所、谈判日程等的安排方面处于被动地位。

另外，客场谈判中，必须事前了解谈判地的风土人情，以免做出会伤害对方感情但稍加注意即可防止的事情；谈判过程中要审时度势、灵活反应，克服客场处境的各种不利因素，争取主动；另外，国际商务谈判中，要配备必要的翻译、代理人员，不能随便接受对方推荐的人员，以防泄露机密。

3. 中立场地（第三地）

一般情况下，当谈判双方对谈判地点的重要性都有充分的认识，或因谈判双方冲突较大、政治关系微妙等原因，在主客场地都不适宜的情况下，可选择中立地点谈判，即选择主客场地以外的第三地进行谈判。

（1）第三地谈判的优势

中立地点谈判，对双方来讲都是平等的，不存在偏向，所以气氛冷静，不易受环境干扰，双方都比较注意自己的声望、礼节，容易减少误会，再加上各方的诚意，双方都比较客观地处理各种复杂问题和某些突发性事件，从接触了解到澄清谅解，直至最后达成某种默契或协议。

（2）第三地谈判的劣势

谈判双方要为谈判地点的确定而谈判，但地点的确定要使双方都满意也不是一件容易的事，毕竟第三地谈判通常是被相互关系不融洽、信任程度不高的谈判双方所采用，所以在这方面要花费谈判双方不少的时间和精力。

总之，谈判地点的3种基本选择各有优势，又都有不足。通常，谈判涉及重大的或难以解决的问题时，最好争取在己方所在地进行；一般性问题或需要了解对方情况时，也可在对方所在地进行。中间地点谈判通常被相互关系不融洽、信任程度不高尤其是过去是敌对、仇视、关系紧张的双方的谈判所选用，可以有效地维护双方的尊严、脸面，防止下不了台阶。实际谈判时，在这3种选择的基础上，还可根据实际需要作适当的变异，如有些多轮大型谈判可在双方所在地交叉进行。

3.3.2 谈判场景的布置

实例 3-9

1958年，阿登纳访法，与戴高乐举行首次会晤。戴高乐选择在科隆贝他的私人别墅里接待阿登纳。这个别墅的环境十分优美，房屋的布置虽说不上华丽，但能给人以舒适的感觉。会谈在戴高乐的书房里举行，阿登纳进入书房后，举目四望，周围都是书橱，收藏有各种史学、哲学、法学的著作。阿登纳认为，从"个人的书房陈设可以了解主人"，后来他还多次对他的左右谈到戴高乐的书房给予他的最初印象。在1963年阿登纳下台之前，戴高乐和他举行过15次会谈，前后共达100多个小时。而他们的首次会谈给双方都留下了很深的印象，奠定了尔后签订法德友好条约的基础。可见，戴高乐选择在自己别墅的书房里举行会谈，充分地发挥了现场环境的影响力，达到了使会晤愉快、顺利的预期目的。

1. 谈判场所的选择

一般情况下，谈判场所的选择应该注意以下几点。

① 谈判室应在交通、通信方便，便于有关人员往来及满足双方通信要求的地方。同时应尽量舒适安静，避免外界干扰。

② 正式的谈判室附近应有多种休息场所，以便谈判人员在谈判间隙时休息、举行场外会谈或谈判人员协商机密事情。同时可配备必要的办公设施，如计算机、复印件、打印机、传真机等，便于双方人员处理文件。

2. 谈判场所的布置

较为正规的谈判场所可以有3类房间：主谈室、密谈室、休息室。

① 主谈室的布置应当宽敞、整洁、舒适，具有良好的通风及采光条件，使谈判人员能心情愉快、精神饱满地参加谈判。主谈室内一般不宜装设电话，以免干扰谈判的进程，泄露有关的机密。除非对方同意，否则不要配有录音录像设备。实践表明，录音录像设备有时对谈判各方都会起到负作用，使人产生心理压力，难以畅所欲言，影响谈判的正常进行。当然，如果双方协商需要录音，也可配备。

② 密谈室的位置最好靠近主谈室，应具有较好的隔音性能，室内配备必要的桌椅等相关物品，窗户上要有窗帘。密谈室内绝不允许安装微型录音录像设施，谈判各方在使用密谈室时一定要提高警惕。

③ 休息室的布置要轻松、舒适，以便能使谈判人员放松一下紧张的情绪。室内最好放置一些鲜花，准备必要的茶点，适当配置一些娱乐设施，帮助谈判人员调节心情，舒缓气氛。

座位的安排是谈判场所布置中一个比较重要的问题，尤其是主谈室，不仅要求座位数量充足，而且要通过适当的排列，便于各方之间及各方内部的信息交流，有助于营造良好的谈判氛围。

① 最常见的座位安排法：谈判双方各居谈判桌一方。其座位安排通常如图 3-1、图 3-2、图 3-3 和图 3-4 所示。

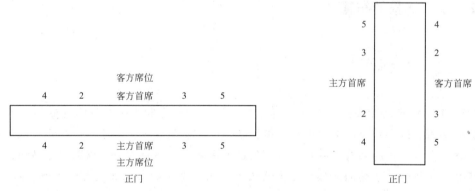

图 3-1　长形桌谈判座位安排（1）　　图 3-2　长形桌谈判座位安排（2）

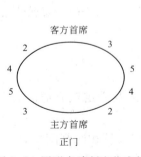

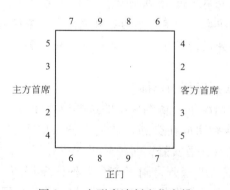

图 3-3　圆形桌谈判座位安排　　图 3-4　方形桌谈判座位安排

根据图3-1、图3-3所示,若以正门为准,主人应坐背门一侧,客人则面向正门而坐。其中主谈人或负责人居中。我国及多数国家习惯把译员安排在主谈人的右侧即第二个席位上。根据图3-2、图3-4所示,若谈判桌一端向前为正门,则以入门的方向为准,右为客方,左为主方。其座位号的安排也是以主谈者的右边为偶数,左边为奇数。

双方面对面而坐的座位安排法,其有利之处在于同伴接近可以产生心理上的安全感和实力感,便于交流信息,增强凝聚力;而不足之处在于人为地造成双方的冲突和对立感,是造成谈判紧张气氛的重要因素。

② 随意就座。双方人员混杂而坐。这种方法一般适合于小规模的、双方都比较熟悉的谈判,但如果己方事先有充分的准备而对方毫无准备,会使对方人员产生被分割、包围和孤立的感觉。并且因为人员分散而坐,原先坐在一起的信息传递方法无法运用,因而有可能难以有效地控制其谈判成员的行动。作为己方来讲要事先建立起有效的内部信号控制体系,避免自受其害。

③ 不设谈判桌。这种方法的好处在于可创造双方比较友善轻松的气氛;缺点在于谈判小组内部成员之间的信息交流与控制比较困难,而且对初建立关系和谈判内容比较多且较复杂的谈判,它是不适宜的。

同时,与谈判桌配套的还有椅子,椅子要尽量舒适,但不可过于舒适,以免使人产生倦意。此外,会谈所需的其他设备和服务也应周到,如烟灰缸、纸篓、记事本、文件夹、茶水及饮料等。

3.3.3 食宿安排

实 例 3-10

1972年2月,美国总统尼克松访华,中美双方将要展开一场具有重大历史意义的国际谈判。为了创造一种融洽和谐的谈判环境和气氛,中国方面在周恩来总理的亲自领导下,对谈判过程中的各种环境都做了精心而又周密的准备和安排,甚至对宴会上要演奏的中美两国民间乐曲都进行了精心的挑选。在欢迎尼克松一行的国宴上,当军乐队熟练地演奏起由周总理亲自选定的《美丽的亚美利加》时,尼克松总统简直听呆了,他绝没有想到能在中国的北京听到他如此熟悉的乐曲,因为这是他平生最喜爱的并且指定在他的就职典礼上演奏的家乡乐曲。敬酒时,他特地到乐队前表示感谢,此时,国宴达到了高潮,而一种融洽而热烈的气氛也同时感染了美国客人,促使此后的谈判都在和谐融洽的氛围下进行。一个小小的精心安排,赢得了和谐融洽的谈判气氛,这不能不说是一种高超的谈判艺术。

日本首相田中角荣20世纪70年代为恢复中日邦交正常化到达北京,他怀着等待中日间最高首脑会谈的紧张心情,在迎宾馆休息。迎宾馆内气温舒适,田中角荣的心情也十分舒畅,与随从的陪同人员谈笑风生。他的秘书仔细看了一下房间的温度计,是"17.8 ℃"。这一田中角荣习惯的"17.8 ℃"使得他心情舒畅,也为谈判的顺利进行创造了条件。

食宿条件的好坏将直接影响谈判者的精力、情绪和工作效率。食宿条件欠佳，往往会使对方产生对立情绪。在食宿安排中应充分注意到对方的文化、风俗和特殊习惯，特别是对一些有特殊禁忌的人员要十分尊重。东道国一方对来访人员的食宿安排应周到细致，方便舒适，但不一定要豪华、阔气，可以按照国内或当地的标准条件招待即可。许多外国商人，特别是发达国家的客商，十分讲究时间、效率，不喜欢烦琐冗长的招待仪式，但是适当组织客人参观游览，参加文体娱乐活动也是十分有益的。在某种程度上，住宿地和餐饮桌上常常是正式谈判暂停后的缓冲和过渡阶段，它不仅会很好地调节客人的旅行生活，也是增进双方私下接触、融洽双方关系的重要场合，甚至是解决谈判难题的关键场地。

3.4 模拟谈判

为了更直观地预见谈判前景，对一些重要的谈判、难度较大的谈判，可以采取模拟谈判的方法来改进与完善谈判的策划工作。模拟谈判是整个商务谈判前准备工作的最后环节。

3.4.1 模拟谈判的作用

模拟谈判是在谈判前通过进行特定的情景设计、角色扮演等而对谈判过程的预演，目的在于检验谈判方案的完善与否，是一种无须担心失败的尝试。在现代企业的商务谈判中，尤其是重大的、关系到企业根本利益的活动中，模拟谈判的地位日益受到重视。其作用主要表现在以下两个方面。

1. 检验谈判方案是否周密可行

谈判方案是在谈判小组负责人的主持下，由谈判小组成员具体制订的。它是对未来将要发生的正式谈判的预计，这本身就不可能完全反映出正式谈判中出现的一些意外事情。同时，谈判人员受到知识、经验、思维方式、考虑问题的立场、角度等因素的局限，谈判方案的制订就难免会有不足之处和漏洞。事实上，谈判方案是否完善，只有在正式谈判中才能得到真正检验，但这毕竟是一种事后检验，往往发现问题为时已晚。模拟谈判是对实际正式谈判的模拟，与正式谈判比较接近。因此，能够较为全面严格地检验谈判方案是否切实可行，检查谈判方案存在的问题和不足，及时修正和调整谈判方案。

2. 训练和提高谈判能力

模拟谈判的对手是自己的人员，对自己的情况十分了解，这是站在对手的立场上提问题，有利于发现那些原本被忽略或被轻视的重要问题，并且能预测对方可能从哪些方面提出问题，以便事先拟定出相应的对策。对于谈判人员来说，能有机会站在对方的立场上进行换位思索，是大有好处的。正如美国著名企业家维克多金姆说的那样："任何成功的谈判,从一开始就必须站在对方的立场来看问题。"这样角色扮演的技术不但能使谈判人员了解对方,也能使谈判人员了解自己,通过站在对方角度进行思考,可以使谈判人员在谈判策略设计方面显得更加机智而有针对性,从而提高谈判队伍自身的谈判能力。

专栏 3-1

"扮演角色"模拟

谈判者预先进行"扮演角色"模拟,不仅是一两次,而是多次。利用不同的人扮演对手,提出各种他所能想象的问题,让这些问题来为难自己,在为难之中,做好一切准备工作。美国著名律师劳埃德·保罗·斯特来克在他的《辩护的艺术》一书谈过这一方法的好处。他说:"我常常扮作证人,让助手对我反复盘问,要他尽可能驳倒我,这是极好的练习,就在这种排演中,我常常会发现自己准备得还不够理想,于是我们就来研讨出现的失误及其原因。然后,我和助手互换个角色,由我去盘问他。"

美国著名企业家维克多·金姆说:"任何成功的谈判,从一开始就必须站在对方的立场和角度上来看问题。"通过对不同人物的扮演,可以帮助谈判者选择自己所充当的谈判角色,一旦发现自己不适合扮演某人在谈判方案中规定的角色时,可及时加以更换,以避免因角色的不适应而引起谈判风险。

德国商人非常重视谈判前的彩排。不论德国的大企业,还是小企业,也不论是大型复杂的谈判,还是小型简单的谈判,德国商人总是以一种不可辩驳的权威面目出现,常常能牢牢地控制着谈判桌上的主动权,其中的关键在很大程度上就要归功于他们对模拟谈判的重视。对于德国商人而言,事先演练是谈判的一个必经程序,他们对谈判可能出现的任何细节都要做周密的准备,对对方可能要提出的任何难题,都要事先做出安排,拟订应对方案。这样,不打无准备之仗,自然,以后的谈判就很容易被纳入德国商人事先设计好的轨道,为谈判的胜利奠定基础。

3.4.2 模拟谈判的假设条件拟定

模拟谈判的效果如何,假设条件的拟定是关键。拟定假设是指在前期信息资料准备工作的基础之上,根据某些既定的事实或常识,将某些事务承认为事实,不管这些事务现在和将来是否发生,仍视其为事实进行判断和推理,从而预测真正谈判业务发生后可能出现的问题、产生的结果。

依照假设的内容,可以把假设条件分为3类:对客观环境的假设、对谈判对手的假设和对己方的假设。

1. 对客观环境的假设

对客观环境的假设包括对环境、时间、空间的假设,目的是估计主客观环境与本次谈判的联系和影响的程度,做到知己知彼,找出相应的对策。

2. 对谈判对手的假设

对对手的假设主要是预计对方的谈判水平、心理状态、愿意冒险的程度、可能会采用的策略以及面对己方的策略对手如何反应等关键性问题。

3. 对己方的假设

对己方的假设主要是对谈判者自身的心理素质、谈判能力的自测及自我评估,对企业自身经济实力的考评,对谈判策略及谈判准备方面的评价等。

在拟定假设时应注意以下几个方面的内容:其一,为了提高假设的准确度,应尽可能让具有丰富谈判经验的人提出假设;其二,假设的情况应以所掌握的信息资料为依据,以客观事实为基础,切忌纯粹凭想像主观臆造;最后,在谈判中,常常由于双方误解事实真相而浪费大量的时间,也许曲解事实的原因就在于一方或双方假设的错误。所以,谈判者必须牢记,自己所做的假设归根究底只是一种推测,带有或有性,如果把假设条件奉为必然性的事实去参加实际谈判,将是非常危险的。

3.4.3 模拟谈判的人员选择

模拟谈判要发挥真正的作用,除了要科学地做出假设外,还应慎重考虑参加模拟谈判的人员组成。参加模拟谈判的人员,应该是具有专门知识、经验和看法的人,而不是职务、地位或只会随声附和、举手赞成的老好人。通常模拟谈判需要包含下列3种人员。

1. 知识型人员

这种知识是指理论与实践相对完美结合的知识。知识型人员能够运用所掌握的知识触类旁通、举一反三,把握模拟谈判的方方面面,使其具有理论依据的现实基础。同时,他们能从科学性的角度去研究谈判中的问题。

2. 预见型人员

预见型人员对于模拟谈判是很重要的。他们能够根据事物的变化发展规律,加上自己的业务经验,准确地推断出事物发展的方向,对谈判中出现的问题相当敏感,往往能对谈判的进程提出独到的见解。

3. 求实型人员

求实型人员有着强烈的脚踏实地的工作作风,考虑问题客观、周密,不凭主观印象,一切以事实为出发点,对模拟谈判中的各种假设条件都小心求证,力求准确。

在模拟谈判的人员选择时应注意以下几个方面的内容:其一,参加模拟谈判的人员要有较强的角色扮演能力;其二,在模拟谈判过程中,扮演者或彬彬有礼,或吹毛求疵,或专横强硬,尽可能地以不同的方式对己方谈判者的意见、论据进行反驳或刨根问底,这样将会大大提高己方谈判的成功率。

3.4.4 模拟谈判的方法

1. 全景模拟法

全景模拟法指在想像谈判全过程的前提下,企业有关人员扮成不同的角色所进行的实战性排练。这是最复杂、耗资最大,但也往往是最有效的模拟谈判方法。这种方法一般使用于大型的、复杂的、关系到企业重大利益的谈判。在采用全景模拟法时,应注意以下两点。

(1) 合理地想象谈判全过程

要求谈判人员按照假设的谈判顺序展开充分的想象，不只是想象事情发生的结果，更重要的是事物发展的全过程，想象在谈判中双方可能发生的一切情形。并依照想象的情况和条件，演绎双方交锋时可能出现的一切局面，如谈判的气氛、对方可能提出的问题、己方的答复、双方的策略和技巧等问题。合理的想象有助于谈判的准备更充分、更准确。所以，这是全景模拟法的基础。

(2) 尽可能地扮演谈判中所有会出现的人物

这有两层含义：一方面是指对谈判中可能会出现的人物都有所考虑，要指派合适的人员对这些人物的行为和作用加以模仿；另一方面是指主谈人员（或其他在谈判中准备起重要作用的人员）应扮演一下谈判中的每一个角色，包括自己、己方的顾问、对手和他的顾问。这种对人物行为、决策、思考方法的模仿，能使己方对谈判中可能会遇到的问题、人物有所预见；同时，处在别人的角度上进行思考，有助于己方制定更完善的策略。

2. 讨论会模拟法

讨论会模拟法类似于"头脑风暴法"。它分为两步。第一步，企业组织参加谈判人员和一些其他相关人员召开讨论会，请他们根据自己的经验，对企业在本次谈判中谋求的利益、对方的基本目标、对方可能采取的策略、己方的对策等问题畅所欲言。不管这些观点、见解如何标新立异，都不会有人指责，有关人员只是忠实地记录，再把会议情况上报领导，作为决策参考。第二步，请人针对谈判中种种可能发生的情况，以及对方可能提出问题等提出疑问，由谈判组成员一一加以解答。讨论会模拟法特别欢迎反对意见。这些意见有助于己方重新审核拟订的方案，从多种角度和多重标准来评价方案的科学性和可行性，并不断完善准备的内容，以提高成功的概率。国外的模拟谈判对反对意见加倍重视，然而这个问题在我国企业中长期没有得到应有的重视。讨论会往往变成"一言堂"，领导往往难以容忍反对意见。这种讨论不是为了使谈判方案更加完善，而是成了表示赞成的一种仪式。这就大大地违背了讨论会模拟法的初衷。

3. 列表模拟法

列表模拟法是最简单的模拟方法，一般使用于小型、常规性的谈判。具体操作过程是这样的：通过对应表格的形式，在表格的一方列出己方经济、科技、人员、策略等方面的优缺点和对方的目标及策略；另一方则相应地罗列出己方针对这些问题在谈判中所应采取的措施。这种模拟方法的最大缺陷在于它实际上还是谈判人员的一种主观产物，它只是尽可能地搜寻问题并列出对策。对于这些问题是否真的会在谈判中发生，这一对策是否能起到预期的作用，由于没有通过实践的检验，因此不能百分之百地讲这一对策是完全可行的。[①]

---

① 资料来源：赵国柱. 商务谈判 [M]. 杭州：浙江大学出版社，2000.

3.4.5 模拟谈判的总结

模拟谈判的总结环节是必不可少的，因为模拟谈判的目的就在于总结经验，发现问题，提出对策，完善谈判方案。这是一种预测性总结，其应包括以下主要内容：
① 对方的立场、观点、目标、风格、精神等；
② 对方的反对意见及解决方法，有关妥协的可能性及其条件；
③ 己方的有利条件及运用状况；
④ 己方的弱点及改进措施；
⑤ 谈判所需的信息资料是否充足、完善；
⑥ 双方各自的妥协条件及可共同接受的条件；
⑦ 对方谈判的底线及谈判破裂的界限。

关键术语

谈判信息　信息准备　信息收集　信息处理　谈判的可行性研究　谈判环境分析　谈判对手分析　谈判者自我评估　成本与效益分析　谈判方案　执行计划　谈判地点　谈判场景　模拟谈判　假设条件拟定

复习思考题

1. 商务谈判信息的作用是什么？
2. 商务谈判信息收集的主要内容包括哪几个方面？
3. 如何进行谈判信息资料的收集？有哪些渠道？应该遵循怎样的原则？
4. 为什么要对收集到的谈判信息资料进行处理？处理的程序是怎样的？
5. 如何进行谈判的可行性研究？
6. 谈判方案与执行计划的关系如何？谈判方案的拟订内容有哪些？如何制订谈判的执行计划？
7. 谈判地点选择的方案有几种？各自的优劣势如何？
8. 具体谈判场所的选择及布置应该注意哪些方面？谈判人员的食宿安排应注意哪些方面？
9. 模拟谈判有哪些作用？如何进行模拟谈判的假设条件拟定？

案例与训练

【案例 3-1】

奥迪汽车

1986 年，中国第一汽车制造厂总裁耿昭杰带领一汽的考察团到美国底特律克莱斯勒公司考察发动机造型。

经过谈判，一汽引进了克莱斯勒轻轿结合的发动机，顺理成章也准备引进克莱斯勒的车身。然而，后来当总经济师、谈判能手吕福源带代表团重返底特律时，克莱斯勒公司的态度来了个180度大转变，条件非常苛刻，要价非常高昂，用吕福源的话来讲，简直是天方夜谭的数字。

谈判陷入僵局，吕福源毅然率团返回。回国后才得知克莱斯勒公司早已获得了国家批准一汽要上轿车的信息，所以觉得无论怎样苛刻的条件一汽也得就范，离开克莱斯勒，一汽就一筹莫展。

耿昭杰毅然决定中断与克莱斯勒的谈判。这当然带有很大的冒险味道，但是耿昭杰认为，卡脖子的事情绝不能答应。中方的意志是美方没有想到的，更没有想到的是下面的事情。

就在这时，德国大众公司董事长哈恩博士到一汽进行礼节性拜访。哈恩来到一汽，仿佛发现了新大陆一样惊喜："喔，上帝！中国还有这么大的一个汽车工业基地，为什么没有早发现呢？"他与一汽一见钟情，与耿昭杰也谈得十分投机，礼节性的拜访引发了合作的前奏曲。

会见时哈恩博士频送"秋波"，耿昭杰并非无动于衷，而是心有顾虑：未来轿车的发动机是克莱斯勒公司的生产线，这已成为定局，娶过来的媳妇退不回去了。如果与德国大众合作，只能要它的车身和整装技术，作为具有世界一流生产技术水平的"大众"能接受这个美国"媳妇"并与之结合为一体吗？耿昭杰把这个试探性的气球放了出去，不料哈恩博士非常深情地接住了。他以成功企业家特有的坦诚，当然还有精明慨然允诺，临走时说了这样一段话："我们希望与一汽创造一个良好合作的先例。如果厂长先生有诚意，4个星期后请您去朗堡我们大众汽车公司所在地，我们将在那里非常高兴地接待您。"

4个星期过去，一汽总经济师吕福源身负重任飞往朗堡。到那儿一看，大众汽车公司已把克莱斯勒公司的发动机装进了奥迪的车身，这车身是为装配克莱斯勒发动机而特意加长的。大众合作的诚意和效率可见一斑！

克莱斯勒公司总裁亚柯卡立即得到了吕福源飞往朗堡的信息，感到了这一信息的压力和内涵，立刻通知有关方面人士把和好的手又伸过来："如果一汽和我们合作，将象征性地只收一美元技术转让费……"此时，一汽山穷水尽的困境已柳暗花明，变成货比两家的主动位置。经过反复论证和比较，一汽最终选定大众为合作伙伴。

1988年10月，美国汽车工业巨子亚柯卡飞到北京。在北京人民大会堂，亚柯卡举行了一场题为"世界经济新形势下的企业家精神"的报告，在这个讲话里，他有一段话使人惊诧："我们的教训是忽视进一步了解世界市场。以前，我们只想到与通用、福特公司竞争，没想到和日本、韩国人竞争，我错了；以前，我认为最优秀的汽车设计总是底特律的，我错了；以前，我认为落后美国几代人的国家是不可能追上来的，我错了；以前，我认为企业家精神只是美国人的精神，我错了。"亚柯卡离开中国前专门提出要去长春看看一汽，看看耿昭杰。

亚柯卡来到了一汽，耿昭杰陪着他参观了一汽。在欢迎也是欢送亚柯卡的宴会上，亚柯卡举杯对耿昭杰说:"用我们美国人的话说,你天生是干汽车的家伙。你和我一样,血管里流的不是血,而是汽油。"

经过两年努力,装有克莱斯勒发动机的奥迪在中国备受青睐。

问题:中美双方谈判陷入僵局的原因何在?结合案例阐述商务谈判中信息准备工作的重要性。

【案例3-2】

公司内部谈判

曼梯公司是一家生产成套办公设备的中型企业。事情纠葛主要涉及两个人物:负责技术设计的副总经理弗雷德·琼斯和负责销售的副总经理李·帕克。

曼梯公司已开始将一种叫作"500型"的新设备投入市场。"500型"由琼斯负责的那个部门研制开发,该部门还负责检验和质量管理。帕克的工作是把"500型"同曼梯公司生产的其他产品一起推销出去,并负责设备出售后的维修工作。当琼斯同意"500型"可以上市时,他规定"500型"的速度不得超过每小时1 300个单位。琼斯的那个班子还在继续努力,以使"500型"的输出能力再增一倍。然而,琼斯发现,一些客户在使用"500型"时大大超过了这种机器的额定工作能力。在这种负荷下,有些机器发生了故障。于是,他就向帕克提出了责问。帕克手下的推销员没有为这种超速运转提供担保,也没有向用户强调"500型"的运转速度不得超过每小时1 300个单位。帕克认为,要在竞争中赢得优势,就必须充分发掘这种新机器的潜力。这不仅仅是为了推销"500型",有"500型"作"开路先锋",他就能更好地推销曼梯公司的所有产品。帕克还认为,何况机器的故障报修率还远远没有达到不可容忍的程度。帕克愿意为此承担责任。

但琼斯从现实考虑,意识到一旦产品普遍发生故障,就会对公司的声誉造成极坏的影响;还会搞坏琼斯的名声,当然有损于他的事业。

曼梯公司的总经理意味深长地对琼斯说:"我切盼两位自行解决问题。"这就是说,只要有可能,就通过谈判来解决这个问题。根据安排,两个部门的负责人要在一个星期后举行会谈。

琼斯拿定主意,要最充分地利用这一个星期。他不大张旗鼓,进行自我反省,回顾自己同销售部门的关系。琼斯知道,他们关系时有龃龉,而且,他对此负有一部分责任。琼斯认为,销售部门固然是公司的一个不可缺少的组成部分,但他又觉得自己要比他们高出一筹。搞出"500型"这样的杰作,需要煞费苦心的研究和巧夺天工的设计,对此,销售部门知道些什么?精密的产品一到谈判者手里就免不了乱套。

琼斯认真考虑了这些情况,并不掩饰自己的感情——如他的自尊和雄心。在这个行业中,他已经颇具名声,他不愿让推销部门为了完成销售指标而败坏他的名声。要说起来,这个动机并非值得赞美,然而事情确实如此。

琼斯用足够的时间对自我和自身的内在情感作了反省,接着,他又关注到自己的谈判对手——帕克。帕克是个正派人。他精力充沛,性格外向,很讨人喜欢。不管怎么说,他是个精明的销售经理,而且雄心勃勃,胸怀大志。

琼斯还要做进一步的准备。他指导自己的副手哈利·沃森去做一次调查研究。沃森受命，尽力查清近年来曼梯公司在某些特定领域的销售情况：哪些人是最大的主顾，与客户关系如何，客户报修率的增减等。

琼斯想，不管整个局势的现实究竟如何，不管达成什么协议，都决不能只对哪一部门有利。必须使总经理相信，只有达成一项兼顾本公司短期和长期增长的协议，才是最好的解决办法。别的做法既不会使琼斯增色，也不会使帕克光彩。然而，琼斯必须扭转局势。因为，现状——包括谈判者允许客户以更高运转速度使用设备——对帕克有利，而对琼斯不利。所以，他必须扭转现状。

在沃森完成了调查研究之后，琼斯就把本部门的骨干召集起来，一起研究沃森搞来的那些资料。他们对这个问题进行"即兴讨论"，虽说有些建议隔靴搔痒，不着边际，但琼斯已渐渐构想出一个计划。他写出计划草稿，然后同沃森碰头密商。他让沃森试作帕克的代言人，提出他们认为帕克可能会做出的反驳。经过此番扎实的准备，琼斯就开始筹划对策了。他在考虑左右谈判的种种假设。

问题：

1. 琼斯做了哪些谈判的准备工作？通过这些准备工作你如何评价琼斯及其拥有的谈判素养？

2. 琼斯与帕克均有个人利益，也有部门利益，这些利益是什么？琼斯确定的谈判原则是否正确？

【情景模拟3-1】

假设小王是杭州娃哈哈集团的采购人员，领导给了小王一个新的任务，即采购一批方便面包装盒。小陈是上海中盛广告制品有限公司的经理。4~5个学生分为一个小组，每2个小组为合作组，两个小组分别设定一家公司作为自己所在的公司，并且选定一名代表作为情景中提到的人物。根据以上的身份假设和情景假设，全体成员分工进行谈判方案的制作（填写以下表格）。

我的谈判方案（初步）

谈判方	甲方：	乙方：
谈判主题		
谈判期限	年 月 日 至 年 月 日	
我方人员组成	姓名： 职责： 情况：	
对方人员组成	姓名： 职责： 情况：	
谈判目标		
谈判议程		
谈判策略	谈判策略 谈判开始阶段 谈判过程中（报价、磋商、僵局） 谈判结束阶段	
汇报制度	谈判项目负责人： 汇报方式： 公司其他支持人员：	公司该项目总决策人： 汇报时间及程序：

【情景模拟 3-2】

明确谈判者的素质,并能正确运用谈判知识。训练的材料和要求:

(1) 学生每两人一组,一人扮演顾客(来中国一个月的荷兰人,英语流利、汉语能听懂但不能流畅表达),一人扮演销售员。

(2) 可选择以下商品进行销售谈判:笔记本电脑、电吹风、汽车遮阳棚及长城一日游。

(3) 首先请列表写出顾客可能提出的异议及谈判应对措施。

(4) 模拟完成以上假设,注意在模拟前对销售人员应具备的素质进行讨论,做好思想上的准备。

第 4 章

商务谈判策略

▶▶学习目标

通过本章的学习,使学生了解和掌握以下知识点:
◎ 开局阶段的谈判策略
◎ 报价阶段的谈判策略
◎ 磋商阶段的谈判策略
◎ 谈判僵局的处理策略
◎ 结束阶段的谈判策略

商务谈判策略是谈判者对谈判过程中各项具体的活动所作的谋划。策略所解决的主要是采取什么手段或使用什么方法的问题,目的是将实际的谈判活动纳入预定的方向和轨道,最终实现预期的谈判目标。商务谈判是一个有序的行为过程,具有很强的阶段性特征,因而谈判策略的制定与实施,应该根据不同阶段的特点和要求来进行。

4.1 开局阶段的谈判策略

在商务谈判的不同阶段,谈判者所从事的活动,将要完成的任务是各不相同的。谈判策略的制定和实施也是根据特定阶段谈判行为的特征,以及谈判的阶段性目标的要求来进行的。在完成了各项前期准备工作之后,在开局阶段谈判双方真正走到一起,进行直接的接触和沟通。从时间上看,这一阶段是短暂的;但就其影响来看,双方在这一阶段所营造的气氛,则涉及随后各个阶段的谈判行为,关系着整个谈判活动的进展与成效。在谈判的开局阶段,如何营造一种良好的谈判气氛和制定好谈判议程,是谈判者首先要予以解决的两个核心问题。

4.1.1 谈判气氛的建立

气氛会影响人们的情绪和行为方式,进而影响到行为的结果。同样的人员,同样的谈判议题，在不同的谈判气氛中，谈判的结果可能大相径庭。要想取得理想的谈判成果，就应努力创造积极而又友好的谈判气氛。

谈判气氛多种多样，有平静的、严肃的，也有热烈的、积极的，还有紧张的、对立的。气氛的形成也十分微妙。要形成良好的谈判气氛，应注意从以下几方面着手。

1. 把握气氛形成的关键时机

影响谈判气氛的因素是多种多样的。在谈判过程中，这些因素也会随着整个谈判形势的变化而不断变化，因此谈判气氛也会随着谈判的进展而有所变化。但是，形成谈判气氛的关键时机却是十分短暂的，这个关键时机就是双方谈判接触的短暂瞬间。之所以如此，主要是因为开局初期谈判者的心理状态和思维定势的作用。在这一短暂瞬间内，谈判者从与对方的接触中，获得有关对方的第一印象和感觉，这种感觉和印象将在很大程度上决定着谈判者在整个谈判过程中对对方的评价，而谈判各方对对方的印象和评价将在很大程度上决定谈判气氛。因此，也可以说，这一短暂瞬间内的接触将确定整个谈判气氛的基调。谈判各方均应注意把握这一关键时机，力争创造良好的谈判气氛。

2. 运用中性话题，加强沟通

开局初期常被称为"破冰"期。素不相识的人走到一起谈判，极易出现停顿和冷场，谈判一开始就进入正题，更容易增加"冰层"的厚度。因此，谈判人员应在进入谈判正题前，留出一定的时间，就一些非业务性的、轻松的话题，如气候、体育、艺术等，进行交流，缓和气氛，缩短双方在心理上的距离。在双方进入谈判室后，应花多少时间以调整相互间的关系，并无统一的标准，谈判者应根据具体情况予以把握。

实例 4-1

天气的寒暄

邓小平同志在会见英国女王伊丽莎白二世和她丈夫爱丁堡公爵菲利普斯亲王开始时笑着说："这几天北京的天气很好，这也是对贵宾的欢迎。当然，北京的天气比较干燥，要是能'借'一点伦敦的雾，就更好了。我小时候就听说伦敦有雾。在巴黎时，听说登上埃菲尔铁塔就可以望见伦敦的雾。我曾登上过两次，可惜很遗憾，天气不好，没有看到。"

爱丁堡公爵说："伦敦的雾是工业革命时的产物，现在没有了。"

邓小平风趣地说："那么，'借'你们的雾就更加困难了。"

公爵说："可以'借'点雨给你们，雨比雾好。你们也可以'借'点阳光给我们。"

于是，气氛一下子就活跃起来了。

3. 树立诚实、可信、富有合作精神的谈判者形象

谈判者以怎样的形象出现在对方面前，对谈判气氛有十分明显的影响。形象体现在多个方面，如谈判者的姿势，到底是精力充沛还是疲乏不堪，是积极主动还是无动于衷；又如目光，是坦荡诚挚还是躲躲闪闪、疑虑重重；再如服饰仪表，是整洁大方还是肮脏古怪等。谈判者应注重对自身的形象设计，以诚实可信的形象出现在对方面前，感染、鼓舞对方的谈判人员。

4. 注意利用正式谈判前的场外非正式接触

在正式开始谈判前，双方可能有一定的非正式接触机会（指非正式会谈），如欢迎宴会、礼节性拜访等，利用此类机会，也可充分影响对方人员对谈判的态度，有助于在正式谈判时建立良好的谈判气氛。

5. 合理组织

对谈判的合理组织，包括对谈判时间和谈判前活动的合理安排、谈判室内的科学布置等，也有助于积极友好的谈判气氛的建立。

4.1.2 确定谈判议程

谈判的议程包括谈判的议题和程序。通俗地说，就是要确定谈什么，以及先谈什么后谈什么等问题。外交谈判中，外交官们都十分重视谈判议程，往往为其绞尽脑汁。可企业家们往往不重视议程，结果往往在谈判中失去主动权。

谈判的议程实际上决定了谈判的进程、发展的方向，是控制谈判、左右局势的重要手段：

① 不同的议程可以阐明或隐藏谈判者的动机；
② 可以建立一个公平的原则，也可以使之对一方形势有利；
③ 可以使谈判直接切入主题，富有效率，也可以使谈判变得冗长，进行无谓的口舌之争。

实例 4-2

"强制达成"一致的程序

这是发生在某跨国公司内部的一次谈判。公司的经理班子就某一决策产生了两种对立意见，大多数人反对，少数人支持，问题是少数人的意见是正确的。会议主席按照常例主持会议，不久由于意见尖锐冲突，会议出现僵局。主席不得不宣布中止会议，经过一番深思熟虑，支持少数人意见的主席再开会时，宣布一种"特别的程序"：在得到特别允许之前，必须尊重别人的发言，不得打断或插入反对意见，不得展开不同意见的争论。但允许反对方提出旨在"澄清事实"的问题，诸如"你提出的方案好在哪里？""你说的是这个意思吗？"等。

接着，主席请少数派的人发言。由于执行了这种特别的程序，少数派得以从容地从各方面详细地阐述自己的立场，而不至于尚未把道理讲清楚就被压了下去。事实上，只要让多数人清楚地了解了少数人的意见，并且通过提问进一步理解了少数人的观点，就为打破僵局、消除分歧、统一思想打下了基础。结果这一特别的程序非常有效，"迫使"经理班子统一了思想，达成了一致的意见，内部谈判获得了成功。

所以，制定了某种议程，实际上也就控制了谈判的进程，更重要的是能够避开自己不愿意、对自己不利的谈判内容。

4.2 报价阶段的谈判策略

报价是商务谈判的一个重要阶段，交易条件的确立是以报价为前提的。报价不仅表明了谈判者对有关交易条件的具体要求，集中反映着谈判者的需要与利益；而且通过报价，谈判者可以进一步分析、把握彼此的意愿和目标，以便有效地引导谈判行为。这里所谓的报价不仅是指在价格方面的要求，而是包括价格在内的关于整个交易的各项条件。在报价阶段，谈判者的根本任务是正确表明己方的立场和利益。

4.2.1 报价的原则

报价并非就是简单地提出己方的交易条件，这一过程实际上是非常复杂的，稍有不慎就有可能陷自己于不利的境地。大量的谈判实践告诉我们，在报价过程中是否遵循下述几项原则，对报价的成败有着决定性的影响。

1. 报价的首要原则

对卖方而言，开盘价必须是最高的；相应地，对买方而言，开盘价必须是最低的。这是报价的首要原则。对此可以从以下几个方面进行分析。

第一，作为卖方来说，最初的报价也即开盘价，实际上为谈判的最终结果确定了一个最高限度。因为在买方看来，卖方报出的开盘价无疑表明了他们追求的最高目标，买方将以此为基准，要求卖方做出让步。在一般情况下，买方不可能接受卖方更高的要价，买方最终的成交价将肯定在开盘价以下。

第二，开盘价的高低会影响对方对本方的评价，从而影响对方的期望水平。比如卖方产品价格的高低，不仅反映着产品的质量水平，还与市场竞争地位及销售前景等直接相关，买方会由此而对卖方形成一个整体印象，并据此来调整或确定己方的期望值。一般来说，开盘价越高，对方对我方的评价越高，其期望水平可能就越低。

第三，开盘价越高，让步的余地就越大。在谈判过程中，双方都必须做出一定的让步。如果在一开始就能为以后的让步预留足够的回旋余地，在面对可能出现的意外情况或对方提出的各种要求时，就可以做出更为积极有效的反应。

第四，开盘价高，最终成交价的水平也就比较高。或者说，最初的报价越高，最终所能得到的往往就越多。因为要价越高，就越有可能与对方在较高的价格水平上达成一致。

2. 开盘价必须合乎情理

开盘价必须是最高的，但这并不意味着可以漫天要价；相反，报价应该控制在合理的界限内。如果本方报价过高，对方必然会认为你缺乏谈判的诚意，可能立即中止谈判；也可能针锋相对地提出一个令你根本无法认可的报价水平；或者对本方报价中不合理的成分一一提出质疑，迫使你不得不很快做出让步。在这种情况下，即使你已将交易条件降至比较合理的水平，但这一合理的条件在对方看来仍然可能是极不合理的。

因此，本方提出的开盘价，既应服从于本方寻求最高利益的需要，又要兼顾对方能够接受的可能性。开盘价虽然不是最终的成交价，但如果报价高到被对方认为是荒谬的程度，从一开始就彻底否定本方报价的合理性，双方的磋商是很难顺利进行下去的。在确定报价水平时，一个普遍认可的做法是：只要能够找到足够的理由证明你方报价的合理性，报出的价格就应尽量提高。换句话说，报价应该高到你难以找到理由再为提高价格辩护的程度。

3. 报价应该坚定、明确、清楚

谈判者首先必须对己方报价的合理性抱有充分的自信，然后才可希望得到对方的认可。在提出本方的报价时应该坚决而果断，在言谈举止上表现出任何的犹豫和迟疑，都有可能引起对方的怀疑，并相应增强对方进攻的信心。报价还应该非常明确、清楚，报价时所运用的概念的内涵、外延要准确无误，言辞应恰如其分，不能含混模糊，以免对方产生误解。为确保报价的明确、清楚，可以预先备好印刷成文的报价单。如果是口头报价，也可适当地辅以某些书面手段，帮助对方正确理解己方的报价内容。

4. 不对报价作主动的解释、说明

谈判人员对己方的报价一般不应附带任何解释或说明。如果对方提出问题，也只宜作简明的答复。在对方提出问题之前，如果己方主动地进行解释，不仅无助于增加己方报价的可信度，反而会由此而使对方意识到己方最关心的问题是什么，这无异于主动泄密。有时候，过多的说明或辩解，还容易使对方从中发现己方的破绽和弱点，让对方寻找到新的进攻点和突破口。

4.2.2 报价的方式

所谓的报价方式，就是指报价的方法及其形式，包括交易条件的构成、提出条件的程序及核心内容的处理等。简单地说，报价方式解决的就是如何报价的问题。

前面分析的几项报价原则，对现实谈判中的报价有着非常重要的指导意义。但在涉及某项具体的商务谈判时，还必须结合当时的实际情况，尤其是特定的谈判环境及谈判双方的相互关系，灵活地确定报价方式。如果双方关系良好，又有过较长时间的合作关系，报价就不宜过高。如果双方处于冲突程度极高的场合，那么，报价不高就不足以维护己方的合理利益。如果己方有多个竞争对手，那就必须把报价压低到至少能受到邀请参与谈判的程度。

在国际商务谈判中，有两种典型的报价方式可供我们借鉴。需要注意的是，除了这两种方式之外，还可以有其他许多种报价方式，谈判者完全不必拘泥于已有的固定模式，而应该根据实际情况作出决策。

1. 高价报价方式

这种方式的一般做法是，卖方首先提出留有较大余地的价格，然后根据谈判双方的实力对比和该项交易的外部竞争状况，通过给予各种优惠，如数量折扣、价格折扣、佣金和支付条件方面的优惠（延长支付期限、提供优惠信贷等），逐步接近买方的条件，建立起共同的立场，最终达到成交的目的。这种方式与前面提到的有关报价原则是一致的，只要能稳住买方，使之就各项条件与卖方进行磋商，最后的结果往往对卖方是比较有利的。

高价报价方式普遍为西欧国家厂商所采用，因此又称为西欧式报价。

实例 4-3

撒切尔夫人的谈判策略

1972 年 12 月，在欧洲共同体的一次领袖会议上，英国首相撒切尔夫人又一次让人们领教了她坚毅刚强意志的"铁"魅力。

她在这次会议上表示，英国在欧洲共同体中负担的费用过多。她说，英国在过去几年中，投入了大笔的资金，却没有获得相当的利益，因此她强烈要求将英国负担的费用每年减少 10 亿英镑。这个高得惊人的要求使各国首脑们脸色发青，他们认为撒切尔夫人的真正目标是减少 3 亿英镑（其实这也是撒切尔夫人的真正意图）。于是他们提议只能减 2.5 亿英镑，他们认为这个数目是能被接受的。可是素有"铁娘子"之称的撒切尔夫人，是不可能为这样一个在她看来微不足道的数目所打动的，她仍然坚持原有的立场，于是，谈判陷入了僵局。一方的提案是每年削减 10 亿英镑，而另一方同意削减 2.5 亿英镑，差距太大，双方一时难以达成协定。

其实，这种情况早在撒切尔夫人的意料之中。她的真实目标并不是 10 亿英镑，但她的策略是以提高金额来改变各国首脑的预期心理。当然，对手并没有轻易地改变自己的立场，双方处于一种僵持状态。这时，英国和法国这两个在欧洲共同体中处于领导地位的国家相互使用了威胁的手段。撒切尔首相告诉议院，一定坚持按她提出的方案执行，暗示对手并无选择的余地，同时也在含蓄地警告各国，并对法国施加压力。针对英国的强硬态度，法国也采取了同样的手段，他们在报纸上大肆刊登批评英国的文章，说英国在欧洲共同体中采取高姿态，乃是别有企图。

面对法国的攻击，撒切尔夫人明白，要想让对手接受她提出的目标是非常困难的。因此，必须让对方知道，无论他采取什么手段，英国都不会改变自己的立场，绝不向对手妥协。由于撒切尔夫人顽强地抵制，终于迫使对手做出了很大的让步。一见对方的立场发生了动摇，撒切尔夫人就逐渐地把欧洲共同体各国首脑的期待转向自己所期待的目标。最后，欧洲共同体终于同意每两年削减 8 亿英镑。撒切尔夫人的真实目标终于得到了实现，她高起点的策略取得了应有的效应。[①]

2. 低价报价方式

也称日本式报价。其一般做法是，将最低价格列于价格表中，首先以低价唤起买方的兴趣。而这种低价格一般是以对卖方最有利的结算条件为前提，并且与此低价格相对应的

---

① 资料来源：实用文库编委会. 实用谈判技法大全［M］. 北京：电子工业出版社，2008.

各项条件实际上又很难全部满足买方的要求。只要买方提出改变有关的交易条件，卖方就可以随之相应提高价格。因此，买卖双方最终成交的价格往往高于卖方最初的要价。

在面临严峻的外部竞争时，日本式报价是一种比较有效的报价方式。首先，它可以排除竞争对手的威胁，从而使己方与买方的谈判能够现实地发生。其次，其他卖主退出竞争之后，买方原有的优势地位就不复存在，他将不能以竞争作为向卖方施加压力的筹码。这样，双方谁都不占优势，卖方就可以根据买方在有关条件下所提出的要求，逐步地提高他的要价。

日本式报价虽然最初提出的价格是最低的，但它却在价格以外的其他方面提出了最利于己方的条件。对于买方来说，要想取得更好的条件，他就不得不考虑接受更高的价格。因此，低价格并不意味着卖方放弃对高利益的追求。可以说，它实际上与西欧式报价殊途同归，两者只有形式上的不同，而没有实质性的区别。一般而言，日本式报价有利于竞争，西欧式报价则比较符合人们的价格心理。多数人习惯于价格由高到低，逐步下降，而不是相反的变动趋势。

实例 4-4

现代神话：大酒店价值一美元

美国芝加哥的大都会酒店，是一套12层多达300个房间的大建筑，地处市南，位置极佳，在19世纪20年代因被意大利籍黑手党头目卡邦租用其中的两层50个房间作为总部，大酒店更是闻名遐迩。但是好景不长，1947年卡邦死于梅毒，之后，黑手党开始没落，大都会酒店也空置至今。1991年曾有传说酒店内藏有珠宝，可经过挖掘搜寻后，只找到一堆尸骨，这更使大都会酒店罩上了一层神秘的色彩。

此后，芝加哥市政府先后采取了一系列措施：查封该楼，不准入内；列为古迹，不准拆除。而且，最为令人吃惊的，则是于1992年宣布出售大都会酒店，售价一美元，而且，至今尚无人问津。

一美元可买下一家大酒店，这绝非是天方夜谭式的大笑话。因为，像这样廉价的房屋在全美各州均有买卖，房屋的外表大都破败不堪，房主因无法出售或抵押而由政府收回统一处理。但是根据美国有关法律，购买这类旧房不准拆卸必须由买主在购入后一年内将其翻新，且至少使用五年后方可转手。前不久，一位失业的男子花一美元在维珍尼亚州的一个小镇买了一所两室的住房，而在室内拣到73美分，所以，他实际上只花了27美分便得到了这所住房。但是，他的整个翻修工程却花了3 000美元。

大都会酒店同样如此，它虽年久失修但不准拆除，只许翻新，以求重现该楼及附近当年的繁荣旧貌。据预算，它的修理翻新需要耗资近一亿美元！

问题就在这里！

一美元买下大酒店固然令人神往，要再用一亿美元在购入一年内对酒店进行翻修就让人望而却步，咂舌不已。这就应了一句谚语：老鼠拖扫帚，大头在后头。

4.2.3 报价的策略

1. 报价的时间策略

在任何一项商务谈判中,谈判双方在报价的时间上通常都有一个先后次序,而且报价的先后往往会对最后的结果产生重大影响。可供谈判者选择的时间策略不外乎两种,即先于对方报价和后于对方报价。

一般而言,先报价较之后报价更为有利,先行报价所产生的影响力在整个谈判过程中都会持续地发生作用。先报价的有利之处主要表现在两个方面。首先,它为谈判的结果设定了难以逾越的界限,最终的协议将在这一界限内形成。比如,卖方报价某货物每吨 1 000 美元,可以肯定地说,最后的成交价是不会高于这一价格水平的。其次,先行报价会在一定程度上支配对方的期望水平,进而影响到对方在随后各谈判阶段的行为。尤其在报价出乎对方预料的情况下,往往会迫使对方仓促调整原来的计划。

当然,先报价的做法也有一定的缺陷。其一,先报价容易为对方提供调整行为的机会,可能会使己方丧失一部分原本可以获得的利益。在本方先行报价之后,由于对方对本方的利益界限有了相应的了解,他们就可以及时修改原来的报价,获取某些超出其预期的利益。比如卖方报价某货物每吨 1 000 美元,而买方事先准备的报价可能是 1 100 美元。在卖方报价后,买方显然会调整原先的报价,其报价水平肯定将低于 1 000 美元。这样对买方来说,后报价就使他至少获得了 100 美元的利益,而这恰恰是卖方所失去的。其二,在某些情况下,先报价的一方往往会在一定程度上丧失主动权。在本方报价后,有些谈判对手会对我方的报价提出各种质疑,不断向我方施加压力,迫使我方一步一步地降价,而矢口不谈他们自己的报价水平。在这种情况下,先报价的一方应坚持让对方提出他们的交易条件,以免使己方在随后的磋商中陷入被动。从某种意义上讲,先报价的上述不足之处,也正是后报价的优点所在。

先报价虽然要比后报价更有利,但这并不说明在任何情况下,谈判者都应采用先于对方报价的策略,更何况先行报价的只能是双方中的某一方。事实上,选择后报价的策略有时不仅十分有效,而且也是非常必要的。在选择报价时机时,谈判者应充分考虑下述几个方面的因素,根据实际情况做出决策。

(1) 谈判的冲突程度

在冲突程度极高的商务谈判中,能否把握谈判的主动权往往是至关重要的,因而先报价比后报价更为合适。在比较合作的谈判场合,先报价与后报价则没有多大差别,因为谈判双方都将致力于寻找共同解决问题的途径,而不是试图施加压力去击垮对方。

(2) 谈判双方的实力对比

如果己方的谈判实力强于对方,或己方在谈判中处于相对有利的地位,先行报价是比较有利的。如果己方实力较弱,又缺乏必要的谈判经验,应让对方先报价。因为这样就可以通过对方的报价来了解对方的真实动机和利益所在,以便对己方的报价做出必要的调整。

(3) 商业习惯

就一般的社会习惯而言,发起谈判的一方通常应先行报价。在有些商务谈判中,报价的先后次序似乎也已有一定的惯例,比如货物买卖谈判,多半是由卖方先报价,买方还价,与之相反的做法则比较少见。

2. 报价的时机策略

在价格谈判中,报价时机也是一个策略性很强的问题。有时,卖方的报价比较合理,但却并没有使买方产生交易的欲望,原因往往是买主首先关心的是此商品能否给他带来价值,带来多大的价值,其次才是带来的价值与价格的比较。所以,价格谈判中,应当首先让对方充分了解商品的使用价值和能为对方带来多少收益,待对方对此发生兴趣后再谈价格问题。实践证明,提出报价的最佳时机,一般是对方询问价格时,因为这说明对方已对商品产生了购买欲望,此时报价往往水到渠成。

有时,在谈判开始时对方就询问价格,这时最好的策略应当是听而不闻。应首先谈该商品或项目的功能、作用,能为交易者带来什么样的好处和利益,待对方对此商品或项目产生兴趣,交易欲望已被调动起来时再报价比较合适。

3. 报价差别策略

由于购买数量、付款方式、交货期限、交货地点、客户性质等方面的不同,同一商品的购销价格不同。这种价格差别,体现了商品交易中的市场需求导向,在报价策略中应重视运用。例如,对老客户或大批量购买的客户,为巩固良好的客户关系或建立起稳定的交易联系,可适当实行价格折扣;对新客户,有时为开拓新市场,也可适当给予折让;对某些需求弹性较小的商品,可适当实行高价策略等。

4. 价格分割策略

价格分割是一种心理策略。卖方报价时,采用这种技巧,能制造买方心理上的价格便宜感。价格分割包括两种形式。

(1) 用较小的单位报价

例如,茶叶每公斤 200 元报成每两 10 元;大米每吨 1 000 元报成每公斤 1 元。国外某些厂商刊登的广告也采用这种技巧,如"淋浴 1 次 8 便士""油漆 1 平方米仅仅 5 便士"。巴黎地铁公司的广告是:"每天只需付 30 法郎,就有 200 万旅客能看到你的广告。"用小单位报价比大单位报价会使人产生便宜的感觉,更容易让人接受。

(2) 用较小单位商品的价格进行比较

例如,"每天少抽一支烟,每天就可订一份××××报纸。""使用这种电冰箱平均每天 0.5 元电费,0.5 元只够吃 1 根最便宜的冰棍。""一袋去污粉能把 1 600 个碟子洗得干干净净。""×××牌电热水器,洗一次澡,不到 1 元钱。"

用小商品的价格去类比大商品会给人以亲近感,拉近与消费者之间的距离。

5. 心理价格策略

人们在心理上一般认为 9.9 元比 10 元便宜,而且认为零头价格精确度高,给人以信任感,容易使人产生便宜的感觉。像这种在十进位以下的而在心理上被人们认为较小的价格叫作心理价格。因此,市场营销中有奇数定价这一策略。例如,标价 49.00 元,而不标 50.00 元;标价 19.90 元,而不标 20.00 元。

4.2.4 应价的处理及其策略

报价是谈判一方向另一方,而不是向自己提出交易的条件,因此,与某一方的报价过程相对应,必然地存在着另一方对报价的反应过程。所谓的应价,就是指谈判的一方对另一方报价所作的反应。在任何一项商务谈判中,报价与应价都构成一个事物的两个不可缺少的方面,两者相互依存,互为条件。

在谈判的双方报价之后,一般情况下,另一方不可能无条件地接受对方的全部要求,而是会相应地作出这样或那样的反应。一个老练的谈判者必须能正确应付对方提出的任何条件和要求,包括那些出乎意料的建议、要求。既然交易的条件是由双方共同来确立的,而不是仅取决于某一方的主观意愿,那么,在对方提出报价以后,你也应该通过一定的途径提出本方的条件。对本方来说,应价不仅仅是对他方的报价提出质疑、做出评价,或者是不置可否等,它还直接或间接地表明了己方对交易条件的要求,反映着己方的立场、态度和利益。

从时间上看,应价是伴随报价而发生的,但就其实质而言,两者并无二致。因此,应价一方绝不能将自己置于被动应付的地位,而应该采取积极有效的措施对报价过程施加影响,使之朝有利于己方的方向发展,努力使己方的交易条件得到对方认可,争取谈判的主动权。事实上,应价对谈判行为过程的影响力绝不亚于报价,只要处理得当,谈判者完全可以"后发制人",取得满意的谈判结果。

应价方对另一方的报价做出回复,有两种基础的策略可供选择:一种是要求对方降低其报价;另一种是提出本方的报价。比较而言,选择第一种策略可能更为有利。严格地说,不论运用哪种策略,都是本方对报价一方发动的反击,客观上都向对方传递了某些重要信息,包括本方的决心、态度、意愿等。不过,前一种策略表现得更为隐蔽一些,因此本方既没有暴露自己的报价内容,更没有做出任何相应的让步;而对方往往因对本方的条件缺乏足够的了解,不得不做出某种让步。

4.3 磋商阶段的谈判策略

磋商阶段是商务谈判的核心环节,磋商的过程及其结果直接关系到谈判双方所获利益的大小,决定着双方各自需要的满足程度。因而,选择恰当的策略来规划这一阶段的谈判行为,无疑有着特殊重要的意义。

磋商既是双方求同存异、协商确定交易条件的过程,也是双方斗智斗勇,在谈判实力、经验和智力等诸多方面展开全面较量的过程。磋商阶段的谈判策略是最丰富多样的,本节将分析一些较为常见的谈判策略。[①]

---

① 张春法,崔新有. 推销技巧与商务谈判[M]. 成都:西南交通大学出版社,1995.

4.3.1 让步的策略

谈判本身是一个讨价还价的过程，也是一个理智取舍的过程。在任何一项商务谈判中，谈判双方都必须做出某些让步，可以说，没有让步，也就没有谈判的成功。从某种意义上讲，让步是作为谈判双方谋求一致的手段而存在的，服从于谈判者追求自身最大利益的需要。让步是难免的，在许多情况下，谈判双方常常要做出多次的让步，才能逐步地趋于一致。但是，何时让步，在哪些方面做出多大的让步，却又是极为复杂的问题，这与让步的具体方式是直接相关的。下面介绍两种主要的让步方式。

1. 假设的让步模式

谈判中的让步涉及谈判双方的行为。一方做出某项让步，常常源于对方的要求，迫于其压力，或者是给予对方的一种回报，也就是说，是对方付出了一定的努力后取得的结果。人们往往很珍惜那些来之不易的成果，而对轻易就可得到的东西则并不重视。因此，某项让步是否能取得理想的结果，并不仅仅取决于量的绝对值，还取决于是怎样做出这个让步的，或者说对方是如何争取到这一让步的。

实 例 4-5

价格磋商是谈判的需要

一对夫妻在浏览杂志时看到一幅广告中当作背景的老式座钟非常喜欢。妻子说："这座钟是不是你见过的最漂亮的一个？把它放在我们的过道或客厅当中，看起来一定不错吧？"丈夫答道："的确不错！我也正想找个类似的钟挂在家里，不知道多少钱？"研究之后，他们决定要在古董店里找寻那座钟，并且商定只能出500元以内的价钱。

他们经过三个月的搜寻后，终于在一家古董店的橱窗里看到那座钟，妻子兴奋地叫了起来："就是这座钟！没错，就是这座钟！"丈夫说："记住，我们绝对不能超出500元的预算。"他们走近那座钟，"哦喔！"妻子说道，"时钟上的标价是750元，我们还是回家算了，我们说过不能超过500元的预算，记得吗？""我记得，"丈夫说，"不过还是试一试吧，我们已经找了那么久，不差这一会儿。"

夫妻私下商量，由丈夫作为谈判者，争取以500元买下。随后，丈夫鼓起勇气，对售货员说："我注意到你们有座钟要卖，定价就贴在座钟上，而且蒙了不少灰，显得有些旧。"之后，又说："告诉你我的打算吧，我给你出个价，只出一次价，就这么说定。想你可能会吓一跳，你准备好了吗？"他停了一下以增加效果，"你听着——250元。"那座钟的售货员连眼也不眨一下，说道："卖了，那座钟是你的。"

那个丈夫的第一个反应是什么呢？得意扬扬？"我真的很棒！不但得到了优惠，还得到了我想要的东西。"不！绝不！他的最初反应必然是："我真蠢！我该对那个家伙出价150元才对！"你也知道他的第二反应："这座钟怎么这么便宜？一定是有什么问题！"

然而，他还是把那座钟放在客厅里，看起来非常美丽，好像也没什么毛病。但是他和太太却始终感到不安。那晚他们安歇后,半夜曾三度起来,因为他们没有听到时钟的声响。这种情形持续了无数个夜晚,他们的健康迅速恶化,开始感到紧张过度并且都有着高血压的毛病。

为什么会这样?就因为那个售货员不经过价格磋商就以 250 元把钟卖给了他。

谈判者应避免轻易做出让步,更不能做无谓的让步。在准备做出让步时,要充分考虑到每一次让步可能产生的影响,准确预见对方可能做出的反应,尽量使对方从中获得较大的满足。只有这样,才能坚守每一个让步的阵地,并以此为契机,争取理想的效果。可以通过表 4-1 来说明这一问题。

表 4-1 卖方的让步模式

让步方式	第一阶段	第二阶段	第三阶段	第四阶段
1	0	0	0	60
2	15	15	15	15
3	24	18	12	6
4	28	20	11	1
5	40	20	0	0
6	6	12	18	24
7	50	10	-2	+2
8	60	0	0	0

表 4-1 是一个假设的卖方让步模式,假设卖方最大的让价金额为 60 元,让步分 4 个阶段进行。不难发现,不同的让步方式所产生的影响及其结果是各不相同的。

第一种模式:这是一种冒险型的让步方式。前三个阶段卖方始终坚持原来的报价,不肯作丝毫退让。意志薄弱的买方可能屈服于卖方的压力,或者干脆退出谈判;意志坚强的买方则会坚持不懈,继续要求卖方做出让步。而第四阶段卖方的大幅度退让,很可能引发买方提出更高的要求,往往使谈判陷入僵局。

第二种模式:这是一种刺激型的让步方式。这种等额的让步容易使买方相信,只要他有足够的耐性,卖方就将继续做出退让。因此,在第四阶段以后,尽管卖方已无法再做出让步,但买方却仍期待卖方进一步地退让。这种让步方式容易导致僵局,甚至造成谈判破裂。

第三种模式:这是一种希望型的让步方式。卖方逐步减少其让价金额,显示出卖方的立场愈来愈强硬,不会轻易让步。对于买方来说,虽然卖方仍存在让步的可能,但让步的幅度是越来越小了。

第四种模式:这是一种妥协型的让步方式。在这里,卖方表示了较强的妥协意思,同时又明确地告诉了买方,所能做出的让步是有限的。卖方在前两个阶段的让步有提高买方期望的危险;但后两个阶段的让步则可让买方意识到,要求卖方做更进一步的退让已是不可能的了。

第五种模式:这是一种危险型的让步方式。前两个阶段大幅度的退让,大大提高了买方的期望水平，而在第三阶段卖方又拒绝做出任何让步，买方往往很难接受这一变化，容易使谈判陷入僵局。卖方虽然在最后又做了一定让步，但与买方的期望值相比，可能仍有很大的差距。

第六种模式：这是一种诱发型的让步方式。这种递增的让步足以使买方相信，只要坚持下去，卖方还将做出更大的退让，买方的期望会随时间的推延而增大。第四阶段以后，卖方虽已无路可退，却又无法取得买方的信任，很容易出现僵局甚而导致谈判破裂。

第七种模式：这是一种虚伪型的让步方式。这种方式是由第五种让步方式变化而来的。第三阶段的加价显示了卖方更为坚定的立场；第四阶段为表善意而做出的小小退让，目的则在于增强买方的满足感。

第八种模式：这是一种愚蠢型的让步方式。卖方大幅度的退让大大提高了买方的期望水平，买方势必将在随后的几个阶段争取更大的让步。但由于卖方在一开始就将自己的让步余地全部断送，实际上已不可能再做出任何退让。在这种情况下，双方极有可能产生尖锐的对抗，如果不能进行有效的沟通，很容易使谈判陷入僵局。

上述 8 种模式基本上概括了现实谈判中的各种让步方式。从谈判的实践来看，第三、第四两种让步方式比较理想；第五和第七种让步方式在运用时需要较高的艺术技巧，风险较大；第一、第六和第八种让步方式则很少被采用。

2. 互惠的让步方式

前面的分析虽然充分考虑了让步对买方的实际影响及其可能产生的结果，但未涉及买方是否做出相应的让步，以及如何让步的问题。在商务谈判中，让步不应该是单方面的，谈判者要善于通过自己的让步来争取对方的某些让步。互惠的让步方式就是指以本方的让步换取对方在某一方面的让步，谋求互利结果的一种让步方式。

互惠让步方式的实质是以让步换取让步。双方都需要付出一定的代价，然后才能获取相应的利益，并且利益交换的结果对双方而言又都是有利的。从理论上讲，运用这一方式的关键问题是控制让步的事项，即确定在哪些事项上可以向对方做出让步，哪些是不能做出任何退让的。在实际的让步过程中，谈判者应善于透过彼此的分歧，发现双方共同的立场和利益所在。除了在那些对本方来说是至关重要的方面必须坚持外，在有些事项上不要过于固执，而应灵活地做出让步，以便使本方的利益在其他方面得到一定的补偿。谈判者可以通过下述两种方式来争取互惠的让步。

（1）对等式让步

谈判双方在某一问题上针锋相对、相持不下时，为了打破僵局，双方做出同等程度的让步。举一个简单例子，如买卖双方的出价分别为 80 元和 100 元，各让一步，即 90 元成交。

（2）互补式让步

谈判双方不在同一个问题、同一种利益上对等让步，而是在不同问题或利益上交叉进行让步。例如，一方在价格上做了让步，另一方则在产品品质或交货期、付款方式等其他方面让步，作为对对方的补偿或者回报。相对于对等式让步，互补式让步更具有灵活性，更有利于促进交易。

4.3.2 迫使对方让步的策略

谈判是一项互惠的合作事业，谈判中的让步也是相互的。但在现实的谈判活动中，谈判双方又各有其追求的目标，在许多情况下，谈判者并不会积极主动地做出退让，双方的一致是在激烈的讨价还价中逐步达成的。精明的谈判者往往善于运用诱导或施压等策略迫使对方做出让步，从而为己方争取尽可能多的利益。

1. 软硬兼施策略

软硬兼施策略也称红白脸策略，就是在谈判人员的角色搭配及手段的运用上软硬相间，刚柔并济。在某一方的谈判班子中，有的人扮演"强硬者"，坚持本方的原则和条件，向对方进行胁迫；其他的人则以"调和者"的面孔出现，向对方表示友好或者予以抚慰。这种做法的效果就是，当"强硬者"寻找借口离开谈判现场之后，对方变得更愿意向扮演"调和者"的"好人"提供更多的材料。从某种意义上讲，这实际上是一种变相的"对比"效应。通常，这种策略在对付那些初涉谈判场合的对手时作用较大，而那些谈判老手对此则是会应付自如的。

实例 4-6

休斯与飞机公司

美国大富翁霍华·休斯为了大量采购飞机，亲自与某飞机制造厂的代表谈判。霍华·休斯性情古怪，脾气暴躁，他提出了 34 项要求。谈判双方各不相让，充满火药味。后来，霍华·休斯派他的私人代表出面谈判。没有想到，私人代表满载而归，竟然得到了 34 项要求中的 30 项，其中包括 11 项非得到不可的。

霍华·休斯很满意，问私人代表是如何取得这样大的收获的。私人代表说："那很简单，每当谈不拢时，我都问对方：'你到底希望跟我解决这个问题？还是留待霍华·休斯跟你解决？'结果，对方无不接受我的要求。"

很显然，霍华·休斯在前期谈判的表现使他无意中扮演了一个红脸的角色。

2. 制造竞争策略

当谈判的一方存在竞争对手时，另一方完全可以选择其他的合作伙伴而放弃与他的谈判，那么，他的谈判实力就将大大减弱。在商务谈判中，谈判者应该有意识地制造和保持对方的竞争局面，在筹划某项谈判时，可以同时邀请几方，分别与之进行洽谈，并在谈判过程中适当透露一些有关竞争对手的情况。在与其中一方最终形成协议之前，不要过早地结束与另外几方的谈判，以使对方始终处于几方相互竞争的环境中。

有时候，对方实际上并不存在竞争对手，但谈判者仍可巧妙地制造假象来迷惑对方，以借此向对方施加压力。

实例 4-7

发生在巴拿马运河的谈判故事

美国开凿巴拿马运河的初期谈判中,谈判的一方是美国,另一方是法国巴拿马运河公司。谈判的焦点是美国应该付给这家法国公司多少钱才能取得开凿巴拿马运河的权力。这家法国公司虽然已开凿失败,但它在巴拿马运河却拥有一笔数量可观的资产,其中包括:3万英亩土地、巴拿马铁路、2 000幢建筑物、大量的机械设备、医院等。法国人估价1亿多美元。他们开价1.4亿美元,而美国人的开价仅仅2 000万美元,二者相距甚远,经过双方磋商,分别让步到1亿美元和3 000万美元,但谈判到此就停了下来。

美国人的战略是声称另找一块地方挖运河,他们选中了尼加拉瓜,美国众议院宣布考虑支援开凿尼加拉瓜运河。精明的法国人摸透了对方想要一条运河来沟通两大洋的迫切心理,而且也料到了美国会用尼加拉瓜运河来与巴拿马竞争,于是也耍了一个花招,暗示法国也同时与英国和俄国人谈判,以争取英俄的贷款继续运河的开凿。双方相持不下。

不久,法国人获得了一份美国有关委员会给总统的秘密报告,报告中虽然肯定了巴拿马运河的优越性,然而提出购买的费用过高,不如实施尼加拉瓜方案。这份情报让法国人的信心动摇了,他们忧心忡忡地另做评估。正所谓"福无双至,祸不单行"。不久,法国内部又爆发了一场危机,巴黎公司的总经理因故辞职不干,股东大会乱作一团:卖给美国人吧,什么价钱都可以接受!于是一夜之间,法国的报价骤跌至4 000万美元,落入了美国实际可接受的范围。①

3. 虚张声势策略

在有些谈判中,双方在一开始都会提出一些并不期望能实现的过高的要求,随着时间的推移,双方再通过让步逐渐修正这些要求,最后在两个极端之间的某一点上达成协议。谈判者可能会将大量的条件放进议事日程中,其中大部分是虚张声势,或者是想在让步时给对方造成一种错觉,似乎他们已做出了巨大牺牲,但实际上只不过舍弃了一些微不足道的东西。

过分的要求并不一定表示实力的强大,但却可能动摇对方的信心,迫使其修改自己的期望,并降低自己的目标和要求。

4. 各个击破策略

如果对方的谈判班子由几个成员构成,成员之间必然会存在理解力、意见及经验等方面的差异,这些差异可能在开始表现得并不明显,然而只要存在极小的差异,就可能会被扩大。利用对方谈判人员之间不一致的方面来分化对手,重点突破,这就是所谓的各个击破。其具体做法是,把对方谈判班子中持有利于本方意见的人员作为重点,以各

---

① 资料来源:实用文库编委会. 实用谈判技法大全[M]. 北京:电子工业出版社,2008.

种方式给予鼓励和支持，与之结成一种暂时的无形同盟，反之则采取比较强硬的态度。如果与你谈判的是由几方组成的联盟，你的对策就是要使联盟的成员相信，你与他们单个之间的共同利益要高于联盟成员之间的利益。

5. 吹毛求疵策略

吹毛求疵策略也称先苦后甜策略，它是一种先用苛刻的虚假条件使对方产生疑虑、压抑、无望等心态，以大幅度降低对手的期望值，然后在实际谈判中逐步给予优惠或让步。由于对方的心理得到了满足，便会做出相应的让步。该策略由于用"苦"降低了对方的期望值，用"甜"满足了对方的心理需要，因而很容易实现谈判目标，使对方满意地签订合同，己方从中获取较大利益。

实例 4-8

总是有"缺陷"的冰箱

有一位叫沃克的人到商场欲买一台冰箱。售货员指着他要买的冰箱说，这种冰箱售价为 489.95 美元一台。

沃克说："可这冰箱外表有点小瑕疵！你看这儿。"

售货员说："我看不出有什么瑕疵。"

"什么？"沃克不满地说，"这一点小瑕疵，似乎是个小划痕。商场里有瑕疵的货物通常不都打点折扣吗？"

没等售货员回答，沃克又问："这种型号的冰箱一共有几种颜色？"

售货员答道："32 种。"

"可以看看样品册吗？"沃克问。

"当然可以。"售货员说完立刻拿来了样品册。

"店里现货中有几种颜色？"

售货员回答道："共有 20 种。请问，您看中了哪一种？"

沃克指着样品册中的一种答道："这种颜色与我的厨房颜色非常相配，而其他颜色都显得达不到这种效果，不过，我留意过了，非常遗憾的是你们现货中没有这种颜色。颜色不搭配，而价格却那么高，这很不合情理，如果不能调整一下价格，我只得考虑去别的商场看看了。我想，别的商场可能会有我喜欢的这种颜色。"

沃克说完，又打开箱门看了看，问道："这冰箱附有制冰器？"

售货员赶忙答道："是的。这个制冰器一天 24 小时都可以为你制造冰块，一小时只需花 2 分钱的电费。"售货员满以为沃克会对这个答案很满意，不料，沃克却说道："这太不巧了，我的孩子有慢性喉头炎，医生说最好不要吃冰。你可以帮忙把这个制冰器拆掉吗？"

售货员只好答道："制冰器无法拆下来，它与门是连在一起的。"

沃克又刁难道："我知道了，但是这个制冰器对我的确没有用处，却要我为此付钱，这不是令人无法接受吗？你看，你们的冰箱有这么多缺陷，为什么价格不能便宜点呢？"售货员终于禁不住沃克的"无理取闹"，做出了让步。

6. 积少成多策略

积少成多策略也称挤牙膏策略，就是一点一点地迫使对方妥协，使谈判朝有利于己方的方向发展。其基本做法是不向对方提出过分的条件，而是分多次，从不同的侧面向对方提出一些似乎微不足道的要求。随着时间的推移，对方可能会做出一系列小小的让步，到最后才发现，实际上他已做出了极大的让步。

运用这种策略，有时会使对方在不知不觉中就放弃了自己大量的利益。这也提醒我们，在讨价还价过程中，任何急于求成或表现豪放的做法都是不明智的。

实例 4-9

艾科卡的谈判策略

艾科卡当年在接手濒临破产的克莱斯勒公司后，感到必须压低工人的工资，以降低成本。他首先把高级职员的工资下调了10%，自己以身作则，年薪从36万美元减为10万美元。随后，他毫不客气地对工会领导人说："17美元一个钟头的活有的是，20美元的一件也没有。现在就好比我用手枪对着你们的脑袋，你们还是明白点的好。"

工会领导人并未答应艾科卡的要求。为此，双方僵持了有一年之久。最后，形势显然已不能再拖了，艾科卡于是发出了最后通牒。在一个冬天的晚上，艾科卡找到了工会谈判委员会，对他们说："在明天早晨以前，你们非做出决定不可。如果你们不帮我的忙，我也叫你们好受不了，明天上午我就可以宣布公司破产。你们还可以考虑八个钟头，怎么办好，随你们便。"最后，工会答应了艾科卡的要求。

7. 最后通牒策略

最后通牒是谈判者以退为进，用中止谈判等理由来迫使对方退让的一种策略。在谈判双方的目标差距很大而又相持不下时，谈判一方向对方发出最后通牒，告诉对方"这是我们的最后报价"，或者向对方声明"谈判即将破裂"，往往能迫使对方做出某些让步。

在商务谈判中，谈判者固执地坚持自己的立场和观点，往往出于他们对未来所持有的希望。正是因为他们期待出现更好的结果，他们才不愿在现在就做出让步，一旦意识到不做退让就无法将谈判继续下去，他们的立场是会发生某些变化的。

运用最后通牒策略应该注意以下几个问题：

① 本方的谈判实力应强于对方，该项交易于对方的重要性超过本方；

② 谈判人员已使用过其他方法，但效果均不理想，最后通牒成为本方最后的唯一选择；

③ 本方确实已把条件降到了最低限度；

④ 在经过旷日持久的磋商之后，对方已无法承担失去该项交易而造成的损失，已经到了非与本方达成协议不可的地步。

4.3.3 阻止对方进攻的策略

在商务谈判中，任何一方都可能受到对方的攻击，承受各种直接或间接的压力，或者在对方的逼迫下，或者是在无意识中做出某些让步。让步是必需的，没有适当的让步，谈判就难以继续下去。但是，一味地让步又会直接损害本方的利益。因此，在对方的进攻面前，谈判者应善于运用有关策略构筑起有效的防线，以保护自己的利益。

援引极限是一类常用的谈判策略，用来控制谈判的范围。从某种意义上讲，资源确实有其极限，但在大多数情况下，引用极限的目的是使对方处于不利的地位，限制对方采取行动的自由。典型的极限控制策略包括权力极限策略、政策极限策略、财政极限策略等。

1. 权力极限策略

权力极限策略是利用控制本方谈判人员的权力来限制对方的自由，防止其进攻的一种策略。谈判者的权力是在其职责范围内的支配力量。美国谈判专家赫本柯思则把权力定义为"达成事物的涵容力或能力"。显然，谈判者拥有的权力支配着他的行为，权力的大小直接决定了谈判者可能的决策范围与限度。在权力有限的情况下，对方的讨价还价只能局限在本方人员权力所及的范围与限度之内，任何试图超出这一范围与限度去谋求更多利益的努力，都将是徒劳的。

如果你告诉对方："我没有权力批准这笔费用，只有我们的董事长能够批准，但目前他正在非洲进行为期两个月的狩猎旅行，无法与他联系。"那么，对方立刻就会意识到，在这一事项上要求你做出让步将是绝不可能的了。

有些谈判者对加于他们身上的种种限制多有微词。其实，应当烦恼的不该是你而是对方。受到限制的权力，是用来阻挡对方进攻的坚固盾牌，权力有限恰恰意味着力量的无限。当然，这种策略只能在少数几个关键时刻运用；使用过多，对方会认为你缺乏诚意，或没有谈判的资格而拒绝与你作进一步的磋商。

实例 4-10

应该同谁谈

你正在一家家具店选购沙发，结果看中了其中一个标价 2 999 元的双人沙发。你要求售货员打折扣，但得到的回答是："这是刚刚降价之后确定的价格，根据店里的政策，价格是没有多少研究余地的。"在这种情况下，你应该怎么办？

（1）要求见经理。
（2）接受售货员的话。
（3）再向售货员施加压力以求降价。

2. 政策极限策略

这是本方以企业在政策方面的有关规定作为无法退让的理由，阻止对方进攻的一种策略。这一策略与权力极限策略如出一辙，只不过用于限制对方行动自由的不是权力，而是本方所在企业的政策。通常，每一个企业都制定有一些基本的行为准则，这些政策性的规定对企业的生产经营活动具有直接的约束力，企业的谈判人员也必须以此来规范自己的行为。既然谈判者不能偏离企业政策的要求来处理他所面临的问题，那么，对方就只能在本企业政策许可的范围内进行讨价还价；否则，其要求便无法得到满足。

3. 财政极限策略

这是利用本方在财政方面所受的限制，向对方施加影响，以达到防止其进攻目的的一种策略。比如买方可能会说："我们非常喜欢你们的产品，也很感谢你们提供的合作，遗憾的是，公司的预算只有这么多。"卖方则可能表示："我们成本就这么多，因此价格不能再低了。"如此等等。

向对方说明你的困难甚至面临的窘境，往往能取得比较好的效果。在许多情况下，人们对弱者抱有怜悯与同情之心，并乐于提供帮助，使他们能够实现自己的愿望。当对方确信根据你目前的财政状况，已经难以做出更多让步时，他可能会放弃进一步发动攻势的想法，而立即与你达成一项"皆大欢喜"的协议。

4. 先例控制策略

所谓先例，是指过去已有的事例。引用先例来处理同类的事物，不仅可以为我们节省大量的时间和精力，缩短决策过程，而且还会在一定程度上给我们带来安全感。在商务谈判中，谈判的一方常常引用对他有利的先例来约束另一方，迫使其做出不利的让步。在这种情况下，谈判者就必须采取一些控制措施，以遏制对方的进攻。

谈判中先例的引用一般采用两种形式。一是引用以前与同一个对手谈判时的例子。比如，"以前我们与你谈的都是三年租借协定，为什么现在要提出五年呢？"二是引用与他人谈判的例子。如"既然本行业的其他厂商都决定增加20%，你提出的10%就太低了。"

先例控制的目的在于消除对方欲强加给你的种种限制，从而保护本方的合理利益。当对方使用该策略时，你应该向对方说明，他所引用的先例是一种与目前的谈判无任何关系的模式，因为环境或者某些条件的变化，已经使以往的模式变得不再适用。你还可以告诉对方："如果答应了你的要求，对我们来说等于又开了一个先例，今后我方对其他客商就必须提供同样的优惠，这是我方所无法负担的。"至于这次的所谓"先例"是真是假，对方是无从考察的。

5. 疲劳战术

在商务谈判中，有时会遇到一些锋芒毕露、咄咄逼人的谈判对手。他们以各种方式表现其居高临下、先声夺人的挑战姿态。对于这类谈判者，疲劳战术是一个十分有效的策略。这种战术的目的在于通过许多回合的拉锯战，使这类谈判者疲劳生厌，以此逐渐磨去锐气；同时也扭转了己方在谈判中的不利地位，等到对手筋疲力尽、头昏脑胀之时，己方即可反守为攻，促使对方接受己方的条件。

如果你确信对手比你还要急于达成协议，那么运用疲劳战术会很奏效。采用这种战术，要求己方事先有足够的思想准备，并确定每一回的战略战术，以求更有效地击败对方的进攻，争取更大的进步。

上面分析了磋商阶段常用的一些谈判策略。这些策略的分类是相对的，并没有固定不变的绝对标准。在运用这些策略时，应该综合考虑实力、环境、竞争等各种因素，在此基础上做出正确的选择。

4.4 谈判僵局处理的策略

谈判进入实际的磋商阶段以后，谈判各方往往由于某种原因而相持不下，陷入进退两难的境地。把这种谈判搁浅的情况称为"谈判的僵局"。僵局之所以会经常产生，其原因就在于谈判各方都有自己的利益，当谈判进展到一定的时期时，谈判各方各自对利益的期望或对某一问题的立场和观点确实很难达成共识，甚至相差甚远，当各自又不愿再作进一步的让步时，就形成了僵局。

妥善处理僵局，必须对僵局的性质、产生的原因等问题进行透彻的了解和分析，以便正确地加以判断，从而进一步采取相应的策略和技巧，选择有效的方案，重新回到谈判桌上。

4.4.1 僵局形成的原因分析

1. 立场观点的争执

在谈判过程中，对某一问题双方坚持自己的看法和主张，并且谁也不愿做出让步时，往往容易产生分歧，争执不下，谈判自然陷入僵局。

▶ 实 例 4-11

在中美恢复外交关系的谈判中，双方在如何表述台湾的问题上发生了争执。中方认为台湾是中国领土的一部分，而美国不想得罪台湾当局，双方谈判代表为此相持不下，绞尽脑汁。最后，在上海公报里，用了"台湾海峡两边的所有中国人"。这种巧妙的提法，双方在观点上的争执得到了缓解，"上海公报"得以诞生。

2. 沟通的障碍

沟通障碍指的是谈判双方在交流彼此情况、观点、合作意向、交易条件等过程中，可能遇到的由于主观与客观原因所造成的理解障碍。

由于谈判双方在谈判时大多通过口头来进行交流，而双方人员的背景、理解能力和出发点都有着或多或少的差异，所以，在交流时常常会因为沟通不充分而产生障碍，进而产生分歧。而当双方如果没有理解这种障碍产生的真正原因，只是因为双方表面上的分歧而僵持不下，谈判自然走进了僵局。在国际商务谈判中，由于谈判双方不同国家的语言、文化、信仰存在较大的差异，往往会在谈判中产生沟通的障碍，进而陷入僵局。

3. 谈判者言行的失当

在商务谈判中，由于谈判人员自身素质的限制，以及对谈判局势的不正确把握，常常会采取一些不当的言行，并激怒谈判对手，从而双方发生分歧甚至争执。如果不更换谈判人员，双方又不进行适当的沟通，双方人员的感情对立将越来越强烈，都不肯作丝毫的让步，从而导致谈判陷入僵局。

4. 外部环境发生变化

谈判中因环境变化，谈判者对已做出的承诺不好食言，但又无意签约，于是采取不了了之的拖延，最终使对方忍无可忍，造成僵局。例如，市场价格突然变化，如按双方原洽谈的价格签约，必给一方造成损失。若违背承诺又恐对方不接受，双方都不挑明议题，形成僵局。

4.4.2 处理僵局的策略

如果谈判者不希望谈判破裂，那么从战术的角度看，谈判者需要懂得处置僵局的一般做法，这对于寻求有利的结果十分必要。这些做法如下。

1. 观点求同存异

由于谈判双方的关系有合作，也有对立，所以在商务谈判中，谈判双方对于某些问题的观点难免不一致。如果一味坚持己方的观点，排斥对方的观点，会令谈判对手无法接受，从而使谈判有陷入僵局的可能。

当谈判人员发现在某一个或几个问题上，双方观点有分歧甚至对立时，不应该马上指责对方，而是应该首先分析分歧问题的重要性。如果该问题并不是谈判的主要问题，则可以尽量淡化这种矛盾，尽快把注意力转移到重点问题上；如果该问题是谈判的主要问题，则应该与对方进行沟通，了解双方观点是否有调和的可能性，即使一时之间难以调和，也应该允许有不同观点的存在，可以将这个问题安排到后面的议程中，希望能够随着谈判的进行自动化解这种矛盾。如果最后还是无法达成一致，则谈判双方应该各自在可以接受的范围内进行让步，力求获得一个双方都能接受的折中方案。

2. 强调双方的利益或损失

在多数的表面冲突中，通过强调业已取得的和潜在的共同利益是促使僵持各方再次走到一起来的战术。有时在讨论具体事件时，谈判者很容易被表面的现象所迷惑，甚至会为了某些与根本利益并无太大关系的问题发生冲突，结果导致真正的共同利益受损。在这种情况下，谈判者适时地向对手指出双方的利益所在，使关注的焦点回到关键的问题上来，是引导僵局出现转机的重要措施。

如果谈判中出现僵局所引起的共同损失比相互间的利益更大，谈判者可以对负面的消极结果进行剖析，引导对方一起进行比较。不过，谈判者在运用这种手段时不要让对方误以为你在威胁他。较好的办法是，抓住要害，避免唠叨，给对方一些思考的时间，这比一味地讲理更有效。

3. 休会策略

无论谈判者是强调双方的共同利益还是强调双方可能的损失，都不要指望对方立刻表态。处在僵局中的人对需要立刻表态的情形十分敏感，因为他们面对的不仅是对方，还有自己内部的质疑和压力。运用好休会战术是一个破解僵局的好办法，这使得双方都有机会反省一下自己先前的决定和判断，也有机会征求周围人的意见。如果是团体之间的谈判，更提供了一个让双方的人员互相沟通的机会，可以对在正式谈判中没有说清楚、不便说清楚、不能够公开说出来的理由进行解释。同时，休会也有利于各方再考虑其他解决问题的途径。最低限度上讲，休会可以起到放松心情的作用，如果主方通过一些会务安排，如让服务生上点水果茶点、分送一些小礼品、播放轻松的背景音乐、介绍一位双方都敬重的权威人士、邀请对方领导人单独出去走走，有助于为恢复谈判创造有利的气氛。

4. 设定底线，威胁退出

设定底线就是有预谋地在议题、议程、时间、地点、人数、级别等谈判因素上设置某些限制，以向对方施如压力。如"我已订好明天下午的返程飞机票，希望能在此之前达成协议。""我们经理出差了，你们只能找副经理商议此事。""看来今天我们只能先讨论这一个问题，因为你们要谈的第二个问题的资料我们没有带来。"在设定底线时必须小心，过分的限制只能迫使对方作出强烈反应。因此，在理智地评价了当前形势，确信所有可以尝试的办法都无法改变谈判僵局时，谈判者方可采取这种威胁的办法。威胁退出分为两步：第一是姿态上的威胁，第二是行动上的实施。如果谈判者宣布退出谈判，至少从形式上说谈判已经结束了，这种办法偶尔也可以作为一种战术，或者说，一种将重启谈判的主动权交给对手的下策。谈判者在绝对确信目前的手段都不可能产生效果之前，切不可轻言退出。

5. 更换谈判人员

很多时候，僵局是由于谈判人员的冲突而产生的。这种冲突可能是由于谈判人员能力、性格、态度的欠缺或不当而产生的，也有可能是为了谈判战术的需要而故意安排的。无论出于哪种原因，此时，如果让与对方产生冲突的谈判人员继续留在谈判桌上，那么对于僵局的解决是没有任何益处的。及时更换与对方产生冲突的谈判人员，不仅可以避免僵局的恶化，防止今后冲突的再度产生，也是向谈判对手主动友好的表示。此时，配合人员的更换，可以借机向对方表示歉意，或者推翻先前的陈词，同时给双方一个台阶，谈判也将因此而恢复。

6. 第三方介入调停或仲裁

谈判中的分歧有时是谈判者自身主观意识的产物，它会因谈判者自设的屏障（如面子、信誉、尊严、政治制度、意识形态的对立、思维方式的差异等）而无法解决。如果谈判者固执己见，人为地强化这种屏障，直接沟通就会发生困难。如果谈判双方在这种情况下既不愿意放弃谈判，又坚持各自的立场时，第三方介入就很有必要。在这种情况下，第三方的介入有助于客观地理解、解释对立各方的观点和立场，有利于传递某些当事人不便于直接传递的信息。因为第三方的介入改变了相互沟通的方式，所以加大了消除各方分歧的可能性；而且第三方通常能够找出顾全各方面子的办法，使谈判者和他们的上级都感到容易接受。

第三方作为调停者和仲裁者，应该是某一方面的权威，具有较强的斡旋能力和丰富的谈判经验，他们的经历和取得的成就能够赢得谈判各方的信任与尊重。

善于利用调停和仲裁的谈判者，可以有效地简化谈判，避免不必要的磋商和由此造成的谈判者精力与时间上的耗费。

上述对调停者和仲裁者作用的描述，是建立在谈判各方对公正调停与仲裁的希望的基础上的。实际上，作为中间人，由于自身的局限性，对事物的看法总会或多或少地带有偏见。如果调停者或仲裁者与各方人际关系并不正常，或已被某一方贿赂、控制、利用，就应当引起谈判者的警觉。假如有充足的理由怀疑调停者或仲裁者的公正性，就应及时而坦率地向对方提出更换调停者或仲裁者的要求。

4.5 结束阶段的谈判策略

对于谈判者来说，如何把握结束谈判的时机，灵活运用某些谈判策略和技巧，做好谈判的收尾工作，同样是决定谈判成败的关键。

4.5.1 谈判结束阶段的主要标志

一般来说，谈判进入结束阶段，往往有以下两个明显标志。

1. 达到谈判的基本目标

经过实质性的磋商阶段，交易双方都从原来出发的立场做出了让步，此时，谈判人员较多地谈到实质性问题，甚至亮出了此次谈判的"底牌"。如果双方都确定在主要问题上已基本达到了目标，谈判成功就有了十分重要的基础，就可以说促成交易的时机已经到来。

2. 出现了交易信号

在谈判的早期阶段，交易各方可能会大量使用假象、夸张和其他策略手段。但谈判进入到将要结束的阶段时，谈判者将会发出某种信号，显示自己的真实主张。当对方收到这样的信号时，他就会明白，在这些主张的基础上有可能达成交易。各个谈判者实际使用的信号形式是不同的。谈判人员通常使用的成交信号有以下几种。

① 谈判者用最少的言辞阐明自己的立场。谈话中可能表达出一定的承诺意愿，但不包含讹诈的含义。

② 谈判者所提的建议是完整的、明确的，并暗示如果他的意见不被接受，只好中断谈判，别无出路。

③ 谈判者在阐述自己的立场、观点时，表情不卑不亢，态度严肃认真，两眼紧紧盯住对方，语调及神态表现出最后决定和期待的态度。

④ 谈判者在回答对方的问题时，尽可能简单，常常只回答一个"是"或"否"，很少谈论论据，表明确实没有折中的余地。

4.5.2 促成缔约的策略

商务谈判是双方谋求一致的过程，在完成最后的签约之前，双方的立场和利益始终存在着一定的分歧。即使在缔约过程中，谈判双方已经达到近乎完全一致的程度，但彼此之间的微小差异仍有被扩大的可能。因此，谈判者应珍惜得来不易的谈判成果，设法促成协议的最后缔结。在缔约阶段，谈判者可考虑运用下述谈判策略。

1. 期限策略

所谓期限策略，是指限定缔约的最后时间，促使对方在规定的期限内完成协议缔结的一种方法。与最后通牒不同的是，期限策略的核心不是设定本方所能接受的交易条件的极限，而是不可逾越的时间界限。当然，期限策略也不同于有意地延长或缩短谈判可用时间的做法。

限定的期限往往会使对方产生沉重的心理压力，迫于此压力，对方常会有种机不可失、时不再来的念头，并成为其采取行动最直接的动因。事实上，在许多谈判场合，谈判双方都是在期限将至时方达成协议的。当双方已接近最后的妥协时刻，有意识地设定谈判的期限，常常能有效地限制对方的选择余地，促成协议的缔结。当然，在运用这一策略时必须注意只有在对方比你更需要达成协议的条件下，你所设定的期限才能达到预期的效果。

2. 最终出价的策略

一般在谈判的结束阶段，谈判双方都要做出最后一次报价，即最终出价。最终出价不应在争吵中提出，而应在具有建设性的讨论中提出，并且要进行合情合理的陈述。谈判者在做出最终出价时，要注意把握如下几个方面。

（1）最后出价，不急表态

在谈判进入收尾阶段，谈判者一定要正确地评估谈判迈向协议的形势，在各种达成协议的条件都具备的时候，才做出最终出价。如果过早地亮出最后一张"底牌"，容易使对方产生得陇望蜀的欲望，对方就可能换个话题，希望得到更多的东西。因此，最好能够在对方做出最后报价之后再亮出自己的最终出价。如果出现双方僵持不下的局面，则应该在最后期限前做出最终出价。这一点，往往是对谈判者耐力的考验，越是关键时刻，越要沉住气，不要急于表态。

（2）最后让步，小于前次

谈判者可以上次的出价作为最后出价，明确地告诉对方"这是我方的最后出价"；也可以再做些让步作为最后出价，这要视谈判的具体情况而定，没有约定俗成的惯例。但值得注意的是，如果不得不再做些让步的话，最后这次让步的幅度一般要小于前次让步的幅度，使对方感到不再有进一步让步的可能。

（3）最后一次，也有条件

即使在做出最后让步时，也不要忘记附加条件。这里的"附加条件"应包含两层意思：一是以要求对方做出某种让步为条件；二是以需经我方决策层批准为条件，这样既为是否兑现让步留下余地，也是为了争得对方的积极回应。

4.5.3 谈判的收尾工作

一项商务谈判活动不管进行多久、多少次，总有一个终结的时候，其结果不外乎有两种可能：破裂或成交。

1. 谈判破裂的收尾

谈判破裂意味着谈判的失败，是谈判双方所不愿发生的事情。但是，谈判破裂又是经常出现的正常现象，其根本原因往往是交易双方的交易条件差距较大，难以通过协商达成一致。当谈判出现这种情况时，谈判人员应注意采用适当的方法正确处理。

（1）正确对待谈判破裂

谈判双方达不成一致协议，往往意味着一方对另一方提议的最后拒绝或是双方的相互拒绝。谈判中的最后拒绝必然会在对方心理上造成失望与不快，因而要将由此而造成的失望与不快控制在最小限度内，尽量使对方在和谐的气氛中接受拒绝，所谓"生意不成仁义在"，双方应含笑握手离开。

（2）把握最后可能出现的转机

当对方宣布最后立场后，谈判人员要做出语言友好、态度诚恳的反应，并争取最后的转机。如在分析对方立场后，可以做以下陈述："贵方目前的态度可以理解，回去后，若有新的建议，我们很乐意再进行讨论。""请贵方三思，如果贵方还有机动灵活的可能，我们将愿陪贵方继续商讨。"这样，对于那种以"结束谈判"要挟对方让步的人网开一面，有时也会使谈判出现"柳暗花明又一村"的局面。

2. 谈判成交的收尾

谈判取得了成果，双方达成了交易，谈判者应该善始善终，做好谈判记录的整理和协议的签订工作。

双方要检查、整理谈判记录，共同确认记录正确无误，在此基础上，双方签订书面协议（或合同）。协议一经签字后就成为约束双方行为的法律性文件，双方都必须遵守和执行。

关键术语

谈判气氛　非正式接触　谈判议程　报价原则　西欧式报价　日本式报价　报价时机　报价差别策略　价格分割策略　心理价格策略　让步模式　对等式让步　互补式让步　软硬兼施策略　制造竞争策略　虚张声势策略　各个击破策略　吹毛求疵策略　积少成多策略　最后通牒策略　权力极限策略　政策极限策略　财政极限策略　先例控制策略　疲劳战术　僵局处理　休会策略

复习思考题

1. 何谓商务谈判策略？策略主要解决的是什么问题？
2. 在谈判开局阶段，谈判者应如何去营造特定的谈判气氛？
3. 报价的先后对谈判行为会产生怎样的影响？
4. 谈判者在报价时应如何处理价格与价值的关系？
5. 报价应遵循哪些主要原则？
6. 报价的方式和策略有哪些？
7. 理想的让步方式有什么特定的要求？
8. 商务谈判中可以采取哪些策略迫使对方退让？哪些策略可以帮助我们有效地阻

止对方的进攻?

9. 谈判僵局的处理有哪些策略?

10. 在谈判结束阶段,有哪些促成缔约的策略?

 案例与训练

一、选择题

1. 你手头有一批货物可供外销。你认为若能卖到 100 000 美元,则感到十分满足。某外商提议以 200 000 美元的现汇购买这批货物,此时,你最明智的做法是什么?

   A. 毫不犹豫地接受该客商的建议
   B. 告诉他一星期后再作答复
   C. 跟他讨价还价

2. 你是某种零件的供应商。某日下午你接到某买主的紧急电话,要你立即赶赴机场去跟他商谈有关向你大量采购的事宜。他在电话中说,他有急事前往某地不能在此处停留。你认为这是你的一个难得的机会,因此在他登机前 15 分钟赶抵机场。他向你表示,假若你能以最低价格供应,他愿意同你签订一年的供需合约。在这种情况下你的做法是:

   A. 提供最低的价格
   B. 提供稍高于最低价的价格
   C. 提供比最低价格高出许多倍的价格,以便为自己留有更大的谈判余地
   D. 祝他旅途愉快,告诉他你将与他的部下联系并先商谈一下零件的价格,希望他回到此地后能与你联系

3. 某单位采购人员正向你厂采购某种机床,这位采购人员表示希望买一台 125 000 元的车床,但他的预算只容许他购买价格不超过 110 000 元的车床,此时你怎么处理?

   A. 向他致歉,表示你无法将该车床的价格压低到他预算所允许的范围内
   B. 运用工厂给你的权力,为他提供特优价
   C. 请他考虑购买价格较低廉的其他型号车床

4. 你是某饮料厂的销售科长,正与某客户磋商供应汽水事宜。该客户要求你厂的汽水每打必须削价 1 元,否则他就改买其他饮料厂不同品牌的汽水。该客户每年向你厂采购汽水 8 000 万打,面对他的要求,你的做法是:

   A. 礼貌地拒绝他
   B. 接纳他的要求
   C. 提出一个折中的解决办法
   D. 表示你可以考虑

5. 你正准备对有意向你购买客车渡轮的客商报价,你将采取的报价方式是:

   A. 在报价单上逐项列明船体、主机、客舱等的详细价格
   B. 在报价单上只粗略地将整船分为若干部分,并标出每一部分的价格
   C. 只报以整船价格,避免分项标价

6. 你是汽车制造厂厂长。某天你突然接到某外国进口商的电报,要你在一个月内

提供 1 000 辆汽车，因为他经销的某种牌子的汽车制造厂倒闭以致无法交货。假定你一个月内能提供 1 000 辆汽车。面对这种情况，你将怎么办？

  A. 立即复电，表示欣然接纳他的订购

  B. 立即复电，表示欣然接纳他的订购，但指明紧急装运的额外开支应由对方负担

  C. 复电指出无法在这样短暂的时间内办妥报关与装运手续，向他致歉

7. 你是一位汽车进口公司的业务员，正与某客商接洽明年的汽车进口事宜。对方提出明年每辆汽车要加价 5 000 元，但对方愿意与你各负担 50%。此时，你的反应是：

  A. 提议对方负担 60%，你自己负担 40%

  B. 拒绝接受加价

  C. 接纳对方加价的意见

  D. 提议对方负担 75%，自己负担 25%

8. 你为处理某桩买卖的纠纷到达深圳，并通知香港客商到深圳面议。但后来你发现对方并非卖主本人，而是他的下属。在这种情况下，你该如何处理？

  A. 坚持要与卖主本人谈判

  B. 问该人是否能够全权代理，而无须征求卖主本人的意见

  C. 以"边谈边看"的方式与该代理人进行谈判

9. 客户不接纳你所开出的价格，但他并不向你提出具体的建议，只是强调你出的价格太高。此时你将：

  A. 拒绝"价格太高"的看法

  B. 要求他提出具体的建议或意见

  C. 问他何以反对你开出的价格

  D. 你自己提出解决问题的方法

10. 你是汽车制造厂商。你最近与一客户经过了艰难的谈判，最后终于达成协议。但在签订协议书之前，该买家又提出了一个最后要求：汽车要漆成红、白两色。这两种颜色正好是你心中准备将要使用的颜色，面对这种"额外"要求，你该怎么办？

  A. 告诉他，如他要求这两种颜色，则他必须付额外费用

  B. 告诉他可以按他的要求办

  C. 问他这两种颜色对他有何重要性

11. 卖方对某成套设备的最低可接纳水平定为 620 万元，但他开价 720 万元，这表示他在整个谈判过程（假定整个过程分成 4 个阶段）中，他最大的减价数额为 100 万元。表 4-2 是 8 种常见的让步方式，你认为哪一种较好？

表 4-2 让 步 方 式

让步方式	第一阶段	第二阶段	第三阶段	第四阶段
1	0	0	0	100
2	25	25	25	25
3	13	22	28	37
4	37	28	22	13
5	43	33	20	4

续表

让步方式	第一阶段	第二阶段	第三阶段	第四阶段
6	80	18	0	2
7	83	17	−1	+1
8	100	0	0	0

12. 有一家客户对你的报价采取这样的反应：你所报的价格太高，在竞争极为激烈的今天，你应该降低你的价格。面对这种反应，你应该采取什么对策？

　　A. 为了得到订单，削价迁就他
　　B. 问他"我的报价到底比别人高出多少？"
　　C. 提议他不如向其他的供应商采购
　　D. 要求他把其他供应商的报价单拿出来看
　　E. 问他到底希望你怎么做

13. 你奉命前往各地拜访客户并争取订单。甲地的客户说"你们的报价太高"；乙地的客户说"你们的定价不切实际"；丙地的客户则告诉你"经销你们的产品赚头太少"，你碰了这些钉子以后怎么办？

　　A. 立即致电工厂，说明现行价格政策很可能有毛病，希望工厂领导马上考虑更动
　　B. 按原计划继续拜访客户及争取订单
　　C. 致电工厂要求削价

14. 三个月前你向非洲某国投标承建某项工程。最近该国通知你，你已得标，但要求你按所投总价减低5%。面对这种情况，你的回答是：

　　A. 同意减价3%
　　B. 同意减价5%
　　C. 向该国提议，只有在改变投标条件下，你才愿意考虑减价
　　D. 拒绝做出任何让步

二、案例思考题

【案例4-1】

　　美国著名的柯达公司创始人乔治·伊斯曼成为美国巨富之后，不忘社会公益事业，捐赠巨款在罗彻斯特建造一座音乐堂、一座纪念馆和一座戏院。为承接这批建筑物内的座椅，许多建造商展开了激烈的竞争。找伊斯曼谈生意的商人无不乘兴而来，败兴而归，毫无所获。

　　正是在这种情况下，美国优美座位公司的经理亚当森前来会见伊斯曼，希望能够得到这笔价值9万美元的生意。伊斯曼的秘书在引见亚当森前，就对亚当森说："我知道您急于想得到这批订货，但我现在可以告诉您，如果您占用了伊斯曼先生5分钟以上的时间，您就完了。他是一个很严厉的大忙人，所以您进去以后要快快地讲。"

　　亚当森被引进伊斯曼的办公室后，看见伊斯曼正埋头于桌上的一堆文件，于是静静地站在那里仔细地打量起这间办公室来。

　　过了一会儿，伊斯曼抬起头来，发现了亚当森，便问道："先生有何见教？"

秘书把亚当森作了简单的介绍后，便退了出去。这时亚当森没有谈生意，而是说："伊斯曼先生，我在等您的时候，仔细地观察了您的这间办公室。我本人长期从事室内的木工装修，但从来没见过装修得这么精致的办公室。"

伊斯曼回答说："哎呀！您提醒了我差不多忘记了的事情。这间办公室是我亲自设计的，当初刚建好的时候，我喜欢极了。但是后来一忙，一连几个星期都没有机会仔细欣赏一下这个房间。"

亚当森走到墙边，用手在木板上一擦，说："我想这是英国橡木，是不是？意大利的橡木质地不是这样的。"

"是的，"伊斯曼高兴地站起身来回答说，"那是从英国进口的橡木，是我的一位专门研究室内橡木的朋友专程去英国为我订的货。"

伊斯曼心情极好，便带着亚当森仔细地参观他的办公室，他把办公室内所有的装饰一件件向亚当森作介绍，从木质谈到比例，又从比例谈到颜色，从手艺谈到价格，然后又详细介绍了他的设计经过。亚当森微笑着聆听，饶有兴致。

亚当森看到伊斯曼谈兴正浓，便好奇地问起他的经历。伊斯曼便向他讲述了自己苦难的青少年时代的生活，母子俩如何在贫困中挣扎的情景，自己发明柯达相机的经过，以及自己打算为社会所做的巨额的捐赠……

亚当森由衷地赞扬他的功德心。本来秘书警告过亚当森，会谈不要超过5分钟，结果亚当森和伊斯曼谈了一个小时又一个小时，一直谈到中午。

最后，伊斯曼对亚当森说："上次我在日本买了几张椅子，放在我家的走廊里，由于日晒，都脱了漆。昨天我上街买了油漆，打算由我自己把它们重新油好。您有兴趣看看我的油漆表演吗？好了，到我家里和我一起吃午饭，再看看我的手艺。"

午饭以后伊斯曼便动手把椅子一一漆好，并深感自豪。第二天，便开始了这场在别人看来十分艰难而他们却显得十分轻松和友好的实质性谈判。亚当森不但得到了大量订单，而且和伊斯曼结下了终生的友谊。

问题：结合本案例，谈谈在谈判的开局阶段应注意运用哪些策略和技巧。

【案例4-2】

有位性急的手表批发商，他经常到农村推销产品。有一次，他懒得多费口舌去讨价还价，他想反正是老主顾了，就照上回的价格差不多就行了。他驱车来到公路边的一家商店，直截了当地对店主说："这次，咱俩少费点时间和唾沫，干脆按我的要价和你的出价来个折中，怎么样？"店主不知他葫芦里卖的什么药，不置可否。他以为店主同意了，就报了一个价。他以为对方一定会高兴，因为他的报价的确比上次优惠得多。报完价，他得意扬扬地问对方准备进多少货，想不到对方回答一个也不要。店主说："你以为乡下人都是傻瓜？你们这些城里来的骗子，嘴里说价钱绝对优惠，实际上未必是真的优惠。"

问题：思考一下，批发商错在何处？

【案例 4-3】

美国科学家爱迪生发明了发报机之后，因为不熟悉行情，不知道能卖多少钱。便与妻子商量，他妻子说："卖 2 万元。"

"2 万元？太多了吧？"

"我看肯定值 2 万元，要不，你卖时先套套口气，让他先说。"

在与一位美国经纪商进行关于发报机技术买卖的谈判中，这位商人问到货价，爱迪生总是沉默不答。商人耐不住了，说："那我说个价格吧，10 万元，怎么样？"

这真是出乎爱迪生的意料，爱迪生当场拍板成交。

问题：爱迪生运用了什么技巧取得了奇妙的谈判效果？

【案例 4-4】

一家果品公司的采购员来到果园，问："多少钱一斤？"

"四块。"

"三块行吗？"

"少一分也不卖。"

目前正是苹果上市的时候，这么多的买主，卖主显然不肯让步。"商量商量怎么样？""没什么好商量的。"

"不卖拉倒！死了张屠夫，未必就吃混毛猪！"

几句说呛了，买卖双方不欢而散。

不久，又一家公司的采购员走上前来，先递过一支香烟，问：

"多少钱一斤？"

"四块。"

"整筐卖多少钱？"

"零买不卖，整筐四块一斤。"

卖主仍然坚持不让。买主却不急于还价，而是不慌不忙地打开筐盖，拿起一个苹果在手里掂量着，端详着，不紧不慢地说："个头还可以，但颜色不够红，这样上市卖不上价呀。"

接着伸手往筐里掏，摸了一会儿摸出一个个头小的苹果：

"老板，您这一筐，表面是大的，筐底可藏着不少小的，这怎么算呢？"

边说边继续在筐里摸着，一会儿，又摸出一个带伤的苹果：

"看！这里还有虫咬，也许是雹伤。您这苹果既不够红，又不够大，有的还有伤，无论如何算不上一级，勉强算二级就不错了。"

这时，卖主沉不住气了，说话也和气了："您真的想要，那么，您还个价吧。"

"农民一年到头也不容易，给您三块钱吧。"

"那可太低了……"卖主有点着急，"您再添点吧，我就指望这些苹果过日子哩。"

"好吧，看您也是个老实人，交个朋友吧，三块二毛一斤，我全包了。"

双方终于成交了。

问题：为什么第一个买主遭到拒绝，而第二个买主却能以较低的价格成交？请从谈判战术上进行分析。

【案例4-5】

有一次，一家日本公司与一家美国公司进行一场贸易谈判。谈判一开始，美方代表便滔滔不绝地向日方介绍情况，而日方代表则一言不发，埋头记录。

美方代表讲完后，征求日方代表的意见，日方代表就像什么都没听到一样，目光迷惘地说："我们完全不明白，请允许我们回去研究一下。"

于是，第一轮会谈结束。几星期后，日本公司换了另一个代表团，出现在谈判桌上，并申明自己不了解情况。美方代表无奈，只好再次给他们谈了一通。谁知，讲完后日方代表仍是说："我们完全不明白，请允许我们回去研究一下。"这样，第二轮会谈又暂告休会。

过了几星期后，日方又换了一个代表团，在谈判桌上再次故技重演。只是在会谈结束时，日方代表告诉美方，回去后一旦有了结果，就立即通知美方。

时间一晃过了半年，日方仍无任何消息，美方感到奇怪，说日本人缺乏诚意。

正当美国人感到烦躁不安时，日方突然派了一个由董事长亲自率领的代表团飞抵美国。在美国人毫无准备的情况下，要求立即谈判，并抛出最后方案，以迅雷不及掩耳之势，逼迫美国人讨论全部细节，使美国人措手不及。最后，不得不同日本人达成一项明显有利于日本人的协议。

问题：日本人运用的是哪种谈判策略？

【案例4-6】

谈判策略的运用

1995年7月下旬，中外合资重庆某房地产开发有限公司总经理张先生，获悉澳大利亚著名建筑设计师尼克·博榭先生将在上海作短暂的停留。张总经理认为，澳大利亚的建筑汇聚了世界建筑的经典，何况尼克·博榭是当代著名的有许多杰作的建筑设计师！为了把正在建设中的金盾大厦建设成豪华、气派，既方便商务办公，又适于家居生活的现代化综合商住楼，必须使之设计科学、合理，不落后于时代新潮。具有长远发展眼光的张总经理委派高级工程师丁静副总经理作为全权代表飞赴上海，与尼克·博榭先生洽谈。既向这位澳洲著名设计师咨询，又请他帮助公司为金盾大厦设计一套最新方案。

丁静女士一行肩负重担，7月25日风尘仆仆地赶到上海。一下飞机，便马上与尼克·博榭先生的秘书联系，确定当天晚上在一家名为银星假日饭店的会议室见面会谈。下午5点，双方代表准时赴约，并在宾馆门口巧遇。双方互致问候，彬彬有礼地进入21楼的会议室。

根据张总经理的指示精神，丁静女士一行介绍了金盾大厦的现状，她说："金盾大厦建设方案是在七八年前设计的，其外观、立面等方面有些不合时宜，与跨世纪建筑的设计要求存在很大差距。我们慕名远道而来，恳请贵公司合作与支持。"丁静女士一边介绍，一边将事先准备好的有关资料，如施工现场的相片、图纸，国内有关单位的原设计方案、修正资料等，提供给尼克·博榭一行。

尼克·博榭在我国注册了"博榭联合建筑设计有限公司"。该公司是多次获得大奖的国际甲级建筑设计公司，声名显赫。在上海注册后，尼克·博榭很快占领了上海建筑设计市场。但是，内地市场还没有深入进来，该公司希望早日在内地的建筑设计市场上占有一席之地。由于有这样一个良好的机会，所以尼克·博榭一行对该公司的这一项目很感兴趣，他们同意接受委托，设计金盾大厦8楼以上的方案。可以说，双方都愿意合作。然而，根据重庆此公司的委托要求，博榭联合建筑设计有限公司报价40万人民币。这一报价令人难以接受。博榭公司的理由是：本公司是一家讲求质量、注重信誉、在世界上有名气的公司，报价稍高是理所当然的。但是，鉴于重庆地区的工程造价，以及中国大陆的实际情况，这一价格已是最优惠的价了。据重庆方面的谈判代表了解，博榭联合建筑设计有限公司在上海的设计价格为每平方米6.5美元。若按此价格计算，重庆金盾大厦25 000平方米的设计费应为16.26万美元，根据当天的外汇牌价，应折合人民币136.95万元。的确，40万元人民币的报价算是优惠的了！

"40万元人民币，是充分考虑了内地情况，按每平方米人民币16元计算的。"尼克·博榭说道。但是，考虑到公司的利益，丁静还价："20万元人民币。"对方感到吃惊。顺势，丁静女士解释道："在来上海之前，总经理授权我们10万元左右的签约权限。我们出价20万元，已经超出了我们的权力范围……如果再增加，必须请示正在重庆的总经理。"双方僵持不下，谈判暂时结束。

第二天晚上，即7月26日晚上7点，双方又重新坐到谈判桌前，探讨对建筑方案的设想、构思，接着又谈到价格。这次博榭联合建筑设计有限公司主动降价，由40万元降为35万元。并一再声称："这是最优惠的价了。"重庆方面的代表坚持说："太高了，我们无法接受！经过请示，公司同意支付20万元，不能再高了！请贵公司再考虑考虑。"对方谈判代表嘀咕了几句，说："介于你们的实际情况和贵公司的条件，我们再降5万元，30万元好了。低于这个价格，我们就不搞了。"重庆方面的代表分析，对方舍不得丢掉这次与本公司的合作机会，对方有可能还会降价，重庆方面仍然坚持出价20万元。过了一会儿，博榭公司的代表收拾笔记本等用具，根本不说话，准备退场。眼看谈判陷入僵局。

这时，重庆此公司的蒋工程师急忙说："请贵公司的张小姐与我公司总经理通话，待我公司总经理决定并给我们指示后再谈，贵公司看这样好不好？"由于这样提议，紧张的气氛才缓和了起来。

7月27日，张小姐等人打了很多次电话，与重庆某公司张总经理联系。在此之前，丁静副总经理已与张总经理通话，向张总经理详细汇报了谈判的情况及对谈判的分析和看法。张总经理要求丁静女士一行："不卑不亢！心理平衡！"所以当张小姐与张总经理通话时，张总经理作出了具体指示。

在双方报价与还价的基础上，二一添作五。重庆某公司出价25万元，博榭公司基本同意，但提出10月10日才能交图纸，比原计划延期两周左右。经过协商，当天晚上草签了协议。7月28日，签订正式协议。

问题：

1. 在谈判过程中，除权力有限策略外，双方主要运用了哪些谈判策略？
2. 如何理解谈判中"有限的权力才是真正的权力"？
3. 在谈判过程中，谈判代表会受到哪些限制？

三、实际应用题

1. 请在各种会面场合，实践建立良好气氛的基本方法，并体会行为的恰当程度。
2. 请利用购物之机到不标价的商场进行下述两项实践：

（1）询价、报价与还价。

（2）以探测货主的临界价格为目的，有意识地使用相关策略与技巧讨价还价。

3. 由3～5人组成小组，针对下述购物情景，设计一套谈判策略模式。

小吴的性格有点内向，在校外购物与人讨价还价时总感到难为情，往往是被动地接受对方的高价而成交，使得本来就"囊中羞涩"的钱包更加空瘪。自从学习了"商务谈判"这门课，小吴开始对谈判活动有了信心。这一次，小吴需要一件过冬的羽绒服，考虑价格因素，他决定到集市的服装摊上去购买。但他也知道这里的价格弹性很大，能否以合理的价格买到合适的服装很难说，商贩们在市场上整天与人"谈判"做交易，相比较于他这个没有多少经验的学生来说，他们恐怕要精明得多。不过，小吴仍很自信，他想只要事先设计出一套谈判策略的模式，到时就可以以不变应万变，应对自如了。

请你的小组为小吴设计出一套购物时的谈判策略模式。

4. 由3～5人组成小组，针对下述销售情景，设计一套谈判策略模式。

陈文大学毕业后自己创业，在家人和朋友的帮助下开了一家商贸有限公司，代理各种品牌的建筑装修（装饰）材料的销售。日常工作中，陈文几乎每天都在与大大小小的客户打交道，与他们就产品交易条件展开谈判。因此，如何筹划安排谈判活动、如何来报价还价、如何来达成协议，就成了他每天必须要面对的问题。

请你的小组为陈文设计出一套产品销售时的谈判策略模式。

第 5 章

商务谈判思维与沟通

学习目标

通过本章的学习，使学生了解和掌握以下知识点：
◎ 商务谈判的辩证思维
◎ 商务谈判的权变思维
◎ 商务谈判的逆向思维
◎ 商务谈判的诡道思维
◎ 商务谈判的沟通技巧
◎ 有效的口头表达
◎ 非语言沟通
◎ 电话沟通
◎ 网络沟通

5.1 商务谈判的思维方法

"行成于思"，强调了行为的成功取决于思维。如果想把碰运气的成功变成预料中的成功，就必须仰仗思维的方法和艺术。把思维方法和艺术成功地运用到谈判中就可使谈判富有预见性，使成功具有必然性。应该承认具有文化修养的谈判人员均具备一定的思维能力，但要达到"艺术"的境地，就非易事了。因此，必须潜心研究和领会思维中的艺术精华，以便在谈判过程中有效运用。

5.1.1 辩证思维

提高商务谈判思维能力，最重要的是学习辩证思维，以精通各种谈判因素的正确关系，然后才能驾驭谈判中的复杂情况。下面选择一些比较常见的关系因素，略作一些辩证分析。

1. 要求和妥协

谈判既是要求也是妥协。A"要求"是为了要B"妥协",B"妥协"就是为了"要求"A。所以,在任何谈判启动之前必须要准备足够充分的"要求"和"妥协"的条件。如果只有要求而缺乏妥协,所得就小;如果只有妥协而缺乏要求,吃亏就大。如果只准备一点就像车只有一个轮子。

2. 一口价

只要双方同意谈判,就等于否定了一口价,只要坐在谈判桌边,也等于否定了"标准价"。无论拿出印刷的标准价格表,还是某年某月与某人签的合同都不能成为标准价。这些只能当作谈判的工具,价格的幌子,谁承认它们,就等于作茧自缚。只要你不承认,你就自由了,就可以放手谈判;只要放手谈判,就可以讨价还价,改变原价争取谈判后的新价。

3. 丑话

丑话就是申明规则和违规惩罚,讲明道理和要求"无理"赔偿,实际上也就是提前摆出那些与利害相关的话。不敢在谈判中讲丑话是谈判者的一大忌。尤其在熟人、朋友或特殊关系的对手之间,谈合作类的项目,不敢设想或顾虑未来的危机,可能发生的纠纷,怕说出来"伤害感情""不够面子",等等。殊不知讲丑话是谈判的重要内容。丑语不讲透,谈判就未完。隐患未除、尾巴未除,那就真的要"丑""露"了。

4. 舌头和耳朵

美国人称美元、信息和舌头是现代社会三大原子弹。多数人认为谈判是群儒舌战,是口舌之争。其实在整个谈判过程中,耳朵的功能是更加重要的。因为说的前提是思考,而思考的基础是信息,特别是来自对方的陈述信息,所以在商务谈判中,认真听取对方的陈述是头等重要的大事。倾听是谈判中的"从容不迫"策略,学会倾听是学习谈判艺术的第一课。

5. 啰唆与重复

这两者之间能够区分,却容易混淆,啰唆绝不可取,重复却需强调。谈判本身就带有很强的重复性,甚至可以说谈判是最难进行语言沟通的交往活动,所以必须学习重复艺术。重复虽然不涉及新信息,是多余信息的传递,但是传送多余信息可以避免误解,有助于对方理解,给对方一段轻松地舒展思维的时间,并加强其信息接收能力和信息记忆储存。重复有4种层次:一是相同语汇的重复;二是同一种概念善于用不同词语和句子来表述;三是相同的内容可以反复具体地举出新例加以解释;四是善于从不同角度、不同层面,多元思维,概括综合本方的中心议题。后三个层次在口才学上被称为"能动的、聪明的、智能的重复"。

6. 让步中的互相与对等

在商务谈判中,有三种情况:不让步,互相让步,对等让步。好像不让步是不能成立的,其实,在十分不公正、十分不公平的前提下,处于劣势的一方是根本无步可让的;而互相让步又常常被曲解成"对等让步",这种诡辩逻辑是谈判中的"诡道",谈判者必须十分明晰这些分别,万不可落入陷阱。缜密地思考这一对概念是谈判中攻守必备的知识。

7. 说理与挖理

谈判中，不会阐述道理，可以说就不会谈判。准备谈判，就要准备说理。客观存在理由，要善于运用；客观理由不明显，要善于挖掘与发挥，并巧妙地用于进攻或防御。只有以理由开路，谈判才有可能顺利地抵达协议的彼岸。从谈判思维的角度看，说理的过程就是挖掘理由的过程，而"挖掘"的含义包括搜寻、联想、分解、组合、编制、改造、借用、比附、置换、推想等，离开这些"挖掘"，说理也就基本不存在了。

实例 5-1

以对方利益说服对方

戴尔·卡耐基是 20 世纪美国最有影响的沟通大师之一。有一次，卡耐基为了每季度都举行 20 个晚上的演讲，就租了一家饭店的大厅。但不久，卡耐基突然接到那家饭店的通知，告诉他租金要增加 3 倍。可是在此之前他早已公布了通告，就连入场券也已经印制好了。

卡耐基当然不愿意多付租金，但是饭店出于自己利益的需要也不愿收回提高租金的要求。两天后，卡耐基去见了饭店经理，对他说，接到信后，尽管觉得有些意外，但并不怪他。如果自己处于饭店经理的地位，也可能会这样做，因为经理的职责是尽可能使饭店多获利。不过紧接着，卡耐基为经理算了一笔账：涨价使得我们付不起你们要求的租金，我们当然只能另外择地举行，这样你们将得不到我的这笔收入。当然，你们也可以将大厅用于办舞会或开会，短时间内可能会获得更多的利润。不过，你要知道，我的演讲会吸引许多受过良好教育的文化人士来饭店，他们正是你们饭店的潜在顾客。这可是一个极好的广告机会。假如你想在报纸上做广告，每次得花 5 000 元，也不一定能吸引这么多人前来。如果因为涨价使饭店失去了这样的机会，值得吗？

第二天，饭店经理通知卡耐基，租金只涨 15%，而不是原来的 3 倍。

卡耐基丝毫没有提到自己的需要，他一直谈的都是对方的需要，并告诉他如何满足自己的需要，最终却说服了对方。

资料来源：刘鹏宇，吴华. 卡耐基成功智慧经典. 北京，中国时代经济出版社，2002.

8. 谎言的是非功过

谈判中有一种现象，那就是"撒谎"。在开场之后，论战之中、讨价还价之时往往也是谎言"大比拼"的时候。作为谈判伦理，要求"诚实""良好愿望"与"光明正大"；问题是谈判过程中双方的关系与谈判前后双方的关系性质是不同的。在谈判过程中，双方相互试探，相互调整，谎言其实也是一种策略，人们无法将实话、真话和盘托出；谈判的过程就是从虚话走向实话，从假话走向真话的漫长曲折的历程。只要使用者将其控制于"非交易本质"的论述上，对成交的基础不发生根本的影响，也不构成对贸易惯例的实质性的触犯，就无可厚非。因为，这些"谎言"只是在双方争夺的利润区间发挥作用，对交易的本质不产生负影响。在谈判桌上绝不说假话的人，一不可能，二未成人；光说假话的人，一未成人，二不可能。

5.1.2 权变思维

商务谈判中的难题难就难在它不能通过常规程序、常规方法、常规路径、常规策略去解决,而必须使用变换的策略,即所谓"权变思维"。权变思维强调的就是要根据谈判情境的变化,不断变换策略以应对各种复杂局面。

1. 常用策略变换方法

(1) 仿照

对于常规性、规范性或程序性的谈判问题,可以仿照本方已使用过的策略方式或采用别人成功的经验方法。

(2) 组合

对于某些不太棘手但又有一定难度的复杂谈判问题,可以运用谈判基元进行新的组合,其中有仿照也有创新。

(3) 奇谋

对于某些十分棘手、陷入僵局、久拖不决或多方干扰的谈判难题,应运用各种非常态思维方法,筹划奇谋良策,所谓"明修栈道,暗度陈仓",所谓"山重水复疑无路,柳暗花明又一村"都是非常态思维的结果。

2. 策略思维变换的三大原则

(1) 假设性原则

所谓知己知彼,是"知其过去而知其现在,知其过去和现在而知其未来",总之是一种战略或战术预测。凡事预则立,不预则废;一切计划都在假设预测之中。所谓"模拟谈判"就是对假设性原则的高度发挥,但是遗憾地指出,这种非常有用的准备方式却一直为我国的谈判者们所忽视。

有学者指出,整个谈判除了现实外,就是假设。现实与假设构成了整个谈判的思维动力,而假设又是由"万一"和"如果"组成的,它们反映了假设的两个不同的侧面。在谈判各种合同条文时,要考虑"万一"的可能性,在谈判交易条件时,要以"如果"去换"可能"。两者犹如"经纬"相互编织成谈判的逻辑网,疏而不漏,有效地争取一切可能的利益。

(2) 对应性原则

谈判策略要对应不同的对象、不同的内容、不同的时间地点,但对应不完全是"以牙还牙""以眼还眼",对应是"道高一尺,魔高一丈""一切都在我们的掌握之中"。

(3) 变换性原则

实践告诉我们"没有永恒的朋友,也没有永恒的敌人",时间会改变一切,方法会改变一切,一切都会被我们改变。所以,要坚持"策略的变换性原则",不能"以不变应万变""以目的代替方法""一条道跑到黑"。

5.1.3 逆向思维

实例 5-2

霍尔默先生的推销策略

美国房地产巨商霍尔默先生曾经承担了一笔令他烦恼为难的房地产买卖。这块地皮虽然接近火车站，有交通便利的好处；但不利的是，它紧邻一家木材加工厂，经常有电动锯木的声音，一般人很难忍受。

霍尔默尝试了各种方法，对好几位买主竭力宣扬这个地方的优点，掩饰它的弊病，但最终都因他没有如实相告而导致买主拒绝签订合同。为此，霍尔默总结了前几次的教训，经过反复思考和调查了解，又找了一位想购买地皮的买主。这一次，他改变以往的做法，没有向买主掩饰地皮的缺点；相反，他实言相告："这块土地处于交通便利地段，比起附近的土地，价格便宜得多了。当然，这块土地之所以没有高价出卖，是因为它紧邻一家木材厂，噪声比较大。"霍尔默见顾客没有说话，就继续说，"如果您能容忍噪声，那么它的交通条件、地理环境、价格标准，都和您的要求非常符合，确实是您理想的购买之地。"

不久，顾客在霍尔默的带领下到现场考察，结果非常满意。最后他决定把这块地买下来，他对霍尔默说："上次你特别提到了噪声问题，我原来以为很严重。那天我去观察了一下，发现那种噪声对我来说不算什么。我过去住的地方重型卡车来往不绝，可这里的噪声一天总共只有几个小时，而且有车辆经过时门窗并不震动。总之，我很满意。你这个人很老实，要换上别人或许会隐瞒这个事实，光说好听的。你这么如实相告，反而使我很放心。"

逆向思维是为了实现创造过程中的某项目标，以背逆常规现象或常规解决问题的方法为前提，通过逆向思考来实现目标的方法。

在谈判中，谈判者想问题，往往由于对方的诱导，而采取顺向思维，逐渐进入对手设下的圈套。普通的商业行为，由于受思维定势的影响，购买者不善于与卖主讨价还价。如果能换个思维角度，很多问题便会生出新的思路，当买主与卖主谈判时，不要总想着，自己是买东西的人，应该想到自己同时也是"卖东西"的人，自己在售卖自己的"钱"。自己想买对方的商品，卖主也想买你的"钱"呢！这样思想换位，就会加强买主的竞争意识，在谈判中就会处于主动的方面。

谈判中，问题争议是常用的谈判手段，一般有问有答是谈判常规，但由于有些提问本身就使答者陷入被动，比如，一个推销商问一个并不想买他商品的买主："这两样东西，你想要哪个？"在谈判桌上，当问方就签约时间提出："你是上午签字还是下午签字？"这实际上把签字的最后时间都强加给对方了。面对这样的提问可以采取逆向思维法，可以答非所问，也可以以反问代答，避免正面回答而陷入被动。所以逆向思维法是一种克服思维定势、克服思维有形无形框框的方法。

5.1.4 诡道思维

由奇谋的产生过程,不能不研究谈判"诡道思维"的问题。诡道思维有两大方面的特征:一是对游戏规则的突破,用不道德、非正义的手段诈取利益;二是运用诡道逻辑。诡道就是诡诈的谋略手段,常见的表现形式有以下几种情况。

1. 制造错觉

就是制造假象以造成谈判对手认识上的错误和判断上的失误。如"蒋干中计""苦肉计""故布疑阵""声东击西""故意犯错""假痴示癫"等都属于制造错觉以造成对方失误的诡道手段。

2. 攻心夺气

谈判就是心志的角斗,就是心理的抗衡。诡道则以攻心、夺气为伐谋之本,概言之,就是创造条件以使对手心理失衡。常见的诡道技巧有:"卑辞厚礼",如恭维、颂扬、戴高帽、巧吹捧、厚送礼等手段,意在制造对手的自我晕眩、失去正常心志,达到软化其立场的目的;"佯装可怜",如扮演弱者、走投无路、生死攸关、满脸愁容、一病不起、放条生路、"受您滴水之恩必当涌泉相报"等,都是这一诡道的表现。

3. 诡道逻辑

诡道逻辑本质上就是语言的诡辩,即故意违反逻辑规律,为谬论辩解的似是而非的论证。常使用的诡辩手段有"循环论证""机械类比""平行论证""以偏概全""泛用折中"等。

诡道逻辑就是我们平时所说的"诡辩术"。常言道"无理狡三分",说的是那种"明明没有道理,但还像有理一样,振振有词"的情况。其实,许多老练的谈判人员为了摆脱谈判中的困境,常把"诡辩术"当作防卫手段来用。除了极少数谈判人员"胡搅"外,更多的人是作为"有意识的手段"来运用的。对于我国谈判人员来说,文化传统会使我们感到诡辩术的不太"荣誉"的一面,故常常被人斥之为"诡辩",总想使自己的形象更加"完美"。这并不错,但在一场谈判中我们不可能总有道理,也不可能每件议题的内容均全盘托出或全盘认账,除了有认识的问题外,也存在客观能力问题。因此,像西方谈判人员一样,将"诡辩术"作为谈判某个阶段、某个议题的谈判手段之一加以运用是有意义的,问题在运用技巧。

诡辩术的招术均有一个共同的特征:"沾一点边,据一点理。"因为只要有点能"说得出的理",就有可能借题发挥、争取即刻的效果,或平衡对己不利的气氛,避开对手的追击,或拖延摊牌的时间等。尽管由于诡辩的本身并不科学正确,但在对手虽然据理,而又未完全进入"客观、公正"的水平时,这种诡辩术除了"自卫"的功效外,也还有一定的攻击力。例如,我国不少谈判人员在与西方谈判人员谈判时,经常有憋气感觉。从辩论的角度看,我方很有道理。从论战的气氛看,对方一点不弱,可讲的道理让人生气。按我国的文化传统看,"简直是胡搅",可对手似乎"厚脸皮",讲得还蛮有劲,对于你是否看天花板毫不介意。这就是诡辩术的充分运用。它不追求说服,但要求谈判桌上的气势,"有理可说、有话可谈、有条件可讲"。所以,在运用诡辩术时,首要的就是学会:"沾边、找理"。只要充分地考虑了这一点,运用这种技巧就成功了一半。①

5.2 有效的口头表达

在谈判过程中,谈判者通常均借助于多种方式进行信息交换。概括而言,沟通的手段可分为"听""说""读""写"和"做"等几个方面。无论从传递信息、获取信息,还是从建立信任、提高效率等角度来看,掌握这些沟通手段和技巧都是十分必要的。

5.2.1 谈判过程中的听

1. 听的功能与效果

在谈判过程中,听起着非常重要的作用。一方面,听是获取信息的最基本的手段,面对面谈判中大量信息都要靠倾听对方的说明来获得;另一方面,谈判者在谈判过程中对听的处理本身也可以向对方传递一定的信息。认真地听既能向对方表明你对他的说明十分感兴趣,同时也表示了对对方的尊重,从而能够起到鼓励对方作更多更充分的阐述,使己方获得更多信息的作用。

听在沟通中起着十分重要的作用,但人们实际听的效果如何呢?美国学者利曼·史泰尔在其对听的开拓性研究中发现,听是运用得最多的一种沟通能力,也是人们在听、说、读、写等各种沟通能力中最早学会的一种能力。但在美国,人们在这方面所接受的教育与训练却最少(见表5-1)。人们通常在学习读和写之前就开始学习听和说,在学校期间,通常都可以得到说、读和写等方面的教育与帮助,但听却很少引起重视。这种情况在中国及其他许多国家也同样存在。

人们对听不予以足够重视的原因在于:一般情况下,人们始终认为,在沟通的各方面能力中,听是最简单的一种。只要没有语言障碍,就不存在听的问题。但是,事实上,对听的实际效果的研究与人们对听的这种认识却大相径庭。有关研究表明:听对方讲话的人通常只能记住不到50%的讲话内容,而在讲话人所阐述的全部内容中,通常只有1/3是按照原意听取的,1/3是曲解地听取的,另有1/3则完全没有听进去。②

表5-1 各种沟通技能使用和受训练状况

	听	说	读	写
使用	最多(45%)	次多(30%)	次少(16%)	最少(9%)
训练	最少	次少	次多	最多

---

① 樊建廷,干勤. 商务谈判[M]. 大连:东北财经大学出版社,2007.
② 李扣庆. 商务谈判概论:理论与艺术[M]. 上海:东方出版中心,1998.

2. 有效倾听的障碍

谈判过程是一个寻求合作解决双方所面临的问题的过程。积极地听显然是谈判者在与对方沟通过程中应当采取的行为。但是，要完整而又准确地理解对方表达的含义和意图并不容易。在沟通过程中，人们面临着多种有效倾听的障碍：一是当人们与他人讲话时，往往只注意与自己有关的内容，或是只顾考虑自己头脑中的问题，而无意去听对方讲话的全部内容；二是受精力的限制，不能够完全听取或理解对方讲话的全部内容；三是在听对方阐述问题时，将精力放在分析、研究自己应当采取的对策上，因而不能完整理解对方的全部意图；四是人们往往倾向于根据自己的情感和兴趣来理解对方的表述，从而很容易误解或曲解对方的意图；五是听讲者的有关知识或语言能力有限，无法理解对方表达的全部内容；六是环境障碍经常会导致人们注意力分散，听的效率降低。这些障碍不仅是一般沟通中所存在的问题，也是谈判沟通中经常面临的问题。

3. 有效倾听的要则

要实现有效倾听，就要设法克服上述障碍。事实上，由于人们精力状况的限制，谈判者不可能在妥当地回答对方的问题的同时，又一字不漏地收集并理解对方全部表达的含义。因此，听的关键在于了解对方阐述的主要事实，理解对方表达的显在和潜在含义，并鼓励对方进一步表述其所面临的问题及有关想法。要达到这些要求，在听的过程中，把握一些技巧是必要的。

（1）耐心地听

积极有效地听的首要关键在于谈判者在双方沟通过程中必须要能够耐心地倾听对方的阐述，不随意打断对方的发言。随意打断对方发言不仅是一种不礼貌的行为，而且不利于对方完整而充分地表达其意图，也不利于己方完整而又准确地理解对方的意图。

（2）对对方的发言作出积极回应

谈判者在耐心倾听对方发言的过程中，还要注意避免被动地听。谈判过程中沟通的关键在于要达成相互理解。谈判者不仅要善于做一个耐心的听众，而且要善于做富有同情心，善于理解对方的听众。在听的过程中，应当通过适当的面部表情和身体动作，对对方的表述作出回应，鼓励对方就有关问题作进一步的阐述。

（3）主动地听

谈判过程中一个积极有效的听众能认识到"少说多听"的重要价值，但不等于只听不说。在听的过程中，谈判者不仅应当对对方已作出的阐述作某些肯定性的评价，以鼓励对方充分表达其对有关问题的看法，而且要利用适当的提问，加深对对方有关表述的理解，引导对方表述的方向。

（4）做适当的记录

在长时间及较复杂的问题的谈判中，谈判者应考虑对所获得的重要信息做适当记录，作为后续谈判的参考。当然，在做记录前，应当对现场记录是否与有关文化价值观念相冲突有所了解。在某些文化中，人们将听者记录其言论视为对其发言的重视；在某些文化中，人们则将记录视为一种对其不信任的表示。在某些场合，由于讨论的问题的敏感性，人们则不希望对方进行记录。

（5）结合其他渠道获得的信息，理解所听到的信息

听、读和看是谈判者获取信息的三个主要手段。谈判者应当善于把从不同途径、用不同方法获得的信息综合起来进行理解，辨清真伪，判断对方的实际意图。

5.2.2 谈判过程中的说

谈判人员要做到既与对方建立互信关系，同时又要恰到好处地表述己方的思想观点，准确无误地与对方沟通，应注意以下几点。

① 态度诚恳，站在他人角度设身处地地谈问题。在说服他人时，最重要的是取得对方的信任。只有对方信任你，才会正确地、友好地理解你的观点和理由。社会心理学家们认为，信任是对人际沟通的"过滤"。只有对方信任你，才会理解你友好的动机；否则，如果对方不信任你，即使你说服他的动机是友好的，也会经过"不信任"的"过滤器"作用而变成其他的东西。这时候，诚恳的态度就非常必要了。要考虑到对方的观点或行为存在的客观理由，即要换位思考，设身处地地为对方也想一想，从而使对方对你产生一种"自己人"的感觉。这样，对方就会信任你，就会感到你是在为他着想，说服的效果将会十分明显。

② 在陈述过程中要注意概念清晰，尽量使用对方听得懂的语言，尤其对专业术语要用通俗语言解释清楚，防止因语言障碍而影响谈判进程乃至谈判结果。

③ 从原则出发，不拘泥于细节。该明确表达的不要拐弯抹角，不要随意发表与谈判主题无关的个人意见。陈述应尽量简洁，避免由于冗长而使对方反感。

④ 谈判中，当对方要你提供具体数字材料，如价值、兑换率、赔偿额、增长率等，若没有确切的数值或材料，宁可不回答或延缓回答，也不作概略描述，以防给对方可乘之机。

⑤ 肯定性措辞表示不同意。通过强调对手所轻视或忽略的有益之处来替代直截了当地指出对手的错误与不足。

⑥ 陈述只是在表达自己的观点和建议，因此要避免攻击性语言，使陈述带有一定的感情，增加对方的认同感。

⑦ 避免以否定性语言结束会谈。一般而言，结束语宜采用切题、稳健、中肯并富有启发式的语言，并留有回旋余地，尽量避免下绝对性结论。如这样一个常见的说法："今天的会谈进一步明确了我们彼此的观点，并在××问题上达成了一致看法，但在××问题上还需进一步讨论，希望能在下一次会谈中得到双方满意的结果。"

⑧ 注意陈述的语气、语调和语速。同一句话的语气、语调和语速不同，所赋予的含义就不同。比如"您的一番话对我启发很大呀"这样一句话，在谈判中由于语气的不同，可以有赞赏、讥讽、敷衍等意思。在谈判中，通过对方说话的语调，可以发现其感情或情绪的状态。在陈述问题时，要让对方从你的语调中感受到你的坚定、自信和冷静；要避免过于高亢、尖锐或过于柔和、轻细的语调。语速对阐述效果影响也很大，过快对方听不清、记不住；过缓对方会感到拖拉冗长、难辨主次。陈述的语速应快而不失节奏，慢而不失流畅，给人以轻松动听之感。语句之间稍微停顿一下，目光与对方交

流一次再继续的陈述效果颇佳。

专栏 5-1

不同情形下的陈述技巧

欲支持你的论点和立场时：

显示实力——"当然，你知道我们可以同其他的供货商联系。"

掩饰弱点——"我们希望能尽快解决这个问题，但我们并没有时间限制。"

援引先例——"你们的竞争者已经采用过这种办法了。"

欲推迟表明立场时：

先不回答——"是的，我可以告诉你这些数字，不过首先请你再告诉……"

完全回避——"这是一个有趣的问题，但我还想知道，你能告诉我为什么吗？"

欲动摇对方的论点时：

可信度漏洞——"你所说的与你的同事刚才说的似乎不太一致，也许你能澄清……""你方的信息认为，但我方的信息却不是这样。事实上，我方的信息来源告诉我们……"

质疑前提——"你认为……，可你能告诉我这样说的依据吗？"

质疑结论——"你是这样认为的，可你能告诉我你是怎样得出这一结论的吗？"

指出遗漏——"我同意这很重要，可你没有提到……"

夸大弱点——"这很有趣，但我对你的观点不完全信服，就拿……来说吧（指出其最弱的论据）。"

指出后果——"你的结论是正确的，不过先让我们来看一下这对你们的组织将会产生什么影响。"

描绘前景——"接受我们的建议，你就能得到……利益。"

欲向前推进时：

有条件出价——"如果你能改变主意，我准备重新考虑我的要求。"

联系法——"你觉得把 A 和 B 两个问题放在一起考虑怎么样？"

建议休会——"你已经听到了我的建议，也许我们可以休息一会，这样你可以考虑一下我的建议，拿出一个修改方案。"

求助惯例——"上次我同意帮你一把，现在该你了，能否给我们一个更优惠的报价？"

施加压力——"让我们来把这件事敲定，然后讨论对我们双方都更重要的问题。"

欲保留面子或缓和紧张气氛时：

利用幽默——一个小男孩问肯尼迪："总统先生，你是怎样成为战争英雄的？"回答："是不情愿的，他们弄沉了我的船。"

混淆视听——"当你说……时，我以为你是指……。我要是知道的话，我就不会这么说了。"

强调外部环境——"我们想改变主张，因为这件事的外部环境发生了变化。我们的新建议是……"

投桃报李——"如果我们都能稍微修改一下原来的立场，我们就能达成一致。如果你能……，那么我愿意放弃我的……主张。"

特例法——"一般说来，我不能同意这种要求，但考虑到这种特殊情况，我准备特例……"

利用第三方——找调停人，或征求别人的意见。

5.2.3 谈判过程中的提问

1. 提问方式

提问方式有很多种，如引导式提问、证实式提问、探索式提问、澄清式提问、暗示式提问、迂回式提问、反诘式提问，等等。所有的提问方式可以归纳为两种基本的提问方式，即闭合式提问和开放式提问。

（1）闭合式提问

闭合式提问就是为获得特定资料或确切回答的直接提问，又叫确认式或证实式提问，主要目的是确认结果。提问常用的词汇有："能不能""对吗""是不是""会不会"，比如："贵方10天之内能否发货？""您是否认为代为安装没有可能？""您愿意与我们合作来共同做这项业务吗？""您是说贵方同意我方的主张，准备在双边贸易问题上进一步加强合作，对吗？""您的意思是，延缓交货的原因是由于铁路部门未能按时交货，而不是贵方没按时办理托运所致，对吗？"对方的回答一般只能用"对"、"不对"，"是"、"不是"或"能"、"不能"的形式。这种提问方式，单刀直入，直接指向问题的要害，答案比较明确、简单，收集比较明确的信息。

（2）开放式提问

开放式提问是要从对方获得更多、更全面的信息，主要目的是收集信息。这种问题常用的词汇是"什么""告诉""怎么样""为什么""想法""建议""改进"等，比如："您对本方案有何建议？""您觉得哪些方面需要改进呢？""您为什么会有这种想法呢？"开放式提问可以使对方打开自己的心扉，说出自己的想法、感受和顾虑，谈判人员也因此有机会深入到对方的内心世界，获得一些深层次的信息。

实例 5-3

保险推销中的提问

在保险业务谈判中，我们要想了解对方更多的信息，开放式提问尤为重要，举例来说：

我们想了解对方目前的保险合作情况，你如果选择直接询问：

"马先生，您看咱们公司目前跟哪家公司合作呢？费率是多少呢？"（闭合式提问）

对方的答复大多是："这个不方便透漏吧，你们先报个价格吧！"这皮球又踢回来了。

如果换种提问方式，可以这么问：

"马先生，您公司业务规模这么大，一定经常跟我们保险公司打交道吧？你对之前的合作伙伴评价如何？"（开放式提问）

他的答复至少要简单评价一番，哪怕就是说："还不错"，我们也能找到继续了解下去的话题了，比如：

"您看您对我们这边的要求是什么呢？"（开放式提问）

对方接下来的答复就不会简单的"是"与"不是"，而是要长篇大论一番了，只要对方在说，就总能透露不少情报给我们。

又比如，在费率这个核心机密方面，我们不必直接询问对方的费率，如果能了解到对方年投保金额，再了解到他们年保险费，不就可以推算出大概的保险费率了吗！实际上后面两个数据在跟对方聊天中就可以不经意间轻易获得，而不会引起对方的警觉和反感。

表 5-2 不同的提问方式比较

闭合式提问	开放式提问
1. 你在本月底以前可以交货吗？	1. 你什么时候可以交货？
2. 我们是共同验收还是委托买方验收？	2. 验收条件怎么确定？
3. 这是你们的最后价格吗？	3. 你们的价格怎么会是这样的？
4. 这就是你对运输安排的理由吗？	4. 你为什么要这样安排呢？
5. 发动机下方 40 厘米处是这个部件的位置吗？	5. 发动机下方是什么？
6. 你看今天晚上 8 点以前我们见面行吗？	6. 你看什么时候有空？
7. 请你介绍一下压缩机的企业质量标准好吗？	7. 请说说你们的产品情况好吗？
8. 你们产品的噪声能控制在 28 分贝以下吗？	8. 你们产品的噪声大吗？

两种提问方式互相补充，各有所长。闭合式提问的特点是：针对性强，容易控制问题讨论的方向，制造的气氛紧张，节奏较快，给予对方的压力较大，应答受制。开放式提问的特点是：随意性强，对方回答问题的方向难测，气氛缓和，节奏较慢，应答自由。前者大多用于辩论性场合，后者大多用于社交性场合。在谈判中很难说清哪种提问方式更好。比如律师进行盘问，总是设法避免那种不可控回答的提问以达到特定的目的；而公关人员或头脑风暴的主持者常运用开放式提问，以融洽关系，启发思维。

提问时除了善于选择适当的方式外，还应注意提问的言辞、语气和神态，要尊重对方的人格，避免使用讽刺性、审问性和威胁性的提问方式。

2. 提问效果

从提问效果看，还可以把提问分为有效提问和无效提问两类。有效提问是确切而富于艺术性的一种发问。无效提问是强迫对方接受的一种发问，或迫使他消极地去适应预

先制定的模式的一种发问。例如：①

　　①"你根本没有想出一个主意来，你凭什么认为你能提出一个切实可行的方案呢？"
　　②"你对这个问题还有什么意见？"
　　③"不知各位对此有何高见？请发表！"
　　④"这香烟发霉吗？"

　　第①句的提问，是典型的压制性的、不留余地的提问，把对方逼得不知如何回答是好。第②句的提问，是缺乏情感色彩的例行公事式的发问，引不起对方的兴趣。第③句的提问，虽然从表面上看，这种问话很好，但效果很差，十有八九的与会者会半天不出声——高见？谁敢肯定自己的见解高人一等呢？谁好意思开口呢？第④句的提问，是一位顾客在黄梅季节去商店买香烟时，怕香烟受潮发霉随口问的，但他得到的回答是："发霉？请到别处买！"因此，有效的提问要讲究艺术。
　　有效提问艺术寓于下述两个方面。
　　第一，有效提问，必须于"问者谦谦，言者谆谆"的心理氛围中进行。给人以真诚感和可信任的印象，形成坦诚信赖的心理感应，从而使答问者产生平和而从容的感受，达到预期的目的。
　　第二，有效提问必须使用一定的提问模式，即

$$\text{有效提问} = \text{陈述语气} + \text{疑问语缀}$$

根据这一模式，可将"无效提问"的4个例句改为如下方式：

　　①"你能提出一个切实可行的方案，这很好，能先说一说吗？"
　　②"你是能帮助解决这个问题的，你有什么建议吗？"
　　③"不知各位意下如何，愿意交流一下吗？"
　　④"香烟是刚到的货，对吗？"

　　据交际学家们的分析，人们的任一发问，几乎都可化为这种模式，即先将疑问的内容力求用陈述句式表述，然后在陈述句式之后附以一些疑问语缀，与此同时配以赞许的一笑，这样的提问就会"有效"。即使是要对方按照你的意见去做，也要用这一模式提问。如"我知道要做很多工作，可是我们必须在今晚干完它，行吗？"这种提问方式能调动对方回答的积极性，启发对方更深层的智力资源，充分满足对方的"社会赞许动机"，即渴求社会评价的嘉许与肯定的心理。这种"提问"之所以有效，是因陈述句后面加了"疑问语缀"，具有一种向他人征询、洽商、顾及"他尊"的意味，而导致有效。即便是对孩子也如此，试作比较：

---

　　① 潘肖珏，谢承志. 商务谈判与沟通技巧［M］. 上海：复旦大学出版社，2004.

① "伟伟，给叔叔、阿姨唱一首歌！"

② "我家伟伟会唱许多歌，还上了电视，叔叔、阿姨没看到，给叔叔、阿姨唱一首歌好吗？"

第①句是命令式，没有引发社会评价的嘉许与肯定心理，孩子可能僵在那里，就是不唱；第②句是征询式，能引发孩子获得嘉许肯定的表现欲望，有效率极高，幼儿园老师常采用此法。

实例 5-4

据说社会上有一些大龄男青年，好不容易与一位姑娘初恋，多次外出约会，就是难以首次进入饭店、影院，原因之一在于只用一句疑问句："你饿吗？"或"你想看电影吗？"由于初恋，姑娘大多摇头。有一位大龄男青年回家告诉其母，结果母亲教训他："傻瓜，你不能这样说吗——秀娟，现在我肚子饿了，陪我吃点好吗？"结果此诀在大龄男青年中传开，十试九灵！其实，此例就是不自觉地运用了有效的提问模式。

5.2.4 谈判过程中的应答

① 早做准备，以逸待劳。在谈判前，预先假设一些难度较大的问题进行研究，制定详细的应答策略，一旦谈判中出现这类问题，马上可以做出答还是不答或怎样答的反应。

② 对没有弄清对方真正含义的模糊问题，不轻易回答。可采用证实性提问，让对方重复或证实。或要求其引申、补充，或要求其举例说明，直到弄清其确切含义，再作相应回答。比如，对方提出："如果……您将怎么办？"这时，不要轻率地回答我怎么办或不怎么办，最好的回答是："在我回答这个问题之前，我想知道这种条件下的所有事实。"

③ 对难以回答的问题，可采用拖延应答的方法。比如："对不起，我还不大明白您的意思。请您再说一遍好吗？"当对方重述时，或许你已想好了应答办法。又如，1956年美苏高级首脑会谈时，美国总统艾森豪威尔在每次回答前苏联部长会议主席赫鲁晓夫的问题前，都要先询问一下国务卿杜勒斯的想法。赫鲁晓夫为此大感恼火，认为美国总统不是艾森豪威尔，而是杜勒斯。其实，这是艾森豪威尔为赢得时间来考虑应答而采取的策略。

④ 对有些犯忌或事关底牌的问题，想回避它，可以采取迂回隐含的应答方法。

⑤ 对对方的质询一般不应针锋相对地直接反驳，而应先尊重对方的意见，然后再提出不同意见。这样的应答往往使对手更容易接受。比如："是的，您说得不错，我们的轿车是提价了10%，但我们用进口发动机代替了国产发动机，大大提高了轿车的质量。相应地，成本也提高了呀。"

专栏 5-2

提问的背后
——毕业生面试问题解读

就业面试可能是初出茅庐的应届毕业生面临的人生第一次重大谈判。当公司聘用有工作经验的人时，可以依据他以往的工作业绩对其进行评估，而对新近毕业的大学生，则几乎无据可查。许多人事经理将聘用大学生比作将酒存在地窖里赌未来，有些人可以发展成"浓香可口的美酒"，而另一些人则会让人失望。所以专门为应届毕业生设计的面试程序尤为严格，大学生可能会发现针对他们的面试问题往往更尖锐、更隐蔽。机智应对面试问题是成功的关键。

但你不可能为所有的问题都准备好简洁完美的答案。事实上，面试中回答什么不是最重要的，重要的是怎么回答。一位著名公司的总裁说过："你必须带到桌面上来的东西是清楚的口述能力。"因此，了解下面这些专门为应届毕业生所设计的问题背后的真正意图之后，你就可以去准备合适的应答了。

1. "你在今后的五年中要达到什么职位？"

这实际上是"你如何规划自己未来的事业？"这个问题的翻版，几乎所有新手都会落入这个圈套，答道"管理阶层"，以为可以借此表明其雄心壮志。但这必然会引发一系列大多数应届毕业生无法回答的问题：管理阶层的定义是什么？你打算做什么领域的经理？所以，最保险的回答应该先说明你要发展的专业方向并表明你脚踏实地的工作态度。"我的事业计划是将我的精力与专业知识融入我所在的单位需要的地方。因此，我希望在今后几年内，成为一名内行的专业人士，到那时，我的长期发展目标会清晰地显露出来。"类似于这样的应答会使你远远地高于你的同龄人。

2. "我们以前也想从你们学校的毕业生中招人，但都不理想，你有所不同吗？"

这是在检测你的自信心和分析能力。当然，你可以为自己争辩，说你与众不同并极力证明这一点。但你其实并不了解这个问题的原因何在。所以你应该这样回答："首先，我想知道您所碰到的那些人具体有什么问题。"你只有明白了问题所在，才能描述自己如何与众不同；否则，你在应答时可能会被对方以这种方式打断："好了，我聘用这些人之前，人人都自争辩，你也没有说明你到底与他们有什么不同。"

3. "我很想知道你在学校所学的东西中，有哪些可以用于工作当中。"

你的应答中可以涉及一些与工作相关的具体课程，但不能仅此而已，主试人所想听到的是能立即用上的技能，因此要解释清楚校园生活教给你的能力，而不仅仅是一门具体的课程。也就是说，要说明这段经历对你的个人性格所造成的影响。"在我的主课和副课中，我所学的都是最实用的，比如……"然后再列明你的个性品质优势。

4. "你是否感到与别人相处时有困难？"

这个问题意在探明你工作的积极性与服从性，看看你到底是团队中的合格一员，还是一个扰乱本部门工作，使主持人感到难堪的人？你只需用"是"或"否"作答，然后闭嘴即可。

5. "你对哪类职位感兴趣?"

这又是一个试探性的问题,不要直接回答,要表示你服从安排:"我对这些初级岗位感兴趣,可以从中学到公司内外的业务,并给我发展的机会;当我证实了自己的实力之后,可以沿着专业方向或管理方向发展。"

6. "你为什么会喜欢这类工作?"

这是看似简单的问题,一般是为了考察你是否真的理解应聘具体岗位的日常工作内容。你只有在认真研究了这家公司和这个岗位的功能后,方可应答。这就要事先向类似岗位的员工咨询,打听一下其日常工作内容是什么?这个岗位在部门中的作用、对整个公司及为什么他们会喜欢这类工作。这样你才算真正理解了你想要得到的这份工作,而绝大多数应届毕业生并不知道这些。

7. "你觉得用人单位是否需要考虑你在学校时的分数?"

如果你的分数很高,回答显然是"要";如果你的分数并不高,就得多加考虑了:当然,用人单位要全面考虑,要看分数,同时也要考察应聘者的工作积极性和服从性、对开展业务的理解程度以及实际工作经验,总体看来,经历与专业技能要比分数更有价值。"

能通过初试的候选人很多,但只有那些对可能遇到的难题有所准备的人才有可能被选中。因此,即使到了上阵前的最后一分钟也要不停地准备。

5.3 谈判过程中的非语言沟通

5.3.1 非语言沟通的作用

非语言沟通是相对于语言沟通而言的,是指通过身体动作、体态、语气语调、空间距离等方式交流信息、进行沟通的过程。语言专家曼塔必安通过研究发现,提出了一个公式:

沟通时信息的全部表达=7%语言+38%声音+55%肢体语言

这说明对信息的接受者来说,在影响其接受的全部信息中,7%是所使用的言语;38%是讲话的方式,包括声调、音量、修辞手法等;55%是非语言信号,如面部表情、身体姿势等。

人们的面部表情总是在表达一定的信息,如喜欢或不喜欢、感兴趣或没有兴趣等。其中眼睛所传达的信息最多,也最重要。在很多文化中,如在中国和美国,听者与讲话者保持直接的眼光接触被视为对其所阐述的内容较感兴趣,从而也是一种尊重对方的表示;而讲话者与听众之间保持直接的眼光接触,则经常被理解为其有足够的自信,并对其所阐述的内容充满信心,且其所阐述的内容可能较为真实。除了面部表情能够传达大量的信息外,人体的许多动作,特别是习惯性动作,如手势、坐姿、头部的晃动等,也传递着丰富的信息。

人体语言学认为,不仅人的动作、姿势、表情等传递着丰富的信息,而且通过这些信号所传递的信息往往比语言信号所传递的信息更为真实。也正因为如此，在信息传递的过程中，通过不同信号所释放出来的信息就可能存在某些矛盾，从而对谈判者产生不利影响。有鉴于此，谈判者就不仅要善于观察理解不同的非语言信号所传递的信息的含义，结合听和读所获得的信息来作出判断；而且要努力保持自身通过不同信号（说、写和做）所传递的信息的一致性。除此外，在国际商务谈判中，更要注意到不同文化背景下同样的非语言信号所表达的信息及表达同样的信息所采取的非语言信号的差异。

5.3.2 人体语言技巧

非语言沟通方式非常广泛，既包括人体姿势、动作、面部表情、声调等人体语言，也包括衣着、礼物、时间、空间等。作为一名商务谈判者，应该具有丰富的无声语言知识，掌握无声语言技巧，对于洞察对方的心理状态、捕捉其内心活动的蛛丝马迹，进而促使谈判朝着有利于己方的方向发展具有重要意义。以下介绍一些人体语言技巧，它主要是通过眼睛、面部表情、声调、手势和姿势等表现一定思想内容。

1. 眼睛语言

"眼睛是心灵的窗户"这句话道出了眼睛具有反映内心世界的功能，眼睛的功用是能够明确地表达人的情感世界。通过眼视的方向、方位不同，产生不同的眼神，传递和表达不同的信息。在商务谈判中，常见的眼睛"语言"如下。

① 对方的视线经常停留在你的脸上或与你对视，说明对方对谈判内容很感兴趣，想急于了解你的态度和诚意，成交的可能性大。

② 交谈涉及价格等关键内容时，对方时时躲避与你视线相交，说明对方把卖价抬得偏高或把买价压得过低。

③ 对方的视线时时左右转移、眼神闪烁不定，说明对你所谈的内容不感兴趣，但又不好意思打断你的谈话而产生了焦躁情绪。

④ 对方的视线在说话和倾听时一直他顾，偶尔瞥一下你的脸便迅速移开，说明对方对生意诚意不足或只想占大便宜。

⑤ 对方眨眼的时间明显地长于自然眨眼的瞬间时，说明对方对你谈的内容或对你本人已产生了厌烦情绪，或表明对方较之你而产生了优越感乃至藐视你。

2. 表情语言

面部表情在商务谈判的传达信息方面起着重要的作用，特别是在谈判的情感交流中，表情的作用占了很大的比例。

① 表示有兴趣：眼睛轻轻一瞥；眉毛轻扬；微笑。

② 表示疑虑、批评直至敌意：眼睛轻轻一瞥；皱眉；嘴角向下。

③ 表示对己方感兴趣：亲密注视（视线停留在双目与胸部的三角区域）；眉毛轻扬或持平；微笑或嘴角向上。

④ 表示严肃：严肃注视（视线停留在对方的前额的一个假设的三角区域）；眉毛持平；嘴角平平或微笑向下。

⑤ 表示不置可否、无所谓：眼睛平视；眉毛持平；面带微笑。

⑥ 表示距离或冷静观察：眼睛平视，视角向下；眉毛平平；面带微笑。
⑦ 表示发怒、生气或气愤：眼睛睁大；眉毛倒竖；嘴角向两边拉开。
⑧ 表示愉快、高兴：瞳孔放大；嘴张开；眉毛上扬。
⑨ 表示兴奋与暗喜：眼睛睁得很大；眉毛向上扬起；嘴角持平或微微向上。

3. 声调语言

① 对方说话时吐字清晰，声调柔和且高低起伏不大，语气变化的情绪色彩较淡，句尾少有"啊""嗯""是不是"等"语言零碎儿"。这种人大多是文化素质较高、富有谈判经验的业务员。

② 说话时声调忽高忽低、语调较快、语气变化中情绪色彩很浓的对手，大多是刚刚出道的年轻新手，缺乏经验和耐心，不擅长打"持久战"。

③ 吐字含糊不清、语调多用低沉的喉音，说明对方对你谈的内容乃至你本人都不感兴趣甚至厌烦，或者是下意识地向你表示对方的交易优势和心理优势。

④ 说话时"嗯""啊""是不是"等"零碎儿"较多的人，一般都是有多年行政工作经历的国有企业官员。

4. 手势语言

手势是人们在交谈中用得最多的一种行为语言，在商务谈判中常见的手势如下。

① 伸出并敞开双掌，说明对方忠厚诚恳、言行一致。
② 说话时掌心向上的手势，表示谦虚、诚实、屈从，不带有任何威胁性。
③ 掌心向下的手势，表示控制、压抑、压制，带有强制性，这会使人产生抵触情绪。
④ 挠头，说明对方犹豫不决，感到为难。
⑤ 托腮，对方托腮时若身体前倾，双目注视你的脸，意味着对你谈的内容颇感兴趣；若是身体后仰托腮，同时视线向下，则意味着对你谈的内容有疑虑、有戒心，不以为然甚至厌烦。
⑥ 搓手，表示对方对谈判结局的急切期待心理。
⑦ 当彼此站立交谈时，若对方双手交叉于腹部时，意味着对方比较谦恭、有求于你、交易地位处于上风，成交的期望值较高；若双臂交叉、叠至胸前并上身后仰，意味着对方不愿合作或具有优势、傲慢的态度；若倒背双手的同时身体重心在分开的两腿中间，意味着对方充满自信和愿意合作的态度；若背手时做"稍息"状，则意味着戒备、敌意、不愿合作、傲慢甚至蔑视。
⑧ 食指伸出，其余手指紧握，呈指点状，表示教训、镇压，带有很大威胁性。这种行为令人讨厌，在谈判中应尽量避免。

5. 姿态语言

① 一般性的交叉跷腿的坐姿（俗称"二郎腿"），伴之以消极的手势，常表示紧张、缄默和防御态度。

② 架腿。对方与你初次打交道时采取这种姿势并仰靠在沙发背上，通常带有倨傲、戒备、猜疑、不愿合作等意思；若上身前倾同时又滔滔不绝地说话，则意味着对方是个热情且文化素质较低的人，对谈判内容感兴趣。

③ 并腿。交谈中始终或经常保持这一姿势并上身直立或前倾的对手，意味着谦恭、

尊敬，表明对方有求于你，自觉交易地位低下，成交期望值很高。时常并腿后仰的对手大多小心谨慎、思虑细致全面但缺乏信心和魅力。

④ 分腿。双膝分开上身后仰者，表示对方是充满自信、愿意合作、自觉交易地位优越的人。

⑤ 十指交叉、搂住后脑，则显示一种权威、优势和自信。

⑥ 一手支撑着脑袋，则说明对方处于思考状态。

⑦ 对方若频频弹烟灰、一根接一根地抽，往往意味着内心紧张、不安，借烟雾和抽烟的动作来掩饰面部表情和可能会颤抖的手，这十有八九是谈判新手或正在采取欺诈手段。

⑧ 点上烟后却很少抽，说明对方戒备心重或心神不安。

5.4 电话沟通

现代社会，各种高科技的手段拉近了人与人之间的距离，即使远隔天涯，也可以通过现代通信技术近若比邻，比如电话、互联网。相对于互联网，电话与现代人的工作、生活和人际沟通交往更为密切和普及。

电话也是业务伙伴与顾客沟通、联系的重要工具，有时顾客会通过电话粗略地判断你的人品、性格，决定见不见你。很多时候，一笔生意的成败、一场谈判的效果，可能就取决于一个电话。因此，如何让对方从你的电话声音中感受到你的热情友好，留下诚实可信的良好印象，期待见到你本人，学习和掌握基本的电话沟通技巧和礼仪是很有必要的。

5.4.1 电话沟通的准备

1. 电话形象：声音和语言

在双方面谈时，你的身体姿势、面部表情占谈话效果的55%。电话是双方不见面的一种沟通方式，它是通过电话线或电波来传递信息的。因此，你无法通过你的肢体语言来帮助自己传递这种情绪，你只有在语言上下功夫了。如果你的语言和声音尊重对方，礼貌热情，就会给对方留下良好的印象。这就是电话沟通最基本但也是最重要的要求。

无论是拨打电话，还是接听电话，都可以反映出一个人或公司的形象。电话是公司对外交流的一个窗口。一个好的拨打、接听电话过程，传递给对方的是一个好的印象，反之亦然，因此在电话方面无论是拨打或接听，都应该特别注意你的言辞与语气。而且，成功的零售和推荐来自于顾客对你和产品的认同和信任，所以，你在电话中的语言和声音，是否让顾客感觉到了被尊重、被关注，是你能否感染并打动顾客，赢得顾客信任的关键。

需要提醒的是，尽管对方看不到你的表情，但无论是接电话、打电话还是转电话，在拿起电话前，都应该准备好微笑，让每一次电话沟通都带给对方开心和愉快，让每次沟通都有成效。

2. 打电话的时机

与人沟通要换位思考、关注感受。往对方家里打电话，应避开早晨8点钟以前、晚上10点钟以后。往单位打电话谈，最好避开临下班前10分钟。对方不方便接听电话，如在高速路上、吃饭时、有重要的事情时，都不适宜继续谈话。

5.4.2 打电话的技巧

（1）第一阶段：打电话前的准备事项

① 确认对方的电话号码，单位及姓名。

② 准备好纸、笔及相关资料。

③ 写下要说的事情及次序。

（2）第二阶段：打招呼（语言握手）

① 电话通后，要先通报自己的单位或姓名："您好，我是××公司的业务员××。"然后确认对方的名字。

② 礼貌地询问对方是否方便之后，再开始交谈。

③ 如果自己打错了电话，礼貌的做法是发自内心地道歉，可以说："噢，电话打错了，对不起。"默不作声就放下电话会使对方不快。

④ 在给身份地位高的人士打电话时，直呼其名是失礼的，应说："您好，我是××，我想跟×先生谈谈××事情，不知是否方便？"

（3）第三阶段：讲述事由

① 讲述事由要简明扼要，声音和蔼，遵守5W1H原则：WHEN（时间），WHERE（地点），WHO（人物），WHAT（事件），WHY（原因），HOW（怎么做）。

② 简单地重复一遍事由，既重复重点，也要听取对方所谈事情。

（4）第四阶段：结束通话

在通话结束前，表示谢意并道"再见"。如"李先生，谢谢您，再见！"

5.4.3 接电话的技巧

（1）第一阶段：打招呼（语言握手）

① 最完美的接电话时机是在电话铃响的第三声接起来。如果你在电话第一声铃响后接起来，对方会觉得突然；如果你在电话铃响了很多次才接，对方多少有点不悦。

② 无论对方是谁，你都要让对方感到他得到了友好的接待，尽量使用礼貌用语，如："请""请稍等""谢谢""对不起""再见"等。

③ 告诉对方自己是谁，以免对方是误打，或再次询问而浪费时间。

④ 确认对方是谁，然后致意问候："对不起，请问您是哪位？……您好！"

⑤ 拨错号码是常有的事，接到拨错号码的电话，不能一声"错了"，然后重重地挂上电话，要语气温和地告诉对方："您打错了，这是××单位。"

（2）第二阶段：专心聆听并提供帮助

① 放下手头任何事情，左手拿听筒，右手做好记录准备，专心致志地听对方讲的事情。

② 电话旁边放有纸和铅笔，随时记下你所听到的信息。

③ 不要在接听电话的同时做其他事情，如吃东西、打字、阅读资料等。不要让任何事情分散你的注意力。否则是很不礼貌的，对方也很容易觉察到你心不在焉。

④ 如果电话要找的人不在或正在忙着其他事不能抽身，不要只告诉对方不在，或正忙，要告诉对方您想怎样帮助对方，让对方感到你乐于帮助。如："对不起，陈先生现在正在接另一个电话""陈先生出去一会儿，请问我可以帮他留言吗？""我可以让他打电话找您吗？""您可以过五分钟后再打来吗？""如果你愿意的话，请留下你的姓名和电话号码，我让他打电话给您，您看行吗？"等。

⑤ 以请求或委婉的语气，不要以要求的方式让对方提供信息。不要说："你叫什么名字？"或"你的电话号码是什么？"要说："请问我可以知道您的名字吗？""王先生有您的电话号码吗？"

⑥ 转接电话过的程中，要捂住话筒，使对方听不到这边的其他声音。

⑦ 重复和确认是电话沟通中非常重要的技巧之一，以避免误会，或不致遗漏重要的信息等。通话中提及的金额、日期、数字、人名、地址等信息是必须要确认的。

⑧ 如果是顾客的抱怨电话，最忌争辩，最明智的做法就是洗耳恭听，让顾客诉说不满，一边认真琢磨对方发火的根由，找到正确的解决方法，用肺腑之言感动顾客。

⑨ 负责地回答所有问题，如遇不清楚的事情，或说其大意，或请了解情况的人接电话。回答问题不能含糊不清。

（3）第三阶段：结束电话

① 在通话结束前，要让对方感受到你非常乐意帮忙，表示谢意并道"再见"；要等对方放下话筒后，再轻轻放下话筒。

② 在对方还在说话时就挂断电话是很不礼貌的。

5.5 网络沟通

网络沟通是指通过基于信息技术（IT）的计算机网络来实现信息沟通活动，是现代社会交流和沟通的一种新形式。沟通形式多样且在不断发展，当前较为成熟的工具主要有电子邮件、QQ、MSN、微信、微博、IP（网络电话）等。

5.5.1 网络沟通的优势与不足

1. 网络沟通的优势

① 及时性，使工作便利化。网络沟通的及时性，使组织之间的信息能及时传递，提高了工作效率。像国际贸易谈判中通过网络对产品的价格、数量，规格进行沟通，还可以通过图片或者视频更加立体真实地了解产品。

② 降低了沟通的成本。网络大量信息以图、文、声、像的形式免费提供使用，使我们不出门就能了解全世界的事物和动态，还可以与远距离的亲朋好友聊天。企业也可以通过网络和异地的企业进行沟通和合作。

③ 跨平台，易集成。跨平台泛指程序语言、软件或硬件设备可以在多种作业系统或不同硬件架构的电脑上运作。

④ 缩小信息储存空间。网络沟通比传统沟通方式信息含量大，上万份的纸质材料只需一个光盘。

⑤ 不受天气、地域等自然因素的影响。

2. 网络沟通的不足

网络沟通作为交际沟通的一种方式，有一般沟通的问题，也有其特殊问题。

① 沟通信息呈超负荷。网络信息因其容量大，成本低，同时也导致了信息的超负荷，难以辨别和筛选。

② 口头沟通受到限制。网络沟通的便捷性，使得人们习惯了面对电脑敲击键盘沟通，而减少口头表达。

③ 纵向沟通弱化，横向沟通扩张。

5.5.2 电子邮件的礼仪和技巧

电子邮件（E-mail）是一种通过网络实现相互传送和接收信息的现代化通信方式，是一种最重要的职场沟通方式，也是目前使用最广泛的网络交流工具。电子邮件的使用简易、投递迅速、成本低廉、易于保存、全球畅通无阻，使得电子邮件被广泛地应用，它使人们的交流方式得到了极大的改变。

1. 电子邮件沟通方式的特点

① 不受时间的限制。

② 写邮件比起通电话，显得更从容坦然，表达得更充分。可以掩饰语言交流上的弱点，给对方好的第一印象。

③ 因为人们常常选择一个较为轻松的时间接收邮件，所以较少地受到其他事务的干扰，对你的交流可能产生更大的兴趣。

④ 内部沟通使用电子邮件，便于明确责任。如果当面说或者在电话里讲，对方左耳听右耳也许就忘了，许多事情从此"死无对证"。电子邮件存在公司服务器上，白纸黑字，谁也赖不掉。

但是，通过电子邮件沟通的方式不可随便使用。因为电子邮件不如电话和会面更直接。另外，有的客户并不方便及时接收邮件，有时可能会误事。

2. 选择使用电子邮件需要考虑的问题

① 你的沟通是不是有时间性。比如，一个星期后有一个大型的商务活动，你要在这一个星期内与客户建立关系并在这场商务活动中涉及部分业务交往。如果你使用电子邮件与客户进行沟通，有可能客户在商务活动之后才看到邮件，就会延误营销最佳时机。

② 你的客户是不是非常忙。如果你的客户电话常常是忙音或留言录音，你不妨发

一个电子邮件给对方。

③ 你的客户是否难以接近。如果你通过调查了解到对方是个不苟言笑的人，自己的心理承受能力又较弱，可以选择这种方式。

④ 你的语言表达能力是否较弱。如果你不善语言表达，第一次与客户沟通也可以使用电子邮件，而且今后如果事情不是太急，也可以采用这种方式。

⑤ 对方是不是习惯使用电子邮件。有的人虽然在名片上注明了其电子邮件，但可能并不喜欢使用电子邮件。

3. 使用电子邮件技巧

尽管电子邮件在形式上比较自由，是一种方便快捷的媒介，但是绝不能以草率的态度使用它。因为对方可以通过电子邮件来评定你，电子邮件同样是需要礼仪的。

① 完整的电子邮件应包括五部分：写信人、抄送收信人、密送收信人各自的E-mail 地址、标题、称呼、开头、正文、结尾句、礼貌结束语、写信人全名、写信人职务及所属部门、地址、电话号码、传真等。

专栏 5-3

电子邮件的礼仪

电子邮件的礼仪，也是每一位职业人士都应该遵循的日常商务礼仪规范。

1. 必须回复

电子邮件如同通电话，正如你不应该让电话铃声响太久才接听一样。无论对方来信是提问还是问好，你都必须尽快回复。不过，如果你没有经常查看邮箱的习惯，你应该把这种习惯告诉他人。

2. 必须写主题

这是一种职业行为，通常人们会根据主题判断邮件的重要性。一般来说，没有主题的邮件往往会被忽略，到最后才看。因此，通过主题让他人对邮件的内容一目了然，会加快对方回复邮件的速度。

3. 内容简练

写电子邮件切忌长篇大论，应尽量简单明了地表达（Keep It Short and Simple）。

4. 注意礼貌

发送电子邮件必须注意礼貌，用词要得当，以免引起误解或给收信人留下不好的印象。

5. 注意字体

字体大小要适中，不要选择让人难以阅读的字体。中文字体一般为 10～12 号字。此外，如果写英文邮件，特别注意不要全用大写。例如，I WILL CALL YOU TOMORROW. 这句话全用了大写，表示喊叫的语气，大声地对收件人说这句话，显得很没礼貌。正确的表达应该是：I will call you tomorrow.

6. 注意编码

有些语言用不同的客户端会出现乱码现象，中文邮件应该选择 GB 2312 的编码。

7. 保持专业

避免利用工作的电子邮箱发送私人邮件。避免传递无关信件，"Spam"或"Junk mail"（垃圾邮件）是令人厌烦的，所以不要发送对方不感兴趣的邮件。

8. 尊重隐私

有些人并不愿意让他们的邮箱地址出现在其他人的邮件中，所以当群发邮件的时候，要考虑对他人隐私的尊重。

9. 小心使用抄送（CC）/密送（BCC）功能

抄送（CC）是指发送给收件人的同时，也让其他一人或多人收到该封邮件，并且也让收件人知道这种情况。密送（BCC）的功能也差不多，其区别是收件人并不知道你同时也把该邮件发送给了其他人。

10. 小心使用附件功能

信件内容不多时，应该以正文形式发送邮件。发送图片、影像或文字量较多的文档时可以通过附件发送，并且要考虑文件是否超过收件人能接受的空间；同时发送多个文件或比较大的文件时，可以先压缩后再发送。

11. 邮件要署名

与传统信函一样，电子邮件也必须在信件上署名，这是对收件人的一种尊重。

12. 检查语法和错别字

单击发送前要先检查一遍，看看有没有错漏之处。电子邮件发出去就收不回来了，所以必须要谨慎。

② 要有一个明确的主题。电子邮件的标题很重要，要一目了然，尤其是第一次与客户接触，最好在标题中注明自己的姓名，让对方在打开邮件前就有一个印象，便于快速地了解邮件的内容。标题应尽量写得简练些，或是与内容相关的主旨大意。一封信尽可能只针对一个主题，不在一封信内谈及多件事情，以便日后整理。

③ 内容简捷、语句流畅通顺。第一次给客户发送电子邮件，可以比电话沟通多一些内容，但一定不要长篇大论。要简洁紧凑，尽量写短句，不要重复。语言不要求精彩，但语句一定要流畅通顺，尤其注意不要有错别字。

④ 格式规范，内容严谨。营销沟通中的电子邮件一定要按照规范的信函格式来写，不可随意涂鸦。要多使用敬语，避免使用网络缩写文字。署名要真实，不可使用网名。在电子邮件里尽量避免讲笑话和俏皮话。

⑤ 经常浏览收件箱。不管对方是否经常接收电子邮件，作为客户经理每天要浏览自己的收件箱，注意及时查看有无回复邮件，并尽量在第一时间与对方进行深入交流。

⑥ 不过分依赖电子邮件。电子邮件是一种好的沟通和交流方式，但它只是商务沟通过程中的一个辅助性交流工具，不可把它作为唯一的一种方式，也不能借电子邮件逃避一些直接交流。业务谈判或推销活动更多的是通过直接沟通和交流来密切与客户的关系，倾听客户的需求，为客户解决问题。

实例 5-5

一封电子邮件导致的"秘书门"事件

2006年总部设在美国的某国际网络公司北京分部,因公司大中华区总裁 KC Lee 和他的高级女秘书因不当的电子邮件发生激烈争吵,结果导致两人先后被迫离职。此事后来被坪为2006年互联网上十大事件之———"秘书门事件"。

事件的起因很简单。2006年4月7日晚,公司大中华区总裁 KC Lee 回到办公室取东西,到门口才发现自己没带钥匙。此时,他的私人秘书 Tracy 已经下班。Lee 试图联系 Tracy,未果。数小时后,KC Lee 还是难抑怒火,于是在凌晨 1:13,通过内部电子邮件系统给 Tracy 发了一封措辞严厉且语气生硬的"谴责信"。KC Lee 在发送这封邮件时,同即传给了公司几位高官。原邮件是用英文写的。英文表达的语气是比较强烈的,主要内容翻译成中文大致是:

Tracy,在星期二的时候,我刚刚告诉你不要想当然,但是今晚,你想当然地认为我有钥匙而把我锁在办公室外,而我尚有许多未处理的事情在办公室。

从现在开始,你必须在检查完所有你服务的经理们的需求后才可以离开办公室,这包括午餐时间和一直到下班为止,OK?

令 KC Lee 意外的是,Tracy 以一封咄咄逼人的邮件进行回复,并让中国公司的所有人都收到了这封邮件。Tracy 的邮件是直接用中文写的,内容如下:

KC,

第一,我做这件事是完全正确的,我锁门是从安全角度考虑的,北京这里不是没有丢过东西,如果一旦丢了东西,我无法承担这个责任。

第二,你有钥匙,你自己忘了带,还要说别人不对。造成这件事的主要原因都是你自己,不要把自己的错误转移到别人的身上。

第三,你无权干涉和控制我的私人时间,我一天就八小时工作时间,请记住中午和晚上下班的时间都是我的私人时间。

第四,从到公司的第一天到现在为止,我工作尽职尽责,也加过很多次的班,我也没有任何怨言,但是如果你们要求我加班是为了工作以外的事情,我无法做到。

第五,虽然咱们是上下级的关系,也请你注意一下你说话的语气,这是做人最基本的礼貌问题。

第六,我要在这里强调一下,我并没有猜想或者假定什么,因为我没有这个时间也没有这个必要。

这件事在网上被吵得沸沸扬扬,形成了几乎全国所有外企员工都疯狂地转发上述邮件的局面。

网络上对此事的评论五花八门,不同的人从不同角度来评价这件事。从邮件沟通的角度看,本案例确实有几个值得寻味的地方:

(1) KC Lee 在英文邮件中的语气确实很过分,最后对下属采用反问的语气,明显体现一种盛气凌人的姿态。

（2）邮件沟通中，抄送是一种很敏感的做法。KC Lee 把邮件抄送给了公司其他高官，意味着想要向 Tracy 表明这件事没那么简单。

（3）Tracy 的回复也值得考究。一般来说，中方职员在回复上司的英文邮件时，也应选择英文，而 Tracy 选择了中文，似乎有一种对立情绪。

（4）最引起争议的是，Tracy 将措辞强烈的回复邮件抄送给了公司全中国的同事，这个举动彻底将事情闹大了。

资料来源：杜慕群．管理沟通．北京：清华大学出版社，2009．

关键术语

辩证思维　权变思维　逆向思维　诡道思维　诡辩术　有效倾听　有效提问　非语言沟通　电话沟通　网络沟通　电子邮件礼仪

复习思考题

1. 举例说明辩证思维、权变思维、逆向思维在谈判中的运用。
2. 何为"诡辩术"？谈判中是否可以运用"诡辩术"？
3. 有效倾听的障碍有哪些？如何才能做到有效倾听？
4. 提问方式有哪些？如何才能做到有效提问？
5. 何为非语言沟通？为什么说非语言信号所传递的信息往往比语言信号所传递的信息更为真实？
6. 谈谈你曾经遇到过的不符合电子邮件礼仪规范的情况。

案例与训练

【案例 5-1】

汤姆的一次紧张的面谈

汤姆是凯鲁克公司的一名资深职员，多年来勤恳工作，但一直未获晋升。最近经济形势不太好，有传闻说公司即将裁员。今天上午公司总裁史密斯先生突然召汤姆面谈。汤姆心中忐忑不安，觉得凶多吉少，难道是通知自己被解雇的消息？

走进史密斯先生宽敞高大的办公室，汤姆不由得呼吸短促起来，史密斯先生示意他在一张扶手椅中坐下。史密斯先生首先开口："汤姆，你在本公司已任职多年了吧？"

"是的，先生。"

"那么你认为本公司近来表现如何？"

"我想——我想公司目前也许遇上了麻烦，但总会渡过难关的。"

"你在本公司最有价值的经历是什么，汤姆？"

"这个……这个……"汤姆一时不知如何作答。

"呵，汤姆，你今年快到 45 岁了吧？"

"是的，先生，我还可以为公司服务多年。"

"你和同事们相处得很好吧？"

"是的，当然，我们都是老同事了……"

"平时还去桥牌俱乐部吗？"

"怎么？您知道……您也喜欢打桥牌吗？总裁先生？"

"偶尔玩一玩，汤姆，你是否听到传闻，本公司即将裁员？"

"下面有一些风声——不过，总裁先生，这不会是真的吧？"汤姆的声音有些颤抖，扶手椅中的身体更加僵硬了，两只手神经质地紧紧抓住椅子扶手。

"汤姆，今天就谈到这儿吧。再见。"

"再见，先生。"

汤姆沉重的脚步声远去了。史密斯先生想："本来想提拔他任业务助理，现在看来他未必适合做管理工作，不过这倒是一名忠心耿耿的职员，还是让他在目前的岗位上一直干下去吧。"

问题：你认为汤姆在面谈时出于哪些原因表现得不够理想？具体体现在哪些地方？

【案例 5-2】

帕卡伦公司的一次电话交谈

"您好！"

"您好！"

"请问是帕卡伦公司售后服务部吗？"

"是的。"

"请问您是……"

"我是哈里·罗尔斯。我能帮你做什么？"

"罗尔斯先生，我上星期买了贵公司生产的冰箱，今天早上发现它已不能制冷，存放的食品都变质了，气味实在难闻！"

"您肯定没有弄错开关或插销什么的吗？"

"当然！"

"噢……我想是压缩机故障……"

"您能让人来看看吗？"

"24 小时之内维修人员到达。"

"我要求换一台新的冰箱！我已经受够了！"

"我公司的规则是先设法维修……"

"好吧，好吧……我把地址告诉你们……"

"请等一等，我去取纸和笔……好了，请讲。"

"本市西区阿佩尔路 121 号……你记下了吗？"

"当然，噢，先生，您怎么称呼？"

"威廉·詹姆斯。"
"詹姆斯先生，您将发现我们的维修工是一流的……"
"我更希望贵公司的产品是一流的。"
"好吧，再见。"
"再见，祝你走运。"

罗尔斯在电话留言簿上记下："维修部卡特先生：顾客电话，今天西区阿佩尔路127号冰箱故障，请速修理。哈里·罗尔斯"

问题：
1. 罗尔斯的电话交流中有哪些不妥之处？试举出6个方面的问题，并从案例中找出实例。
2. 总结一下打电话有哪些基本准则。

【案例5-3】

泰朗的沟通策略

泰朗在中西部一家专门生产组装零件的制造工厂工作。他的个性沉稳静默，在厂内做组装零件已有八年之久。若干年前，公司为维持与原有厂商的业务关系，开始执行品质改进计划。泰朗参加多种课程及两项计划后，对品质管理的了解更为深入。

三个月前，泰朗的老板唐恩邀他加入征选小组，为公司挑选一家供应商，提供制造组件所需的零件。泰朗加入小组后，负起搜集竞标厂商资料的责任，查明对方是否愿意在得标后精益求精、不断改进。能知己知彼，公司方能给客户提供高品质的零件，争取到好价钱。泰朗加入征选小组后，一直秉持着诚实公正的态度，但是他发觉可能得标的厂商是PD机械厂时，他开始犹豫了，因为他们公司与PD拥有多年业务关系。此外，唐恩与PD的老板私交甚笃。

泰朗逐一查明竞标厂商的品管计划后发现，与其余两家竞标厂相比较，PD并未用心改进品质。显然唐恩在幕后促成此事。泰朗明白，他有必要和唐恩谈谈。泰朗决定，不论如何他都得速战速决。愈早向唐恩表明此事，愈早减轻唐恩对他产生的压力。他可以将自己对竞标厂商的分析呈报给唐恩，但他需要一点时间想好怎么说，以及他对唐恩有何期望。他请唐恩抽出时间，讨论竞标程序的相关事宜。他知道唐恩习惯在下班后稍留片刻，处理未完的公务。因此他特意将交谈时间安排在交班之前，这时厂内剩下的员工不多，不易受到打扰。

泰朗先谢谢唐恩邀他加入征选小组，并补上一句："我知道你和PD机械厂的人相识已久。正因为你们关系匪浅，我才想和你谈些你可能没有察觉的事情。"唐恩好奇地答道："是吗？什么事呢？"

泰朗知道唐恩不喜欢长篇大论，因此他直接切入主题："我将所有可能弄到手的PD品质管理资料都读过了，结论是他们远远落后于其他竞标厂。我认为他们无法稳定地供应我们所需的货，我会将这个看法转达给小组其他成员。在此我先告诉你一声，希望你能明白我这样做的原因。"

当泰朗停下来喘口气时,唐恩突然插嘴,以略带反驳的口吻说:"这倒是件新鲜事,他们一向都做得很好,我想知道你为什么这样认为?"泰朗早知道唐恩会这么问,于是他递上了手中的资料夹。

唐恩将资料逐一看过,又问了许多问题,泰朗不仅尽其所能回答,话题也不敢稍离重点,以期唐恩能了解自己与他交谈的目的。他接着补充说:"如果和他们签约的话,我们将会失去客户,因为我们无法正常供货给客户们。说句老实话,我也很可能丢掉饭碗。这几个星期以来,我一直因为你支持PD竞标而倍感压力,但有一天我突然想到,或许你根本不知道他们和其他竞标厂的比较结果。这也就是我今天要和你谈的理由。"

他们俩又讨论了许多,唐恩也问了一些相关的问题。最后他盯着泰朗说:"你分析得非常好。我必须承认,我看到这样的结果颇为失望,但你没有错,不管在哪一方面都很正确。我不知道PD有这样的问题,我也不爱听到这件事,但是我很感谢你告诉我这么多,我觉得你提出这样的建议十分合理。"

问题:

1. 在泰朗的情况中,为什么事先准备那么重要?为什么他不采取即兴的、非正式的方式向唐恩表示他的关切,因为他们的关系并未明显受到破坏?你觉得这种方法更好吗?为什么?

2. 如果你是泰朗,你希望采用什么样的沟通方式?

3. 想想在交谈中,除了核心信息外,你还希望在沟通上采取哪些关键字眼、句子?写在一张纸上,然后逐一评论,判断它们是否诚恳、直接、明确、机智且不伤人。

第 6 章

国际商务谈判

学习目标

通过本章的学习，使学生了解和掌握以下知识点：
◎ 国际谈判与国内谈判的共性特征
◎ 国际谈判与国内谈判的区别比较
◎ 美洲商人的谈判风格
◎ 欧洲商人的谈判风格
◎ 亚洲商人的谈判风格

实例 6-1

漫长的跨国收购谈判[①]

联想收购 IBM 的 PC 业务，经过长达 13 个月的谈判后最终达成一致。最初的谈判时间是 2003 年 11 月，联想组成了财务总监冯雪征领队的谈判队伍，飞往美国与 IBM 公司人员进行了第一次接触。按照联想副总裁乔松的说法，"那个时候主要是双方的摸底"。

2003 年 11 月到 2004 年 5 月，被看作是联想和 IBM 谈判的第一个阶段，联想谈判小组的主要工作是了解对方情况和提出有关收购的商业方案。联想集团副总裁王晓春透露说，联想的谈判队伍是在不断扩大的。在联想内部，收购所涉及的部门，包括行政、供应链、研发、IT、专利、人力资源、财务等部门都派出了专门小组全程跟踪谈判过程。每个小组由 3~4 名员工组成，总人数达 100 人。在内部谈判团队之外，联想还聘请了诸多专业公司协助谈判。例如，麦肯锡担任战略顾问，高盛担任并购顾问，安永、普华永道作为财务顾问，奥美公司作为公关顾问。

---

① 资料来源：郭芳芳. 商务谈判教程：理论·技巧·实务 [M]. 上海：上海财经大学出版社，2006.

2004年5月到12月6日，从联想方面提出包括收购范围、收购价格、支付方式、合作方式等内容的商业方案开始，谈判进入了艰苦的实质性磋商阶段。一直到12月6日，长达13个月的收购谈判才最终达成协议。

随着经济全球化趋势越来越明显，不仅国家与国家之间的经贸联系不断加强，而且越来越多的企业的经营也在不断趋于国际化。形式多样的国际商务活动，包括不同国家经济主体相互之间商品和劳务的进出口、技术转让、设立独资和合资企业等，日渐成为企业经营活动，特别是以国际市场为主要舞台的跨国公司活动的主要内容。与国内商务活动一样，国际商务活动同样是建立在人与人之间交往基础之上的。有关研究显示，在商务活动过程中，销售人员、企业在各个地区的管理人员、律师及工程技术人员等的50%的工作时间用于各种各样的商务谈判之中，其中大量的是与来自不同文化背景或不同国家的对手之间的谈判，也即国际谈判。

国际商务谈判不仅在国际商务活动中占据相当大的比重，而且具有相当重要的地位。谈判的成功与否直接关系到整个国际商务活动的效果，关系到企业能否在一个新的海外市场建立必要的销售网络、获得理想的合作伙伴、获得进入市场的良好途径等。

国际商务谈判在表现出其重要性的同时，也不断向人们展示出其复杂性。一个国内谈判高手并不必然是一个成功的国际商务谈判专家。要能在国际商务谈判中取得满意的效果，必须要充分理解国际商务谈判的特点和要求。这不仅对那些以国际市场为舞台的企业经营者们来说是必要的，而且对所有参与国际商务活动，希望取得理想效果的人们来说，都是必要的。本章将阐述国际商务谈判的特点和要求，分析介绍一些典型国家和地区人们的谈判特点和风格。

6.1 国际商务谈判概述[①]

6.1.1 国际谈判与国内谈判的共性特征

国内商务谈判和国际商务谈判都是商务活动的必要组成部分。它们是企业发展国内市场和国际市场业务的重要手段。国际商务活动是国内商务活动的延伸，国际商务谈判则也可以视为是国内商务谈判的延伸和发展。尽管国内商务谈判和国际商务谈判之间存在着十分明显的区别，但两者之间也存在着十分密切的联系，存在着许多共性。

1. 为特定目的与特定对手的磋商

国内商务谈判和国际商务谈判同样都是商务活动主体为实现其特定的目的而与特定对手之间进行的磋商。作为谈判，其过程都是一种双方或多方之间进行信息交流，"取"与"予"兼而有之的过程。谈判过程中所适用的大多数技巧并没有质的差异。

---

① 李扣庆. 商务谈判概论：理论与艺术 [M]. 上海：东方出版中心，1998.

2. 谈判的基本模式是一致的

与国内商务谈判相比，国际商务谈判中必须要考虑到各种各样的差异，但谈判的基本模式仍是一致的。事实上，由于文化背景、政治经济制度等多方面的差异，谈判过程中信息沟通的方式、需要讨论的问题等都会有很大的不同，但与国内商务谈判一样，国际商务谈判也同样遵循从寻找谈判对象开始，到建立相应关系、提出交易条件、讨价还价、达成协议，直至履行协议结束这一基本模式。

3. 国内、国际市场经营活动的协调

国内商务谈判和国际商务谈判是经济活动主体从事或参与国际市场经营活动的两个不可分割的组成部分。尽管国内谈判和国际谈判可能是由不同的人员负责进行，但由于企业必须保持其国内商务活动和国际商务活动的衔接，国内谈判与国际谈判之间就存在着密不可分的联系。在从事国际谈判时，必须要考虑到相关的国内谈判的结果或可能出现的状况，反之亦然。

6.1.2 国际谈判与国内谈判的区别

在认识到国际谈判与国内谈判的共性特征的同时，对于要取得国际商务谈判的成功而言，认识到这两种谈判之间的区别，并进而针对区别采取有关措施，是更为重要的。

国际谈判是跨越国界的谈判。如图6-1所示，谈判的根本区别源于谈判者成长和生活的环境及谈判活动与谈判协议履行的环境的差异。

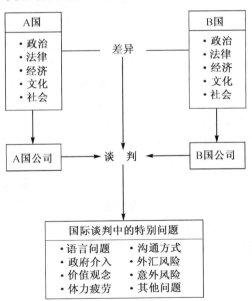

图6-1 国际谈判与国内谈判的差异

国内商务谈判双方通常拥有共同的文化背景，生活于共同的政治、法律、经济、文化和社会环境之中。在那里，谈判者主要应考虑的是双方公司及谈判者个人之间的某些差异。而在国际商务谈判中，谈判双方来自不同的国家，拥有不同的文化背景，生活于不同的政治、法律、经济、文化和社会背景之中，这种差异不仅形成了人们在谈判过程中的谈判行为的差异,而且还将会对未来谈判协议的履行产生十分重大的影响。比较而言,由于上述背景的差异,在国际谈判中,谈判者面临着若干在国内谈判中极少会出现的问题。

1. 语言差异

国内谈判中,谈判双方通常不存在语言差异(谈判者通常均认同并能使用共同的官方语言),从而也就不存在由于使用不同语言而可能导致的相互信息沟通上的障碍。

但在国际谈判中,语言问题及由此而引起的其他问题始终值得引起谈判者的注意。即便是在使用同样语言的国家,如使用英语的美国和英国,在某些表达上仍旧存在着一定的差异。语言差异,特别是在两种语言中都有类似的表达但含义却有很大差别时,以及某种表达只有在一种语言中存在时,极其容易引起沟通上的混淆。如在中国,政府管理企业的方法之一是根据企业经营管理状况及企业规模等评定企业的等级,如"国家一级企业""国家二级企业"等,在美国则没有这种概念,简单地将"一级企业""二级企业"解释为"first class enterprise""second class enterprise",很难让对方理解这种表达的含义,起不到在国内谈判中同样表达所能起到的效果,并且有可能使对方产生误解,如将"二级企业"理解为"二流企业"。在拟定谈判协议时,语言差异问题更值得予以深入地分析和研究。

2. 沟通方式差异

不同文化的人群有其所偏好和习惯的沟通方式。国际谈判中的双方经常属于不同的文化圈,有各自习惯的沟通方式。习惯于不同沟通方式的双方之间要进行较为深入的沟通,往往就会产生各种各样的问题。在高内涵文化国家,如中国、日本等,人们的表达通常较为委婉、间接;而在低内涵文化国家,直截了当的表达则较为常见。高内涵文化的谈判者比较注重发现和理解对方没有通过口头表达出的意思,而低内涵文化的谈判者则偏爱较多地运用口头表达,直接发出或接受明确的信息。来自这两种不同文化的谈判者在进行谈判时,很容易想像的结果是:一方认为对方过于粗鲁;而另一方则可能认为对方缺乏谈判的诚意,或将对方的沉默误解为对其所提条件的认可。

沟通的差异不仅表现为表达方式的直接或间接,还表现为不同国家或地区人们在表达过程中动作语言(人体语言)运用上的巨大差异。有些国家或地区的人们在进行口头表达的同时,伴随以大量的动作语言;而另一些国家或地区人们则不习惯在较为正式的场合运用过多,特别是身体动作幅度较大的动作语言。值得注意的是,与口头和书面语言一样,动作语言同样也表现出一定的地域性。同样的动作在不同的国家或地区可能出人意外地完全不同,甚至会有截然相反的含义。对动作语言认识和运用的差异,同样会给谈判中的沟通带来许多问题。

专栏 6-1

与外国人沟通中特别需要注意的礼仪[①]

在外国人眼中,以下两点是他们最不能接受的某些中国人沟通方面的不良习惯。

---

① 资料来源:上海图书馆. 倾听·悟道. 上海:上海文艺出版社,2007.

1. 说话

中国许多人说话喜欢大嗓门，无论是在哪种公共场所，不管是在汽车、火车或飞机等公共交通工具上，还是在车站、码头或商店等场所，见到熟人打招呼或交谈就喜欢扯着嗓子大声嚷嚷。外国人对此很不能接受。在与外国人交往中，说话要轻，不能像高音喇叭一样，对其他人产生干扰，影响别人的正常活动。

在观看体育或文艺演出、出席会议或有重要面谈时，都需要及时关闭手机，以免影响其他人。在上述重要的公共活动场合，手机铃声不断响起，旁若无人地大声接听是一种不文明的行为，很容易引起外国人的反感。在雅典奥运会的一场击剑比赛中，手机铃声不断响起，当时场上许多地方就响起了"中国人"的喊声，这种行为给中国人丢了脸。所以，在重要的社交场合及时关掉手机是基本的礼仪。

2. 吃饭

中国人好客，有客人在更喜欢多点些菜。最后，吃不了就剩下，浪费掉。其实，世界各国凡是受过良好教育的人都倡导勤俭节约，都认为浪费是一种不文明行为。在与外国人交往中，用餐同样要注意节约，体现出良好的教养。

要注意餐桌上的文明。俗话说，吃要有吃相，吃东西不要发出声音。如果满口含着饭菜咀嚼，还一边说话，不时张开嘴巴让别人看到满口的饭菜，在西方人看来是一种完全不能接受的行为。所以，当口中含满饭菜时，必须闭起嘴巴来咀嚼，想要说话也必须等到食物咽下以后再说。

3. 时间和空间概念的差异

大量研究表明，在不同国家或地区，人们的时间概念有着明显的差异。就谈判而言，有些国家和地区的谈判者时间概念很强，将严格遵守时间约定视为一种起码的行为准则，是尊重他人的表现。如在美国，人们将遵守时间约定看成是商业活动及日常生活中的基本准则之一。比预定时间更早到达经常被视为急于成交的表示，而迟到则会被看成是不尊重对方，至少也是不急于成交的表示。但在一些拉丁美洲和阿拉伯国家，如果这样去理解对方在谈判桌上的行为，则可能很难达成任何交易。那些地区或国家的谈判者有着完全不同的时间概念。

空间概念是与时间概念完全不同的问题。在不同的文化环境中，人们形成了不同的心理安全距离。在与一般人的交往中，如果对方突破这种距离，就会使自己产生心理不适。有关研究表明，在某些国家，如法国、巴西等国，在正常情况下人们相互之间的心理安全距离较短。而一般美国人的心理安全距离则较法国人长。如果谈判者对这一点缺乏足够的认识，就可能使双方都感到不适。

4. 决策结构差异

谈判的重要准则之一是要和拥有相当决策权限的人谈判，至少也必须是与能够积极影响有关决策的人员谈判。这就需要谈判者了解对方企业的决策结构，了解能够对对方决策产生影响的各种因素。由于不同国家的政治经济体制和法律制度等存在着很大的差异，企业的所有制形式存在着很大不同，商务活动中的决策结构也有着很大的不同。以在国内商务活动中习惯的眼光去评判对手，通常就可能会犯各种各样的错误。如在有些国家，企业本身对有关事务拥有最终决策权，而在有些国家，最终决策权则可能属于政府有关主管部门,对方企业的认可并不意味着合同一定能合法履行。而同样是在企业拥有决策权的情况下,企业内部的决策权限分布在不同的国家和地区也会有很大差异。

在注意到不同国家企业决策结构差异的同时,尤其值得注意的是政府介入国际商务活动的程度和方式。政府对国际商务活动的干预包括通过制定一定的政策,或通过政府部门的直接参与,来鼓励或限制某些商务活动的开展。在通常情况下,社会主义国家政府对国际和国内商务活动的介入程度较高,但这并不等于是说资本主义国家的政府不介入企业的国际和国内商务活动。在工业化程度较高的意大利、西班牙及法国,某些重要的经济部门就是为政府所有的。当商务活动涉及国家的政治利益时,政府介入的程度就可能更高。20世纪80年代初跨越西伯利亚的输油管道的建设问题就充分说明了这一点。当时某一美国公司的欧洲附属公司与前苏联签订了设备供应合同,但美国公司及其欧洲附属公司在美国和欧洲国家的政府分别介入的情况下,处于十分被动的局面。美国政府要求美国公司的附属公司不提供建设输油管道的设备和技术,而欧洲国家的政府则要求该公司尊重并履行供应合约。争议最终通过外交途径才得以解决。由于国际商务活动中可能面临决策结构差异和不同程度的政府介入,因而国际商务谈判可行性研究中的对手分析远比国内商务谈判中的有关分析复杂。在某些情况下,谈判者不仅要有与对方企业谈判的安排,而且要有与对方政府谈判的打算。

5. 法律制度差异

基于不同的社会哲学和不同的社会发展轨迹等,不同国家的法律制度往往存在着很大差异。要能保证谈判活动的正常进行、保证谈判协议能够得以顺利实施,正确认识法律制度的差异是不可忽视的。与此同时,一个值得注意的现象是,不仅不同国家的法律制度存在着明显的不同,而且不同国家其法律制度得以遵照执行的程度也有很大不同。美国联邦沟通委员会前主席牛顿·米诺(Newton Minow)的一段戏言颇能帮助人们理解这一状况。根据他的看法,在德国,在法律之下所有的事都是禁止的,除非那些得到法律许可的;在法国,每件事都允许做,除非那些被禁止的;在前苏联,所有的事都是被禁止的,包括那些被许可的东西;在意大利,所有的事都是可行的,包括那些被禁止的。表面看来,这段话显得有些混乱,但其所表明的一层意思却是很容易理解的,即不同国家的法律制度及法律执行情况有着很大的差异。在国际商务谈判中,谈判者需要遵守那些自己并不熟悉的法律制度,同时还必须要充分理解有关的法律制度,了解其执行情况,否则就很难使自身的利益得到切实的保护。

专栏 6-2

关系重心——侧重情感还是侧重理智

在处理人与人、人与事的关系方面,中西方的差异很大,主要表现在面对是非问题时中国人与西方人优先考虑的判断标准不同。台湾学者曾仕强指出,中国人在处理这些问题的思维方式上有个排序,叫"情、理、法",即遇到问题先从感情上去思考,其次才讲道理,最后考虑法律。事实上,我们比较倾向于对人不对事,人对了事情就对了。

只要是好朋友，事情就好办得多。道理和法律是用来为感情服务的。越是向你强调"我这个人说话对事不对人"的，你就越难了解他的真实看法。欧美国家的人遇到上述问题时，思维方式的排序是反过来的，叫"法、理、情"，即对事不对人，人对了事情也不一定对，情是用来为法服务的。

在这样的背景差异下，东西方谈判者在处理特定问题上的态度迥然不同。比如在许多商务活动中，中国人对人际关系看得重；西方人则看重环境制度条件。我们遇到难题时的第一念头也许是"想想有没有认识的熟人"，没有熟人则创造条件也要拉上这种关系；西方人遇到同样的问题时第一念头也许是"我应当从法律中寻求什么帮助"，如果不知道怎么处置，他们会倾向于请教律师、专业人士。

我们对情感和理智的把握往往显现出游移不定的态度，实际上是对伦理道德和法律法规在调整人的行为方面的作用和看法认识不清的结果。理论上说，法律规章是调整人的行为的最低规范；而道德标准，是激励人的行为的最高要求。绝大多数人（无论是自然人还是法人），都是介于二者之间的，他们既没有违法，也没有达到道德所要求的最高境界。据媒体报道，山东有家长期排污的企业，给环境造成了极大的污染，但是这家企业长期捐助困难儿童，政府在讨论要不要整顿关闭它时招来不同议论。就此，厉以宁指出：连法律都不能遵守的企业，当然谈不上道德。

如上所述，在处理是非、纠纷时，中国文化习惯性地回避从法律的角度考虑问题，而是着重于从伦理甚至从情感的角度考虑问题。中国人很重视道德、舆论等对人际关系的调节作用，然而对人际关系的认识和解释又是极其复杂、极不统一的大杂烩。西方人对于人际关系的处理倾向于简单化，对于人际纠纷的处置也习惯采用法律手段，而不甚简单地靠道德、良心的作用。

资料来源：张强. 商务谈判学：理论与实务. 北京：中国人民大学出版社，2010.

6. 谈判认识差异

不同文化中人们对参与谈判的目的及所达成的合同的认识也有很大差异。如在美国，人们通常认为，谈判的首要目的也是最重要的目的是与对方达成协议。人们将双方达成协议视为一项交易的结束，至少是有关这一交易的磋商的结束。而在东方文化中，如在日本，人们则将与对方达成协议和签署合同视为正式开始了双方之间的合作关系。对达成协议的这种理解上的差异直接关系到人们对待未来合同履行过程中所出现的各种变化的态度。根据完成一项交易的解释，双方通常就不应修改合同条件。而若将签署协议视为开始合作关系，则随着条件的变化，对双方合作关系作某些调整是十分合理的。

7. 经营风险的差异

在国内商务活动中，企业面临的风险主要是因国内政治、经济、社会、技术等因素变化而可能导致的国内市场条件的变化。在国际商务活动中，企业在继续面临这种风险的同时，还要面对远比这些风险复杂得多的国际经营风险，包括：国际政治风险，如战争、国家之间的政治矛盾与外交纠纷、有关国家政局及政策的不稳定等；国际市场变化风险，如原材料市场和产成品市场供求状况的急剧变化；汇率风险，如一国货币的升值或贬值等。国际商务活动中的这些风险一旦成为现实，就会对合作双方的实际利益产生巨大的影响,会对合同的顺利履行构成威胁。因此,谈判者在磋商有关的合同条件时,就应对可能存在的风险有足够的认识,并在订立合同条款时,即考虑采取某些预防性措施,如订立不可抗力条款,采用某种调整汇率和国际市场价格急剧变化风险的条款等。

8. 谈判地点差异

在面对面的国际商务磋商中,至少有一方必须在自己相对不熟悉的环境中进行谈判,由此必然会带来一系列的问题,如长途旅行所产生的疲劳、较高的费用、难以便捷地获得自己所需要的资料等。这种差异往往要求谈判者在参与国际谈判时,给予更多的时间投入和进行更充分的准备工作。

6.1.3 国际谈判成功的基本要求

以上分析了国际商务谈判与国内商务谈判的异同。从这一分析中,很容易得出这样的结论,即国际商务谈判与国内商务谈判并不存在质的区别。但是,如果谈判者以对待国内谈判对手、对待国内商务活动同样的逻辑和思维去对待国际商务谈判对手、去处理国际商务谈判中的问题,则显然难以取得国际商务谈判的圆满成功。在国际商务谈判中,除了要把握在前面几章中所阐述的谈判一般原理和方法外,谈判者还应注意以下几个方面。

1. 要有更充分的准备

国际商务谈判的复杂性要求谈判者在谈判之前做更为充分的准备。一是要充分地分析和了解潜在的谈判对手,明确对方企业和可能的谈判者个人的状况,分析政府介入(有时是双方政府介入)的可能性及其介入可能带来的问题。二是研究商务活动的环境,包括国际政治、经济、法律和社会环境等,评估各种潜在的风险及其可能产生的影响,拟定各种防范风险的措施。三是合理安排谈判计划,解决好谈判中可能出现的体力疲劳、难以获得必要的信息等问题。

2. 正确对待文化差异

谈判者对文化差异必须要有足够的敏感性,要尊重对方的文化习惯和风俗。西方社会有一句俗语,"在罗马,就要做罗马人"(In Rome, Be Romans),其意思也就是中国的"入乡随俗"。在国际商务谈判中,"把自己的脚放在别人的鞋子里"是不够的。谈判者不仅要善于从对方的角度看问题,而且要善于理解对方看问题的思维方式和逻辑。任何一个国际商务活动中的谈判人员都必须要认识到,文化是没有优劣的;必须要尽量避免模式化地看待另一种文化的思维习惯。

▶ 实 例 6-2

有一艘国际邮轮在大海上航行到一半路程时,出现了严重的机械故障。当邮轮快要沉的时候,船长要求大家弃船逃生,转移到救生艇上。他到船舱里向游客解释了轮船目前遇到的紧急状况,要求大家马上跳到救生艇上逃生,但是等他解释完毕以后,居然没有一个人愿意这样做。

船长十分生气,懊恼地回到甲板上。大副见他一个人出来了,感到十分奇怪,了解情况以后,他自告奋勇地向船长请命,去说服那些游客。5 分钟以后,这些游客居然都自愿地跳到了救生艇上。船长感到十分奇怪,问大副是怎么完成这项使命的。

大副对船长说:"我对他们几个不同国家的人说了不同的话。"

我对美国人说:"你的船票包含了保险费,因为目前出现危险,你将得到巨额保险理赔。"

我对英国人说:"这是一件很有绅士风度的事。"

我对德国人说:"船长命令你,马上撤离到救生艇上去!"

我对法国人说:"难道你不想去品尝当地的美食了吗?"

我对伊拉克人说:"到救生艇上去,是真主的旨意。"

我对中国人说:"你年迈的父母亲还在家乡等你,你的子女盼你早日回家,你快上救生艇吧。"

这位大副的高明之处就在于,他熟练地运用了跨文化沟通的技巧,抓住了不同对象文化中最重要的价值观,有针对性地进行沟通说服,从而达到了目的。他知道美国人看重个人利益,英国人看重绅士风度,德国人看重执行命令,法国人看重生活享受,伊拉克人看重宗教信仰,中国人看重孝道和家庭。

资料来源:杜慕群. 管理沟通. 北京:清华大学出版社,2009.

3. 具备良好的外语技能

谈判者能够熟练运用对方语言,至少双方能够使用一种共同语言来进行磋商交流,对提高谈判过程中双方交流的效率,避免沟通中的障碍和误解,有着特别重要的意义。

6.2 美洲商人的谈判风格

6.2.1 美国商人的谈判风格

从总体上讲,美国人的性格通常是外向的、随意的。一些研究美国问题的专家,将美国人的特点归纳为:外露、坦率、诚挚、豪爽、热情、自信、说话滔滔不绝、不拘礼节、幽默诙谐、追求物质上的实际利益,以及富有强烈的冒险和竞争精神等。与此相适应,形成了美国商人迥异于其他国家商人的谈判风格。

1. 爽直干脆,不兜圈子

美国商人充满自信和优越感,在谈判桌上气势逼人。他们语言表达非常直率,往往说行就行,说不行就不行。美国商人在谈判中习惯于迅速地将谈判引向实质阶段,一个事实接一个事实地讨论,干脆利索,不兜圈子,不讲客套,对谈判对手的直言快语,不仅不反感,而且还很欣赏。

专栏 6-3

议程安排——先谈原则还是先谈细节[①]

中国人在谈判思维方面的习惯之一是"先谈原则，后谈细节"，这与西方人思维习惯有所不同。例如美国人在参与世界事务中的典型观念是"先谈细节，避免陷入原则讨论之中"，因为时间资源的短缺和工作的快节奏不允许他们说话绕弯子。这种差异常导致中西方交流的困难。事实上，随着中国经济的高速发展，东部和沿海地区的生活工作节奏变得越来越快，人们说话也开始喜欢开门见山了。我们在这里并不刻意强调这些变化只是中美之间的差异，随着商业交往的增加，读者还会发现这些差异在不同的地间也存在着。

中国人喜欢在处理麻烦的细节问题之前先就双方关系的一般原则取得一致意见，把具体的问题安排到以后的谈判中由双方的下一级部门或人员去谈判。研究表明，这种谈判风格在多数情况下可以为中方在以后的讨价还价中谋得有利的地位。

有些谈判者注意到，对于必须谈判的问题，可以寻求在一般性的交往中安排一些有利于双方沟通感情的活动，有效地把对一些问题的原则性看法传递给对方，为以后细节谈判打下基础。将"招呼"打在了前面，对推进后续的细节谈判能起到良好的作用。

美国人通常认为细节是问题的本质，细节不清楚，原则问题谈得再好，问题实际上没有得到解决，因而他们更愿意在细节问题上多动脑筋，对于原则性的讨论则比较松懈。大多数西方人都觉得原则只不过是一些仪式性的声明而已，只要没有对细节进行具体的规定，原则就是虚盘。由于中西方对谈判原则的重视程度不同，两种环境下的谈判结果截然不同，在中方的文化环境下，或者在中方可以控制局面的环境下，如果能坚持先谈原则，总体上对后续细节谈判的制约作用更大；反之，在异域文化环境下谈判，制约作用较小。

与中国打过交道的一些美国人谈判者已经感受到了中国人的谈判思维方式对西方人的制约。美国政府的智囊查尔斯·弗里曼警告西方外交界，在与中国谈判时，一定要"坚持先谈具体而特定的细节，避免关于一般原则的讨论"。

美国人在经商过程中通常比较直接，不太重视谈判前个人间关系的建立。他们不会像日本人那样颇费心机地找熟人引荐、做大量公关工作以在谈判前与对方建立一种融洽的关系。有趣的是，如果在业务关系建立之前，谈判者竭力去同美国对手建立私人关系，反而可能引起他们的猜疑，认为或许是因为你的产品质量或技术水平不佳才有意拉拢他们，使他们在谈判时特别警惕和挑剔，结果是过分"热情"的谈判者倍感委屈，甚至蒙受损失。由此看来，公事公办的原则更加符合美国人的脾气。在美国人眼中，是良好的商业关系带来彼此的友谊，而非个人之间的关系带来良好的商业关系。在美国人的心目中，个人交往和商业交往是明确分开的。即使同对方有私人友谊，也丝毫不会减

[①] 资料来源：张强. 商务谈判学：理论与实务. 北京：中国人民大学出版社，2010.

少美国人在生意上的斤斤计较。

尽管这样，要是以为美国人刻板，不近人情，那就误会了，美国人强调个人主义和自由平等，生活态度较积极、开放，很愿意结交朋友，而且容易结交。美国人以顾客为主甚于以产品为主，他们很努力地维护和老客户的长期关系，以求稳定的市场占有率。与日本人比较，美国人放在第一位的是商业关系；只有与对方业务关系稳定，在生意基础上彼此信任之后，生意伙伴之间才可以发展密切的个人关系。而且这种私人关系在经济利益面前是次要的，在商业决策中起不了很大作用。

2. 重视效率，速战速决

美国商业经济发达，生活节奏极快，造就了美国商人守信、尊重进度和期限的习惯。他们十分重视办事效率，尽量缩短谈判时间，力争使每一场谈判都能速战速决。

高度的时间观念是美国文化的一大特点。美国人的时间意识很强，准时是受人尊敬、赢得信任的基本条件。在美国办事要预约，并且要准时。约会迟到的人会感到歉疚、羞耻，所以一旦不能如期赴约，一定要致电通知对方，并为此道歉；否则，将被视为无诚意和不可信赖。强调效率是美国人时间观念强的重要表现。在美国人的价值观中，时间是线性而且有限的，必须珍惜和有效地利用。他们以分钟为单位来安排工作，认为浪费时间是最大的浪费，在商务活动中奉行"时间就是金钱"的信条。美国谈判者总是努力节约时间，他们不喜欢繁文缛节，希望省去礼节、闲聊，直接切入正题。谈判的时间成本如此受美国人重视，以至于他们常定有最后期限，从而增加了谈判压力。如果对手善于运用忍耐的技巧和优势，美国谈判者有时会做出让步，以便尽早结束谈判，转入其他商业活动。

对整个谈判过程，美国人也总有个进度安排，精打细算地规划谈判时间的利用，希望每一阶段逐项进行，并完成相应的阶段性谈判任务。对于某些谈判对手常常对前一阶段的谈判成果推倒重来的做法，美国谈判者万分头痛。他们那种一件事接一件事，一个问题接一个问题地讨论，直至最后完成整个协定的逐项议价方式被称为"美式谈判"。

3. 讲究谋略，追求实利

美国商人在谈判活动中，十分讲究谋略，以卓越的智谋和策略，成功地进行讨价还价，从而追求和实现经济利益。对此，美国商人丝毫也不掩饰。不过，由于美国商人对谈判成功充满自信，所以总希望自己能够战胜高手，即战胜那些与自己一样精明的谈判者。在这种时候，他们或许会对自己的对手肃然起敬，其心情也为之振奋不已。这反映了美国商人所特有的侠义气概。

4. 鼓励创新，崇尚能力

美国人比较自由自在，不太受权威与传统观念的支配。他们相信，一个人主要是凭借个人努力和竞争去获得理想的社会地位。在他们的眼中，这是一个允许失败，但不允许不创新的社会。所以，美国人对角色的等级和协调的要求较低，更尊重个人作用和个人在实际工作中的表现。

这种个人主义价值观表现在美国企业决策上是常常以个人（或少数人）决策为特点，自上而下地进行，在决策中强调个人责任。这种决策方式与日本企业的群体决策、模糊责任相比，决策迅速、反应灵敏、责任明确，但等级观念森严，缺少协调合作。

美国企业崇尚个人主义、能力主义的企业文化模式，使好胜而自我表现欲很强的美国谈判者乐意扮演"牛仔硬汉"或"英雄"形象，在谈判中表现出一种大权在握，能自我掌握命运的自信模样。在美国人的谈判队伍中，很少见到大规模的代表团，除非谈判非常复杂，而且对公司的未来至关重要，代表团人数一般不会超过七人，甚至单独一个人也不奇怪。即使是有小组成员在场，谈判的关键决策者通常也只有一二人，遇到问题，他们往往有权做出决定，"先斩后奏"之事时有发生。但不要以为美国人的集中决策过于简单、匆忙，实际上，为了能干脆、灵活地决策，美国谈判者通常都会在事先做充分、详细而规范的资料准备。在谈判中，他们的认真仔细绝不亚于他们的日本同行。

5. 重视契约，一揽子交易

美国是商业文明高度发达的国家，人口不断流动，无法建立稳固持久关系。人们只能将不以人际关系为转移的契约作为保障生存和利益的有效手段，所以形成了重视契约的传统。作为一个高度法制化的国家，人们习惯于诉诸法律解决矛盾纠纷。在商业活动中，保护自己利益最公平、妥善的办法便是依靠法律，通过合同来约束保证。

力求达成协议是美国谈判者的目的，在整个谈判过程中都向着这个目标努力，一步步促成协议的签订。美国人认为双方谈判的结果一定要达成书面的法律性文件，借之明确彼此的权利和义务，将达成书面协议视为谈判成功的关键一步。美国人总是认真仔细地签订合同，力求完美。合同的条款从产品特色、运送环节、质量标准、支付计划、责任分配到违约处罚、法律适用等无一不细致精确，以致显得冗长而烦琐，但他们认为正是包含了各方面的标准，合同才提供了约束力，带来安全感。作为双方的承诺，合同一旦签订，在美国谈判者心中极富严肃性，被视为日后双方行动的依据和制约，不会轻易变更或放弃。严格履行合同中的条款成为谈判结束后最重要的工作。与中国人重视协议的"精神"，认为合同的约束力与双方信任、友谊、感情和"合作精神"相联系不同，美国人更注重法律文件本身。

美国由其经济大国的地位所决定，在谈判方案上喜欢搞全盘平衡，一揽子交易。所谓一揽子交易，主要是指美国商人在谈判某一项目时，不是孤立地谈它的生产或销售，而是将该项目从设计、开发、生产、工程、销售到价格等一起洽谈，最后达成一揽子方案。

值得指出的是，美国文化中另一个鲜明特点对谈判者的影响也很巨大。这就是美国是个移民国家，社会人口构成非常复杂，几乎所有大洲都有移民及其后裔在美国社会中立足、发展，各民族的文化不断冲突，渐渐融合成美利坚文化的同时，又保留了一些各自的文化传统。正是这种丰富多彩和极富包容性、独立性的文化，使美国谈判者的文化背景也多种多样，如果对他们的行为抱着一成不变的看法，便显得片面了。这一点在其他移民国家，如加拿大、澳大利亚等国，也表现得很明显。

6.2.2 拉丁美洲商人的谈判风格

拉丁美洲是指美国以南的美洲地区。包括墨西哥、中美洲和南美洲，共有30多个国家。大部分拉丁美洲国家，由于历史上的原因，经济比较落后，经济单一化严重，贫富两极分化明显。虽然如此，但是拉丁美洲国家的商人都以自己悠久的传统和独特的文化而自豪，他们反对甚至痛恨那些发达国家商人的趾高气昂、自以为是的态度，不愿意听北美人或欧洲人的教训式的谈话。他们总是希望对方能在平等互利的前提下进行商贸合作，他们希望对方尊重他们的人格，尊重他们的历史。

拉丁美洲商人的性格比较开朗、直爽，与处事敏捷的北美商人不同，拉丁美洲商人比较悠闲，比较恬淡，比较放得开。拉丁美洲国家的假期很多，如秘鲁的劳动法就规定，工作一年，可以请一个月的带薪假期。往往在一笔生意商谈中，洽谈的人突然请了假，因此商谈不得不停下来，其他国家商人需要耐心等待洽谈的人休完假回来，洽谈才能继续进行。所以，同拉丁美洲人谈生意，必须放慢节奏。

在同拉丁美洲商人进行商务谈判的过程中，感情因素显得很重要。彼此关系相熟、成为知己之后，你如果有事拜托他们时，他们会毫不犹豫地为你优先办理，并充分考虑你的利益和要求。这样，双方的洽谈自然而然地会顺利地进行下去。

在拉丁美洲，政变十分频繁，人们对此已经司空见惯，即便发生了政变，也不会紧张骚动，街上仍旧是平平静静的。政变对一般的商业交易几乎没有影响，不过，一旦涉及政府的交易，影响则不可轻视。

与北美商人相比，拉丁美洲商人责任感不强，信誉较差。在商务活动中，他们不遵守付款日期、无故延迟付款的事情是经常发生的。正如一位银行家所说的那样，货款他们是会付的，只是生性懒散，不把当初约好的付款日期当回事而已。

由于拉丁美洲国家大多属于发展中国家，商品在国际上缺乏竞争力，因而造成国家的进口大于出口，外汇比较紧张。所以，拉丁美洲国家大多采取了奖出限入的贸易保护主义政策，通过的一些法律法规，也以此为根本出发点。就此而言，对于试图同拉丁美洲人进行商贸合作的外国人是非常不利的。

从拉丁美洲的对外贸易环境看，有一个明显的不利因素，那就是拉丁美洲国家复杂的进口手续。一些国家实行进口许可证制度，如果你没有取得进口许可证，千万不能擅自将货物卖给拉丁美洲商人并且积极发运，因为这可能意味着，你的货物无法再收回，即便允许你再运回，那么你也已经枉付了高额的运输费用，有时甚至超过货物本身的价值。随着时间的推移，拉丁美洲国家也逐渐认识到奖出限入政策的片面性，在广泛实行鼓励出口政策的同时，逐步放开对市场进口的限制。

拉丁美洲一些国家的商人，经常利用外商履约后收不到货款而惊惶失措的心理，迫使外商重新谈判价格，诱使外商压价。一些外商只好忍痛降低价格，直到符合了拉丁美洲商人的要求为止。鉴于这种情况，在同拉丁美洲国家商人交易时，可适当在交易价格上掺入些水分，以应付为回收货款而被迫降价造成的损失。

在拉丁美洲众多国家中，巴西人特别爱好娱乐，他们不会让生意妨碍自己享受闲暇的乐趣。千万不要在狂欢节中去谈判，否则你会被当作不受欢迎的人。巴西人重视个人之间的良好关系，如果他喜欢你，就会同你做生意。阿根廷人比这个大陆上大多数其他邻国的人民显得更正统一些，非常欧洲化。阿根廷商人在商谈中与对方会反复地握手，并且不厌其烦。智利、巴拉圭、乌拉圭和哥伦比亚的商人非常保守，他们彬彬有礼，讲究穿着，谈判时一般总是着正式的西装，结领带，非常正规。秘鲁人和厄瓜多尔人大多不遵守约会时间，除非你真正地握到对方的手，你别设想任何人会遵守约会。但作为外商，你千万不能入乡随俗，也不遵守时间，而应该认真遵守约会时间，准时出席。

6.3 欧洲商人的谈判风格

6.3.1 英国商人的谈判风格

英国人的性格既有过去大英帝国带来的傲慢矜持，又有本民族谦和的一面。他们很传统，在生活习惯上保留了浓郁的"古风"，如讲究服饰，尤其在正式场合，穿戴上有许多规矩约束，社交活动中也一丝不苟地遵循正式交往中的传统礼节。

言行持重的英国人不轻易与对方建立个人关系。即使本国人，个人之间的交往也较谨慎，很难一见如故。他们特别尊重"个人天地"，一般不在公共场合外露个人感情，也决不随便打听别人的事，未经介绍不轻易与陌生人交往，不轻易相信别人或依靠别人。所以，初与英国商人接触，总有一段距离。让人感到他们高傲、保守，但慢慢地接近，建立起友谊后，他们会十分珍惜，长期信任你。由此看来，英国人对个人关系的态度与美国人相似，习惯于将商业活动与自己个人生活严格分开，有一套关于商业活动交往的行为礼仪的明确准则。个人关系往往以完成某项工作、达成某个谈判为前提，是滞后于商业关系的。

英国是老牌资本主义国家，人们的观念中等级制度依然根深蒂固。在社交场合，"平民"、"贵族"依然区分明显。在阅读习惯上也十分有趣：上流社会的人看《时报》《金融时报》，中产阶层则看《每月电讯报》，下层人民多看《太阳报》和《每日镜报》。英国人比较看重秩序、纪律和责任，组织中的权力自上而下流动，等级性很强，决策多来自于上层。在对外商务交往中，英国人的等级观念使他们比较注重对方的身份、经历、业绩及背景，而不像美国人那样更看重对手在谈判中的表现。所以，在必要的情况下，派较有身份地位的人参加与英国人的谈判，会有一定积极作用。

英国谈判者的谈判风格不像美国人那样有很强的竞争性，他们的谈判稳健得多。他们不像德国人那样有详细周密的准备，但善于简明扼要地阐述立场、陈述观点，然后便是更多地表现沉默，平静、自信而谨慎。与英国人讨价还价的余地不大。在谈判中，有时英国商人采取非此即彼的缺乏灵活性的态度。在谈判关键时刻，他们往往表现得既固执又不肯花大力气争取，使对手颇为头疼。在他们看来，追求生活的秩序与舒适是最重要的，而勤奋与努力是第二位的。所以，对物质利益的追求不激烈也不直接表现，愿做风险小、利润少的买卖，但如果在谈判当中遇到纷争，英国商人也会毫不留情地争辩。除非对方有明显证据能说服他们；否则，他们不会轻易认错和道歉。

6.3.2 德国商人的谈判风格

德国商人总的特点是倔强、自信、自负，办事刻板、严谨、富有计划性，工作注重效率，追求完美，具有很强的竞争性。

德国商人对商业事务极其小心谨慎，对人际关系也正规刻板，拘于形式礼节。特别是在德国北部，商人极喜欢显示自己的身份，对有头衔的人一定要称呼头衔，在交谈中，避免用昵称、简称等不正式的称呼。在起初的几次会面中，德国人较拘谨和含蓄，甚至略显生硬，但不等于说他们没有人情味，他们实际上也很亲切，容易接近，只是需要时间来熟悉对方。一旦建立商务关系且赢得他们信任后，便有希望长期保持。因为德国商人求稳心理强，不喜欢"一锤子"买卖。

德国人时间观念很强，非常守时，公私事皆如此。所以迟到在商业谈判和交往中十分忌讳，对迟到者，德国人几乎毫不掩饰他们的不信任和厌恶。勤奋、敬业是德国企业主的美德。在德国有许多中小企业，企业主一般既是所有者又是管理者，工作积极，一心一意、执著投入。在欧洲，德国人工作时间较长，8点以前上班，有时要晚上8点下班。和他们的法国同行相比，德国商人似乎缺少浪漫，他们很少像法国人那样尽情享受假期，还常常为工作不惜牺牲闲暇时光，但也正因为这种勤勉刻苦、自强不息，德国经济才能在第二次世界大战后迅速恢复和崛起。

德国商人虽谨慎保守，但办事雷厉风行，考虑事情周到细致，注重细枝末节，力争任何事都完美无缺。在谈判前，他们要搜集详细的资料，准备工作做得十分周密。不仅包括产品性能、质量，还包括对方业务开展情况、银行资信及经营组织状况等都了解得很清楚，充分的准备使他们在谈判一开始便占据主动，谈判思维极有系统性、逻辑性。为此，对方也应有准备，尤其对产品技术等专业性问题能够随时应答德国商人详细的质询，假如遇到一个事前不充分准备，谈判时思维混乱的对手，德国商人会表示极大的不满和反感。

德国商人谈判果断，极注重计划性和节奏紧凑，他们不喜欢漫无边际地闲谈，而是一开始就一本正经地谈正题。谈判中语气严肃，无论是对问题的陈述还是报价都非常清楚明白，谈判建议则具体而切实，以一种清晰、有序和有权威的方式加以表述。诸如"研究、研究""过段时间再说"之类的拖拉作风和模棱两可的回答常令德国谈判者不快。他们认为，一个国际谈判者是否有能力，只要看一看他经手的事是否很快而有效地处理就知道了。

德国工业极其发达，企业标准十分精确具体，产品质量堪称一流，德国人也以此为傲。对于购买的产品质量也自觉不自觉地以本国产品为标准，强调自己的报价或方案可行，不大会向对方让步，即使让步，幅度一般也在20%以内，余地比较小。但德国人自己却很善于讨价还价，一旦决定购买某件商品，就千方百计地迫使对方让步，而且极有耐性，常在合同签订前的最后时刻还在争取对手让步。德国人强硬的谈判风格给人以固执己见、缺乏灵活性的印象。

因为宗教的影响，德国人极尊重契约，有"契约之民"的雅称。在签订合同之前，他们往往将每个细节都谈判到，明确双方权利、义务后才签字。这种100%的作风与法国人只谈个大概、有50%的把握便签字的风格大相径庭。也正因为如此，德国商人的履约率是欧洲最高的，他们一丝不苟地依合同办事，诚实可信的形象令人敬佩；同时，他们也严格要求对方，除非有特殊情况，否则绝不理会其贸易伙伴在交货和支付的方式及日期等方面提出的宽限请求或事后解释。

6.3.3　法国商人的谈判风格

法兰西民族天性乐观、开朗、热情、幽默,极富爱国热情和浪漫情怀。和作风严谨的德国人相比,法国人更注重生活情趣,他们有浓郁的人情味,非常重视互相信任的朋友关系,并以此影响生意。在商务交往上,法国人往往凭着信赖和人际关系去进行,在未成为朋友之前,他们不会同你进行大宗交易,而且习惯于先用小生意试探,建立信誉和友谊后,大生意便接踵而至。

法国公司以家族公司起家的较多,因此讲究产品特色,但不大重视以大量生产的方式来降低产品成本。法国人天生随意,抱有"凡事不勉强"的原则,故而不轻易逾越自己的财力范围,也不像日本人那样努力地做成大笔生意。法国公司组织结构单纯,自上而下的层次区别不多,重视个人力量,很少集体决策。从事谈判也大多数由个人承担决策责任,迅速决策。

法国人生活节奏感十分鲜明,工作时态度认真而投入,讲究效率,休闲时总是痛痛快快地玩一场。他们很会享受生活,十分珍惜假期,会毫不吝惜地把一年辛苦工作积存下来的钱在度假中花光,决不愿像德国人那样因为业务需要而放弃一次度假。通常8月是法国人的假期,南部的海滩在此时热闹非凡,不仅8月到法国开展不了什么业务,甚至7月末的生意也可能被搁置。对美酒佳肴,法国人也十分看重。和其他国家不同的是,热情的法国人将家庭宴会作为最隆重的款待。但是,决不能将家庭宴会上的交往视为交易谈判的延伸。一旦将谈判桌上的话题带到餐桌上来,法国人会极为不满。

和一本正经的德国同行相比,法国人不喜欢谈判自始至终只谈生意,他们乐于在开始时聊一些社会新闻及文化方面的话题,以创造一种轻松友好的气氛;否则将被视为"枯燥无味的谈判者"。

法国人偏爱横向谈判,谈判的重点在于整个交易是否可行,而不重视细节部分。对契约的签订,法国人似乎过于"潇洒"。在谈妥主要问题后便急于签约,他们认为具体问题可以以后再商讨或是日后发现问题时再修改也无关紧要。所以,常发生昨天才签的合同,到明天就可能修改的事便不足为奇了。法国人这种"边跑边想"的做法总让对手头疼,也影响了合同的履行。所以即使是老客户,和法国人谈判也最好尽量将各条款及其细节反复确认,否则难免有误会或改约、废约等不愉快的事发生。法国人不喜欢给谈判制定严格的日程安排,但喜欢看到成果,故而在各个谈判阶段,都有"备忘录""协议书"之类的文件,为后面的正式签约奠定基础。这样一来,也可拉住伙伴,促成交易。总的说来,法国商人还比较注重信用,一旦合同建立,会很好地执行。

法国人十分热爱自己的语言和传统文化,在商务洽谈中多用法语,即使英语说得很好,他们也坚持用母语,并以此为爱国表现。假如对手能讲几句法语,是很好的交往手段。在处理合同时,法国人也会坚持用法语起草合同文本。有时对手不得不坚持用两种文字,并且商定两种文字的合同具有同等效力。

6.3.4 意大利商人的谈判风格

意大利与法国有许多共同之处。在商务活动方面，两国都是非常重视商人个人的作用。所不同的是，意大利人的国家意识要比法国人淡薄一些。法国商人经常以本国的优越性而自豪，而意大利商人则不习惯提国名，却常提故乡的名字。

意大利存在着大量的商业机会，可以从那里购买或向那里销售各类产品。如果购买的产品正是他们的技术所生产的，这些产品一般都具有很高的质量。意大利人与外国做生意的热情不高，而热衷于同国内企业打交道，因为他们觉得国内企业和他们存在共同性，而且产品的质量也是可以信赖的。意大利由于历史和传统的原因，形成了比较内向的社会性格，不大注意外部世界，不主动向外国的风俗习惯和观念看齐。

意大利人特别喜欢争论，如果允许，他们会整天争论不休，特别是在价格方面，更是寸步不让。但是，他们对产品质量、性能及交货日期等事宜都不太关注，虽然他们希望所购买或销售的产品能正常使用。这一点与德国人明显不同，德国人宁愿多付款来取得较好质量的产品和准确的交货日期，而意大利人却宁愿节约一点，力争少付款。

在意大利从事商务活动，必须充分考虑其政治因素。特别是涉及去意大利投资的项目时，更要慎重从事，先了解清楚意大利一方的政治背景；否则，如果遇到政局发生变动，就难免蒙受经济损失。

意大利的商业交往大部分都是公司之间的交往，而在这种交往中起决定作用的是代表公司出面的个人。所以，意大利商人个人在交往活动中比其他任何国家商人都更有自主权。

意大利商人也有明显的缺点，那就是常常不遵守约会时间。甚至有的时候不打招呼便不赴约，或单方面推迟会期。

6.3.5 俄罗斯商人的谈判风格

俄罗斯人以热情好客闻名，他们非常看重个人关系，愿意与熟识的人谈生意，依赖无所不在的关系网办事情。通常情况下，要与俄罗斯人做生意，需首先经人介绍与之相识，然后花一番工夫，培养彼此的信任感，逐渐接近他们，尤其是决策人员，才越有可能得到生意机会；反之，操之过急是得不到信任和生意的。可以这么说，俄罗斯人的商业关系是以个人关系为基础建立起来的，谈判者只有在建立起忠诚的个人友谊之后，才会衍生出商业关系，除非某家外国公司有足以骄傲的资本（先进的产品、服务或市场上独特的地位），才能跨越个人关系这个步骤，直接加入商业活动。但没有个人关系，一家外国公司即使进入了俄罗斯市场，也很难维持其成果。

俄罗斯人热衷于社会活动，拜访、生日晚会、参观、聊天等都是增进友谊的好机会。俄罗斯民族性格豪爽大方，不像东方人那样掩饰内心的感情。天性质朴、热情、乐于社交的俄罗斯人往往是非常大方的主人，晚宴丰富精美，并且长时间、不停地敬酒干杯，直率豪迈。他们比美国人有更近的人际距离，有大量的身体接触，如见面和离开时都要有力地握手或拥抱。应注意的是在交往时，不可太随便，要注重礼节，尊重双方的民族习惯，对当地风土人情表示兴趣等行为方式尤其能得到俄罗斯人的好感，这样最终可以在谈判中取得信任和诚意。

俄罗斯有很长的中央集权的历史。以前在高度计划的经济体制下，任何企业和个人都不可能自行出口或进口产品。所有的进出口计划都由专门部门讨论决定，并需经过一系列审批、检查、管理和监督程序。人们早已习惯于照章办事，上情下达，个人的创造性和表现欲不强，推崇集体成员的一致决策和决策过程等级化。尽管如今根据总统令执行"自由贸易"，但思想观念的适应仍存在一个过程。在涉外谈判中，还带有明显的计划体制烙印，喜欢按计划办事，一旦对方的让步与他们的原定目标有差距，则难达成协议。俄罗斯谈判者通常权力有限，也非常谨慎，缺少敏锐性和创新，经常要向领导汇报，这必然延长谈判中决策与反馈的时间。由于不重视个人才能发挥，俄罗斯人总采取小组谈判形式，一方面等级地位观念重，另一方面又一直不明确到底谁负责这种情况，很大程度上缘于庞大的机构引发的权限模糊。现在虽然有较大变革，但尚未形成合理的经营机制。

俄罗斯人善用谈判技巧，堪称讨价还价的行家里手。尽管由于生产滑坡、消费萎缩和通货膨胀，经济亟待恢复，在谈判中他们有时处于劣势，如迫切需要外国资金、先进技术设备，但与他们打过交道的各国商人谁也不否认俄罗斯人是强劲的谈判对手，他们总有办法让对方让步。他们的谈判一般分为两个阶段，第一阶段先尽可能地获得许多竞争性报价，并要求提供详细的产品技术说明，以便不慌不忙地评估。期间他们会采用各种"离间"手段，促使对手之间竞相压价，自己从中得利。这种谈判技巧使得他们总能先从最弱的竞争者那里获得让步，再以此要挟其他对手做出妥协。第二阶段则是与选中的谈判对手，对合同中将要最后确定的各种条款仔细斟酌。

6.4 亚洲商人的谈判风格

6.4.1 日本商人的谈判风格

日本人谈判的方式不仅与西方人大相径庭，即使与亚洲其他国家的人相比，也差异很大。事实上，在许多国家，人们认为日本人是很难对付的谈判对象。但是，如果了解谈判风格中的文化因素，与日本人谈判中的困难将大大减少。在与日本人谈判之前，谈判者应了解与日本谈判代表建立良好的人际关系的重要性。一般而言，与日本人谈判最为关键的一点是信任。

日本人在谈判之际，他们会设法找一位与他们共事的人或有业务往来的公司来作为谈判初始的介绍人。日本人相信一定形式的介绍有助于双方尽快建立业务关系；相反，与完全陌生的人谈判则令人不自在。所以，在谈判开始之际，先认识谈判对象或至少由第三方牵线搭桥是较可取的方式。日本人往往将业务伙伴分为"自己人"与"外人"两类。因此成为谈判对方的"自己人"，或在谈判之前与他们有过接触联系，是谈判的一大优势。

日本人常想方设法通过私人接触或其他形式建立起联系渠道。但若缺乏与对方接触的途径，他们则通过政府部门、文化机构或有关的组织来安排活动以建立联系。当然，在没有任何前期接触的前提下也可建立某种联系，只不过这种建立合作关系的方法不是最有效的。

为了建立关系，日本人经常采用"私人交往"的方式，即便当相互间是由普通的第三方介绍认识时也是如此。对他们而言，了解将要谈判的对象是绝对必要的。日本人只有在与对方相处感觉和睦融洽时才会开始讨论谈判事项。因此，他们常邀请谈判对方去饭馆或其他场所以期进一步了解对方。由于日本人认为"信任"是最为关键的因素，所以他们会提问有关公司建立时间、年销售额、公司信誉及政策、整体管理等问题，他们甚而有可能在会议开始时提问诸如"您在贵公司任职多久？""您曾在哪个大学就读？"等私人问题。在外国人看来，这似乎有些冒昧，但在日本，这一步往往是十分重要的。

在与日本人建立起良好的关系之后，谈判者必须意识到，正如亚洲其他国家一样，日本是一个等级森严的社会。在封建社会时期，人们自上而下被划为几个等级，由此产生了极为刻板的社会阶层，而社会阶层决定了人的社会地位。即使在今天，日本人在很大程度上仍然根据自身的"社会地位"——由他们的年龄、头衔、所属机构的规模及威望而定——来决定自己的言行举止。外国人不受这些条条框框的限制，但了解高度等级化的日本社会如何运转，对促成谈判成功是十分有益的。

在日本人的商业圈里，对对方的感激之情往往借助于馈赠礼品或热情款待对方等方式来表达。尽管具体方式不同，全体致谢仍是很普遍的形式。日本人也常在岁末或其他节假日私人间馈赠礼品。

一旦谈判双方建立起关系，实际谈判程序即变得容易。谈判人员所关心的问题从能否建立业务关系转向如何发展积极的业务关系。尽管价格、质量等都是极其重要的因素，但日本人更相信良好的人际关系所带来的长期业务往来。

日本人决策的步骤可概括为两大特性：自下而上，集体参与。西方的决策风格通常是"自上而下"，一般由高层管理人员作详细的计划方案，下属人员则执行计划。日本人倾向于自下而上的决策制度。一旦他们开始一项方案，项目经理本人并不一定担任要职，要请示其上司批准或征询修改意见。这一体系的优点在于易于执行决定，因为有关人员都已对方案了如指掌。但用于决定方案的时间过长却是日本人谈判方式的一大缺点。许多外国谈判人员对迟迟不作决定的日方人员渐渐失去耐心。

谈判时，日本人总是分成几个小组，任何个人都不能对谈判全过程负责，也无权不征求组内他人意见单独同意或否决一项提议。这种全组成员连贯一致的态度主要是基于日本人的面子观念。任何提议决策只有在全组人员均认可后才能付诸实施。相对于类似的美国谈判团体，日本人在这一方面可谓占有明显的优势。在美国人的谈判组内，往往仅一人负责全组的工作，这人有权不征求组员意见即可接受或否决一项提议。无论最终决定如何，"自下而上"的决定方式和集体参与的风格令组员感觉到自身参与的重要性。最终决定由高层管理人员做出，但高层管理人员不会忽视属下的意见，并且，当属下的意见未被其他成员接纳时，高层管理人员也经常会做出解释。

日本人作出决策的过程较为缓慢，因而招致许多外国谈判人员的批评。造成这种状况的缘由之一源自于一套称为"Nemawashi"（认同在先）的制度。按照这一制度，负责人与有关人员逐个进行讨论，以期得到各成员对方案或提议的认可。而与每个成员逐一讨论方案是相当花时间的。但这一制度也有优点，即在作最终决定时果断迅速，因为每个人在事先都已同意了该提议而无须再作解释。

日本人决策较慢的另一原因是日本社会是一个集体观念很强的社会。任何决定都须得到每位有关人员的首肯。若决定有变，则每人均须得到通知并再次加以确认。由于日本人这种集体参与的谈判风格，他们可能会对对方谈判人员所定的截止期限置若罔闻，在对方的压力之下仍可能心平气和、沉着冷静。由于外国谈判者，尤其是美国人喜欢限定截止日期，为了赶在规定时间之前达成协议，在与日本人谈判时，往往很容易形成为满足预先设定的谈判时间要求而在交易条件上做出较多让步的情形。外国谈判者务必要认识到这一点，并在为谈判限定截止期时慎重考虑。

日本人喜欢采用委婉、间接的交谈风格。他们喜欢私下，而不是在公共场合讨论事务。他们尤其不喜欢在公共场合发生冲突，因为这样很"丢面子"。采用 Nemawashi 方式，他们经常"关起门"来讨论问题。外国人应当了解这种特殊的方式。这是日本人为了不损害他们神圣的团体感而偏好的讨论方式。

一旦日本人同意了一项提议，他们往往会坚持自己的主张。有时即使有新的更有利于他们的主张出现，也很难改变他们的原有看法。另外，日本人总是坚持不懈地想说服对方同意他们的主张，做出让步。日本人这种"没商量"的态度正是出于前述的任一决定都应得到全体人员首肯的逻辑。这也增加了与日本人谈判的难度。外国谈判人员应认识到希望日本人改变决定是十分困难的，因为改变要获得日方每一人员的同意。

日本商人喜欢使用"打折扣吃小亏、抬高价占大便宜"的策略吸引对方。他们为了迎奉买方心理，主动提出为对方打折扣，其实，在此之前，他们早已抬高了价格，留足了余地，对此，外商应当有所戒备，决不可仅以"折扣率"为判定标准，应坚持"看货论价"。自己拿不准，可请行家协助，也可货比三家，择优而定。

6.4.2　韩国商人的谈判风格

韩国是一个自然资源匮乏、人口密度很大的国家。韩国以"贸易立国"，近几十年经济发展较快。韩国商人在长期的贸易实践中积累了丰富的经验，常在不利于己的贸易谈判中占上风，被西方国家称为"谈判的强手"。

韩国商人十分重视商务谈判的准备工作。在谈判前，通常要对对方进行咨询了解。一般是通过海内外的有关咨询机构了解对方情况，如经营项目、规模、资金、经营作风及有关商品行情等。如果不是对对方有了一定的了解，他们是不会与对方一同坐在谈判桌前的。而一旦同对方坐到谈判桌前，那么可以充分肯定韩国商人一定已经对这场谈判进行了周密的准备，从而胸有成竹了。

韩国商人注重谈判礼仪和创造良好的气氛。他们十分注意选择谈判地点，一般喜欢选择有名气的酒店、饭店会晤。会晤地点如果是韩国方面选择的，他们一定会准时到达；如果是对方选择的，韩国商人则不会提前到达，往往会推迟一点到达。在进入谈判地点时，一般是地位最高的人或主谈人走在最前面，因为他也是谈判的拍板者。

韩国商人十分重视会谈初始阶段的气氛。一见面就会全力创造友好的谈判气氛。见面时总是热情打招呼,向对方介绍自己的姓名、职务等。落座后,当被问及喜欢喝哪种饮料时,他们一般选择对方喜欢的饮料,以示对对方的尊重和了解。然后,再寒暄几句与谈判无关的话题如天气、旅游等,以此创造一个和谐的气氛。尔后,才正式开始谈判。

韩国商人逻辑性强,做事喜欢条理化,谈判也不例外。所以在谈判开始后,他们往往是与对方商谈谈判主要议题。而谈判的主要议题虽然每次各有不同,但一般须包括下列5个方面的内容,即阐明各自意图、叫价、讨价还价、协商、签订合同。尤其是较大型的谈判,往往是直奔主题,开门见山。常用的谈判方法有两种,即横向谈判与纵向谈判。前者是进入实质性谈判后,先列出重要特别条款,然后逐条逐项进行磋商;后者即对共同提出的条款,逐条协商,取得一致后,再转向下一条的讨论。有时也会两种方法兼而用之。在谈判过程中,他们远比日本人爽快。但善于讨价还价。有些韩国商人直到最后一刻,仍会提出"价格再降一点"的要求。他们也有让步的时候,但目的是在不利形势下,以退为进来战胜对手。这充分反映了韩国商人在谈判中的顽强精神。

此外,韩国商人还会针对不同的谈判对象,使用"声东击西""先苦后甜""疲劳战术"等策略。在完成谈判签约时,喜欢使用合作对象国家的语言、英语、朝鲜语3种文字签订合同,3种文字具有同等效力。

6.4.3 东南亚商人的谈判风格

东南亚包括许多国家,主要有印度尼西亚、马来西亚、新加坡、泰国、越南、菲律宾等国家。这些国家与我国地理距离较近,贸易机会十分频繁,交易范围非常广阔。

印度尼西亚是信奉伊斯兰教的国家,90%的人是伊斯兰教徒,他们有着十分牢固的宗教信仰。按照教义,印度尼西亚每年有一个月叫作"斋月",在这个月中,从日出到日落不能吃东西,因此只能勉强支撑着处理一些事务性的工作,那些消耗体力很多的工作则难以坚持。

印度尼西亚商人很讲礼貌,绝对不在背后评论他人。除非是深交,否则很难听到他们的真心话。在洽谈时,表面上虽然十分友好,谈得很投机,但心里想的却可能完全是另一套。但是,如果建立了推心置腹的交情,则往往可以成为十分可靠的合作伙伴。

印度尼西亚商人还有一个突出的特点,那就是喜欢有人到家里来访问,而且无论什么时候访问都很受欢迎。因此,在印度尼西亚,随时都可以敲门访问以加深交情,使商谈得以顺利进行。

新加坡经济发达,其种族的构成,华人占绝大多数,约70%以上。新加坡商人也以华侨为最多,他们乡土观念很强,勤奋、能干、耐劳、充满明智,他们一般都很愿意与中国进行商贸洽谈合作。老一代华侨还保持着讲面子的特点,"面子"在商务洽谈中具有决定性的意义。年轻一代华侨商人虽已具备了现代商人的素质和特点，但依然保持了老一代华侨的一些传统特点，例如在洽谈中，如果遇到重要的决定，往往不喜欢做成书面的字据。但一旦订立了契约，则绝对不会违约，而是千方百计去履行契约，充分体现了华侨商人注重信义、珍惜朋友之间关系的商业道德。

泰国是亚太地区新兴的发展中国家，在泰国控制着产业的也多为华侨，但泰国的华侨已经革除了和别的民族之间的隔阂，完全融进了泰国民族大家庭中。泰国商人的性格特点是，不信赖别人，而依靠家族来掌管生意。不铺张浪费。同业间能互相帮助，但不会结成一个组织来共担风险。假如外国商人要同泰国商人结成推心置腹的交情，那就要费一段很长的时间。但一旦建立了友谊，泰国商人便会完全信赖你，当你遇到困难时，也会给你通融。所以，诚实和富于人情味，在泰国商人那里也是被充分肯定的。

6.4.4　阿拉伯国家商人的谈判风格

由于地理、宗教、民族等问题的影响，阿拉伯人具有一些共同的特点：以宗教划派，以部族为群，通用阿拉伯语（英语在大多数国家也可通用），信仰伊斯兰教，比较保守，有严重的家庭主义观念，性情比较固执，脾气也很倔强，不轻易相信别人。比较好客，但缺乏时间观念，表现在对来访者不管自己当时在干什么都一律停下来热情招待客人。阿拉伯人喜欢用手势或其他动作来表达思想。

阿拉伯商人比较注重友情，与其谈判应注意先交朋友，后谈生意。阿拉伯商人不希望通过电话来交易，当外商想向他们推销某种商品时，必须多次拜访他们。第一次、第二次访问时是绝对不可以谈生意的，第三次可以稍微提一下，再访问几次后，方可以进入商谈。与他们打交道，必须先争取他们的好感和信任，建立朋友关系，营造谈判气氛，只有这样，下一步的交易才会进展顺利。

阿拉伯人做生意喜欢讨价还价。没有讨价还价就不是场严肃的谈判。无论小店、大店均可以讨价还价。标价只是卖主的"报价"。更有甚者，不还价即买走东西的人，还不如讨价还价后什么也未买的人受卖主的尊重。他们的逻辑是：前者小看他，后者尊重他。

阿拉伯人的生活深受伊斯兰教影响，他们希望与自己进行洽谈的外商对伊斯兰教及其历史有些了解，并对它在现代社会中的存在和表现表示出尊重。他们非常反感别人用贬损和开玩笑的口气，谈论他们的信仰和习惯，嘲弄他们在生活中不寻常的举动。

阿拉伯人在商业交往中，习惯使用"因夏拉"（神的意志）"波库拉"（明天再谈）和"马列修"（不要介意）等词语作为武器，保护自己，抵挡对方的"进攻"。例如，双方在商谈中订好了合同，后来情况有所变化，阿拉伯商人想取消合同，就可以名正言顺地说这是"神的意志"，很简单地就取消了合同。而在商谈中好不容易谈出点名堂，情况对外商比较有利，正想进一步促成交易时，阿拉伯商人却耸耸肩说："明天再谈吧。"等到明天再谈时，有利的气氛与形势已不复存在；一切均必须从头再来。当外商对阿拉伯人的上述行为或其他不愉快的事情而恼怒的时候，他们会拍着外商的肩膀说"不要介意，不要介意"，让你哭笑不得。

在阿拉伯商界还有一个阶层,那就是代理商。几乎所有的阿拉伯国家的政府都坚持,无论外商同阿拉伯国家的私营企业谈判,还是同政府部门谈判,都必须通过代理商。如果没有合适的阿拉伯代理商,很难设想外商能在生意中进展顺利。在涉及重大生意时,代理商可以为外商在政府中找到合适的关系,使项目可以得到政府的批准;能使外商加速通过冗杂的文牍壁垒,还可以帮助外商安排劳动力、运输、仓储、膳宿供应,帮助外商较快地收到生意中的进款,等等。

以上介绍的只是世界主要贸易国家或地区的主要谈判特点和风格,重要的是我们应从中悟其真谛。当然,随着当今世界经济一体化和通信的高速发展及各国商人之间频繁的往来接触,他们相互影响,取长补短,有些商人的国别风格已不是十分明显了。因此,我们既应了解、熟悉不同国家和地区商人之间谈判风格的差异,在实际的商务谈判中更应根据临时出现的情况而随机应变,适当地调整自己的谈判方式以达到预期的目的,取得商务谈判的成功。

关键术语

跨文化沟通　　高内涵文化　　低内涵文化　　美式谈判　　一揽子交易
日式谈判　　认同在先　　文化冲突

复习思考题

1. 与国内商务谈判相比,国际商务谈判有哪些特殊性?
2. 高内涵文化的商人与低内涵文化的商人在一起谈判时会遇到什么障碍?
3. 举例说明不同国家的人们在时间和空间概念上的差异。
4. 对比分析美、日两国在谈判决策结构方面的差异。
5. 对比分析美、日两国在谈判关系的建立方面的差异。
6. 对比分析美、日两国在沟通方式方面有何异同之处。
7. 对比分析德、法、英、俄等国商人谈判风格的异同之处。
8. 简述阿拉伯人的谈判特点。

案例与训练

【案例 6-1】

王先生的环球商务旅行

王先生是京达进出口公司的业务经理,由于工作关系经常与外商接触。今年夏天,王先生又作了一次商务旅行,由印度、沙特阿拉伯抵欧洲,在英国逗留数日,越大西洋抵美国、巴西,后经日本回国。这次环球之旅给王先生印象最深的是各国交流习惯的巨大差异。

在日本，人们通常聚集在一起；在巴西，商人之间的身体距离很近，连对方的呼气都能感觉到；而在英国和美国，人与人之间的身体距离很大，一旦某人闯入你身体附近的"势力范围"，通常都会说："对不起"，尽管他离你还有数十厘米。

在阿拉伯世界，商人的时间观念弹性很大，迟到一两个小时，或推迟几天是常见的事，商人只是将其笼统地归为"真主的旨意"；而在欧美，商人的时间观念通常很强。

在印度，商人们在业务谈判之前总是花很长时间作一些社交性的讨论，迟迟不肯转入正题；而在美国，商人谈判时往往喜欢单刀直入、直奔主题。

在巴西，即使是夏天，商人们也大多着深色服装；而在美国，商人着装则要随便得多。

在印度，点头往往意味着"不"或不同意，令外国人一时难以适应。

在日本，电话交谈时一般是打电话者先讲，而在美国，通常是接电话者首先报出部门、职务、姓名。

……

王先生回到公司后，在公司的内部通讯上将自己的上述发现整理发表出来，同事们读了都感到很有收获。

问题：
1. 在跨文化交流中时间和空间的使用通常可能传达哪些不同的信息？试各举两个例子加以说明。
2. 举出非语言交流的6个例子并说明其含义。

【案例6-2】

被请到家里谈判

中国某公司与阿拉伯某公司谈判出口纺织品的合同。中方给阿方提供了报价条件，阿方说需研究，约定次日早9：30到某饭店咖啡厅谈判。9：20，中方小组到了阿方指定的饭店，等到10点钟还未见阿方人影，咖啡已喝了好几杯了。这时有人建议，"走吧！"有人抱怨："太过分了。"组长讲："既按约到此，就等下去吧。"一直等到10：30，阿方人员才晃晃悠悠来了，一见中方人员就高兴地握手致敬，但未讲一句道歉的话。

在咖啡厅双方谈了一个钟头，没有结果，阿方要求中方降价。组长让阿语翻译告诉对方：按约定9：20来此地，我们已等了一个钟点，桌上咖啡杯的数量可以作证，说明诚心与对方做生意，价不虚（尽管有余地）。对方笑了笑说："我昨天睡得太晚了，谈判条件仍难以接受。"中方建议认真考虑后再谈。阿方沉思了一下，提出下午3：30到他家来谈。

下午3：30中方小组准时到了他家，并带了几件高档丝绸衣料作礼品，在对方西式的客厅坐下后，他招来他的三个妻子与客人见面。三个妻子年岁不等，脸上没有平日阿拉伯妇女戴的面纱。中方组长让阿语翻译表示问候，并送上礼品，三位妻子很高兴。见过面后，就退下去了。这时，阿方代表说："我让她们见你们，是把你们当朋友。不过，你们别见怪，我知道在中国是一夫一妻制。我还有权按穆斯林的规定再娶一个，等我赚了钱再说。"中方人员趁机祝他早日如愿，并借此气氛将新的价格条件告诉对方。对方高兴地说："中方说研究就拿出了新方案。"于是，他也顺口讲出了自己的条件。中方一听该条件虽与自己的新方案仍有距离，但已进入成交线。

翻译看着中方组长，组长很自然地说："贵方也很讲信用，研究了新方案，但看来双方还有差距。怎么办呢？我有个建议，既然来了您的家，我们也不好意思只让你让步，我们双方一起让步如何？"阿方看了中方组长一眼，讲："可以考虑，但价格外的其他条件呢？"中方："我们可以先清理然后再谈价。"于是双方又把合同的产品规格、交货期及文本等扫了一遍，确认、廓清和订正。阿方说："好吧，我们折中让步吧，将刚才贵方的价与我方的价进行折中成交。"中方说："贵方的折中是个很好的建议，不过该条件对我还是过高些，我建议将我方刚才的价与贵方同意折中后的价进行折中，并以此价成交。"阿方大笑，说："贵方真能讨价还价，看在贵方昨天等我一个小时的诚意上，我们成交吧！"于是他的阿拉伯手握住了中方的手。

问题：
1. 如何看中方人员对对方迟到的处理？为什么对方未就迟到一事道歉？
2. 如何看阿方把中方请到家里的做法？
3. 通过双方的成交过程，评价中方的准备工作。

【案例6-3】

欧亚国际贸易公司

总裁陈明德近段时间以来，连续收到了欧洲、中非、东南亚各地分公司经理的抱怨。从接到的电话、电子邮件和便函及各次会议讨论看，其焦点是，他们认为，公司各项政策使得各地的分公司在当地竞争中处于越来越不利的地位，必须要考虑对公司的政策作调整。

欧亚国际贸易公司是1990年在俄罗斯成长起来的一个比较年轻的食品贸易企业。当初，前苏联解体后，在俄罗斯和其他前苏联加盟共和国，出现了经济的大幅度倒退，前苏联内部的企业因为经济不能正常生产，国内企业所能提供的食品远远不能满足当地老百姓的需要。在这样的情况下，一位在西北某高校从事国际贸易教学的教师辞职下海，在俄罗斯创办了自己的企业——欧亚国际贸易公司。随着公司在俄罗斯业务的不断扩展，企业取得了迅速发展，在短短5年间，就在东欧其他国家（如白俄罗斯、罗马尼亚等地）设立了分公司；到2000年，公司已把业务延伸到国内、南亚、印度尼西亚、非洲等地。

该公司之所以能取得如此快的发展，主要有这样几个原因。一是进入俄罗斯市场早，前苏联解体后，当初国内有很多公司到俄罗斯做生意，但由于担心政局不稳，风险较大，没有大规模进入。欧亚国际贸易公司从一开始，就做大手笔，取得了先发优势。二是依托国内产品供应。食品业在中国较为发达，而且供过于求，价格较低，在前苏联和东欧地区有较强的竞争能力。三是公司一直注重品牌和形象建设，当后来中国假冒伪劣产品充斥前苏联市场时，该企业仍坚持初衷。

1995年以后，企业贸易进一步扩张到中国国内、南亚、印度尼西亚、非洲等地时，为了更好地培育竞争力，公司在中国国内设立了工厂，实现了生产、贸易一体化。这种组合一方面击垮了相当一部分竞争对手，但另一方面也带来了风险——不得不经常派一些无跨国工作经验的经理到陌生的地区去拓展业务。陈明德也意识到公司这种扩张模式的脆弱性和风险性。

欧亚国际贸易公司在经营活动中，有一条原则，那就是要大量招当地员工，在公司全部约2 000名员工中，当地化的人员比例有的分公司达到70%，也有的只有45%。结果，由于各个分公司内部的员工来自中国、俄罗斯、东欧、东亚、南亚和其他国家和地区，少量还来自英国、荷兰、德国及法国，管理就成了很大问题。比如，尽管英语是公司的工作语言，某些职员仍不愿意使用英语。中国人、德国人、荷兰人及北欧国家的管理人员，能接受英语，但对于部分俄罗斯人、法国人和部分东欧人，则似乎不太愿意，还产生了一些摩擦。而且，来自不同地区的人在分公司内都希望增强自己国家员工的利益及生活习惯。为解决这个问题，欧亚贸易公司采取了一个策略：把高级主管派到超出他们各自民族利益的地区担任经理。例如，一个英国人主管印度尼西亚的工作；一个俄罗斯人主管罗马尼亚的工作。但这个策略遭到当地人的强烈反对，使主管工作难以开展。

陈明德彻夜思考这些问题，决定召开一个电话会议，让经理们就这些问题相互交流一下。他给各位经理5～10分钟时间提出自己的问题。讨论结果如下所述。

图库斯曼，南亚分公司经理（罗马尼亚人）：

在这里，虽然国内民众认为请喝酒、吃饭或送礼是贿赂或腐败行为，而且，当地政府也要求公务员成为清廉、有教养的楷模，要求他们对自己的人民负责，事实上这些都是形式。如果我们真根据当地政府所要求的那样去考虑行动的话，将会继续输给在这方面比我领会得好的竞争者。行贿在这里可以看作"小费"，它意味着尊敬和感激，因为这些政府官员帮助了我们，作为回报，接受礼金是理所应当的。如果我们坚持强加原来在东欧地区的做法，可能问题会更加严重。

王仪，非洲地区经理（中国人）：

在我们所在地区，往往一个人就能决定是否签合同，而且通常是总统，或内务部长或地区行政长官。他们不反对个人决策，但他们的决策更多出于政治考虑——生意会怎样影响以后的外交政策和国际关系，这些是不需要我们去谈判的。也许，我们需要更多的政府间合作，这比产品价格更重要。

贝特洛夫斯基，印度尼西亚地区经理（俄罗斯人）：

我们总是弄不懂这里客户真正所指所想，他们也不会简单告诉你。我们和这些客户做生意真是难适应。他们会同意任何事，但最后的决策总是等不来，谈了意向但实际真正签的合同却很少。我最困惑的是不知道自己在谈判中的位置，不知道如何结束一笔生意。除非从朋友那儿听到消息，否则连我自己都不知道谈判结果如何。

喀梅隆，东亚地区经理（非洲人）：

我想谈我所面临的两个文化交流问题。一个是我的员工们不懂当地礼节。他们虽然会讲当地语言，但并不知道其中的细微差别，不懂手势和礼仪，他们不习惯东亚商人的意思。另一个是政府如何决策往往不可捉摸。你不可能和有权决策的人打交道，因为事实上你不知道他是谁。通常，政府是一个由精明而严密的官僚阶层组成的特殊团体，你总是搞不清楚谁是真正的决策人，当然，这也有点像我们自己的做法。

陈明德也听到其他一大堆类似的陈述，接着便坐下来开始起草他的建议。

问题：欧亚国际贸易公司面临哪些内部文化冲突和外部挑战？应该如何调整它的对外沟通策略，使之和现实相符？

第 7 章

商务谈判礼仪

>> 学习目标

通过本章的学习，使学生了解和掌握以下知识点：
◎ 礼仪的含义及特点
◎ 商务礼仪的作用与原则
◎ 商务谈判的礼仪

7.1 礼仪的基本概念

7.1.1 礼仪的含义及特点

1. 礼仪的含义

礼仪产生于原始宗教，是原始人类对大自然和神灵的崇拜形式。在当时条件下，人们对自然界和自身的一些现象无法作出解释，就把它们看作是大自然的恩赐与惩罚，是神灵的意志，于是开始对自然及神灵产生了敬畏，以求赐福和精神上的安慰，或免除灾祸。为了表示对这种崇拜的虔诚，就创造出了各种方式和程序，随即形成一整套的仪式和行为规范，这就是礼仪的起点。

礼仪，是礼和仪的总称。"礼"最初的意思是敬神。东汉许慎在《说文解字》中说："礼，履也，所以事神致福也。"在敬神的基础上，礼的含义逐渐拓宽，引申为礼貌、尊敬，范围也扩及到人，于是产生了一系列对人表示尊敬的礼节、礼貌；同时，也包含了为表示敬意或为显示隆重而举行的仪式。随着社会的发展，"礼"又成为衡量社会行为和道德的规范及法则的总称。"仪"本意指法度、准则和规范，后来才有了仪式及礼节的含义。①

可见，礼仪是人类社会活动的行为规范，是人们在社交活动中应该遵守的行为准则。礼仪具体表现为礼貌、礼节、仪表、仪式等。礼貌是指人们在相互交往过程中表示敬重友好的行为规范；礼节是指人们在社会交往过程中表示致意、问候、祝愿等惯用形式；仪表是指人的外表，如仪容、服饰、姿态等；仪式是指特定场合举行的专门化、规范化的活动。

礼仪是人们在长期社会生活中形成的一种习惯。它是人类生存和发展的需要，是人们相互交流所产生的一定形式，久而久之，约定俗成，形成一定的习惯便是礼仪。

礼仪就其本身来说，其形式是物质的，体现在人的口头语言、书面语言、形体语言、表情语言、界域语言、服饰语言等诸多方面，作用于人们的感官。但礼仪的含义是精神的，意识的，反映不同的意识形态，它随着生产力的发展而发展，随着经济基础的变化而变化。今天礼仪规范已被列入正式的国际公约，成为各国正式交往中不可缺少的行为准则。

2. 礼仪的特点

礼仪的基本特点就是律己、敬人，具体体现在以下几个方面。

① 规范性。人们在长期反复的实践活动中形成了一系列有关礼仪的风俗、习惯、传统方式，并且要求后人遵从。这种行为准则，在一定程度上支配和控制着人们的行为举止。

② 继承性。礼仪是一个国家、民族文化的重要组成部分，通过人类社会的延续代代相传，不断补充符合时代标准的新的礼仪。

③ 差异性。不同民族、地区之间的礼仪有着自己鲜明的特征，同一礼仪形式或举止在不同的地方或者时代可能产生截然不同的含义。

④ 社会性。礼仪是一种社会文化形态，渗透到社会各个领域和角落中，只要有社会活动存在，就有礼仪存在。

⑤ 综合性。礼仪是一门专门研究人的交际行为规范的科学，它又广泛吸收了其他学科的内容用以充实完善自身，礼仪包含了人文、营销、公关、心理等多方面的知识。

⑥ 变动性。礼仪是社会历史发展的产物，历史和社会的前进引发了新的社会问题的出现，要求礼仪不断随之变化。

7.1.2 商务礼仪的作用

实 例 7-1

据报道，一次，辽宁省政府组织驻该省的外资金融机构的20余名代表考察该省的投资环境，整个考察活动是成功的。然而，给这些外资金融机构代表们留下深刻印象

---

① 刘昊. 商务谈判与技巧 [M]. 西安：西安地图出版社，2002.

的，除了各市对引进资金的迫切心情及良好的投资环境外，还有一些令他们费解，同时也令国人汗颜的小片段。

在某开发区，在向考察者介绍开发区的投资环境时，不知是疏忽，还是有意安排，由开发区的一个副主任作英语翻译。活动组织者和随行记者都认为一个精通英语的当地领导一定会增强考察者们的投资信心。哪知，这位副主任翻译起来结结巴巴、漏洞百出，几分钟后，不得不换另外一个翻译，但水平同样糟糕。而且，外资金融机构的代表们一个个西装革履、正襟危坐，而这位翻译却穿着一件长袖衬衫，开着领口，袖子卷得老高。考察团中几乎所有的中方人员都为这蹩脚的翻译及其近乎随便的打扮感到难为情。外方人员虽然没有说什么，但下午在某市市内考察，市里另安排了一个翻译时，几个外方考察人员都对记者说："这个翻译的水平还行。"其言外之意不言而喻。

考察团在考察一家钢琴厂时，主人介绍钢琴的质量如何好，市场上如何抢手，其中一个原因就是他们选用的木材都是从兴安岭林场中专门挑选的一个品种，而且这个品种的树木生长缓慢。一位外资金融机构的代表随口问道："木材这么珍贵，却拿来做钢琴，环保问题怎么解决？"没想到旁边一位当地陪同人员竟说："中国人现在正忙着吃饭，还没顾上搞环保。"一时间，令所有听到这个回答的考察团中方人员瞠目结舌。事后，那个提问的外方金融机构的代表对记者说："做钢琴用不了多少木头，我只是随口问问，也许他没想好就回答了。"虽然提问者通情达理，然而作为那位"率直"的回答者口中的"正忙着吃饭"的中国人，却不能不感到羞愧。

在某市，当地安排考察团到一个风景区游览，山清水秀的环境的确令人心旷神怡。外资金融机构的代表刚下车，一位中方陪同人员却把一个带着的或许是变质了的西瓜当着这些老外的面扔到了路旁。这大煞风景的举动令其他中方人员感到无地自容。[①]

在商务交往中，礼仪的作用是显而易见的，主要表现为以下几个方面。

1. 规范行为

礼仪最基本的功能就是规范各行行为。在商务交往中，人们相互影响、相互作用、相互合作，如果不遵循一定的规范，双方就缺乏协作的基础。在众多的商务规范中，礼仪规范可以使人明白应该怎样做，不应该怎样做，哪些可以做，哪些不可以做，有利于界定自我形象，尊重他人，赢得友谊。

2. 传递信息

礼仪是一种信息，通过这种信息可以表达出尊敬、友善、真诚等感情，使别人感到温暖。在商务活动中，恰当的礼仪可以获得对方的好感、信任，进而有助于事业的发展。

3. 协调人际关系

人际关系具有互动性。这种互动性表现为思想和行为的互动过程。如当你走路妨碍了对方，你表示歉意后，对方还你以友好的微笑；当你遭天灾人祸，朋友会伸出友谊之

---

① 资料来源：周忠兴. 商务谈判原理与技巧[M]. 南京：东南大学出版社，2003.

手援助你。人与人之间的互谅、互让、相亲相爱等,都是这种互动行为产生的效应,而这些互动行为往往是以礼仪为手段去完成行为的过程。

4. 树立形象

一个人讲究礼仪,就会在众人面前树立良好的个人形象;一个组织的成员讲究礼仪,就会为自己的组织树立良好的形象,赢得公众的好感。现代市场竞争除了产品竞争外,更体现在形象竞争。一个具有良好信誉和形象的公司或企业,就容易获得社会各方的信任和支持,就可在激烈的竞争中处于不败之地。所以,商务人员时刻注重礼仪,既是个人和组织良好素质的体现,也是树立和巩固良好形象的需要。

7.1.3 商务礼仪的原则

商务礼仪是一般礼仪在商务活动中的体现和运用,是指人们在商务活动过程中所表现的良好的礼貌、礼节、仪表、仪式。在商务活动中,商务人员为了树立良好的个人和公司形象,应该遵从社会公认的程序或行为规范。

1. 尊重宽容

参与商务活动的主体之间关系是平等的,相互尊重是最基本的礼仪。在商务活动过程中,彼此在相互尊重中建立情感关系,对推进商务活动的进程至关重要。另外,谦虚总是和尊重、有礼联系在一起,如果谦恭热情、平易近人,就容易产生亲和力,博得别人的好感。

例如,在商务谈判中,企业实力强的谈判代表,在谈判中不可为了取得高人一等的主动权,而做出伤害谈判对手自尊、侮辱他人人格的举动。

2. 真诚谦虚

在商务活动中,只有言行一致、诚实无欺,才能有发自内心的良好表现,得到对方的尊重和友好。这种真诚谦虚的态度,表现为参与者在商务活动中严于律己、宽以待人。

例如,商务谈判高手都能宽容地原谅对方的失礼或欠妥之处,显示自己心胸坦荡、豁达大度的素质。所谓"我敬人一尺,人敬我一丈",这种从对方的角度考虑问题和理解对方的态度,能为谈判者带来"投桃报李"的良性循环效应。通过彼此真实情感的交流,才能真正塑造企业和个人的良好形象,为今后双方长远合作打下扎实的基础。

3. 不卑不亢

在商务活动中,所有的尊重宽容、真诚谦虚,都需要保持一个适当的度,那样才能真正取得良好的效果。想通过言行举止体现出自己的真心实意,要适可而止。过度的迎合,会让人觉得虚伪做作,结果适得其反。

所谓的适度,主要是指情感适度、谈吐适度、举止适度。在商务活动中,参与者既要做到彬彬有礼,又不能卑躬屈膝;既要表现得热情大方,但又不能低三下四。例如,中国人在商务活动中,有喜欢宴请客人的习惯,主人在宴会上往往会非常热情地敬酒。在劝酒的举止上,就需要把握适度原则;过度的热情不仅不能起到良好的效果,反而会让人感到反感。

7.2 商务礼仪的规范要求

商务谈判实际上是人与人之间、组织与组织之间、国家与国家之间在经济上相互交往的一种活动。要在商务谈判中赢得优势，不仅需要依赖于自己的经济、技术实力和谈判技巧，而且还需要有高度的文明礼仪与修养。

我国素有"礼仪之邦"的美誉，深厚的礼仪积淀滋养了一批批谈判专家，历史上也留下了许多成功的范例，加之长期的国际商务交往，而今已经形成了一套约定俗成且比较规范的礼仪。

7.2.1 服饰

作为商务谈判者，必须熟悉着衣的基本礼节。因为不同民族及性别、习惯、年龄的差异，在服饰上也有很大的区别。在商务谈判中，服饰的颜色、样式及搭配等的合适与否，谈判人员的精神面貌如何，给对方的印象和感觉等方面都会带来一定影响。在商务谈判的场合，穿着一般选择灰色、褐色或者黑色等深色的服装，这些颜色会给人一种坚实、端庄、严肃的感觉。

从服饰的样式来看，在西方国家的交际场合，服饰大致可分为便服和礼服。我国没有便服和礼服之分。在正式、隆重、严肃的场合，男子的服装为上下同色同质的深色西装，女性则穿着西装套裙或西装。

除此以外，谈判者的发型、指甲、鞋袜，以及男性谈判者的胡须，女性谈判者的面、耳、颈等部位的修饰都构成服饰仪表的一部分内容，应加以足够的重视。男性谈判人员应当发型整洁成形，不凌乱、无头皮屑；每天剃须，口中无异味；鞋面清洁，鞋跟不过分磨损。女性谈判人员的发型应当简洁，不给人以妖艳之感；化妆应自然，并做到及时修补；戒指、耳环、项链等饰物不花哨；鞋应与服装相配，并保持整齐。

在进入谈判室时，应脱去大衣、帽子、风雨衣等外套，在室内一般不得戴手套和深色眼镜。在家中接待客商，也应注意穿戴齐整出来迎客，不得穿着睡衣、赤脚接待客人。

7.2.2 会面

会面时的礼节，有一整套的规范。怎么招呼与问候，包含着你的友善，传递着你对人的尊重。掌握了会面礼仪，将有助于你打开社交之门。毕竟，会面是正式交往的开始，这个头能否开好，至关重要。以下介绍几种常见的会面礼节。

1. 握手礼

握手是人们在社交场合不可缺少的礼节。握手除表示友谊外，还有祝贺、感谢、慰问和鼓励的含义。

握手时，伸手的先后顺序是上级在先、主人在先、长者在先、女性在先。握手时间一般在两三秒或四五秒之间为宜。握手力度不宜过猛或毫无力度。要注视对方并面带微笑。要避免那些不当的握手方式（见图7-1）。

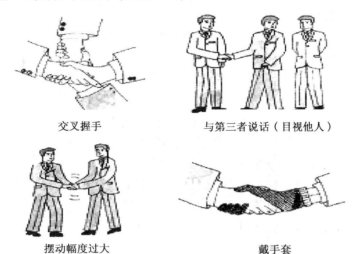

图7-1　4种不好的握手方式

2. 其他见面礼节

（1）鞠躬礼

意即弯身行礼，是表示对他人尊重和敬意而普遍使用的一种礼节。此礼既适用于喜庆欢乐或庄严肃穆的仪式，又适用于一般的社交场合。在日本，鞠躬礼是人们最常用的会面礼节。其弯身程度不同，所表示的尊敬程度也不一样。

（2）拥抱礼

拥抱礼是流行于欧美的一种会面礼节。行礼时，两人相对而立，各自右臂在上，左臂在下，右手环抚于对方的左后肩，左手环抚于对方的右后腰，胸部左倾而紧紧相抱，头部相贴，然后头部及上身向右倾而相抱，接着再次向左倾相抱，礼毕。

（3）合十礼

合十礼又称合掌礼，即把两个手掌在胸前对合，五指并拢向上，头略低。这种礼节，通行于南亚与东南亚信奉佛教的国家。

其他如亲吻礼、吻手礼等会面礼节在商务中使用频率不高，不再一一介绍。

7.2.3　名片

1. 名片的准备

名片不要和钱包、笔记本等放在一起，原则上应该使用名片夹。

名片可放在上衣口袋（但不可放在裤兜里）。

要保持名片或名片夹的清洁、平整。

2. 接受名片

必须起身接收名片，并用双手接收。

接收的名片不要在上面作标记或写字。

接收的名片不可来回摆弄。

接收名片时,要认真地看一遍。

不要将对方的名片遗忘在座位上,或存放时不注意落在地上。

3. 递名片

递名片的次序是由下级或访问方先递名片,若是介绍时,应由先被介绍方递名片。

递名片时,应说些"请多关照"、"请多指教"之类的寒暄语。

互换名片时,应用右手拿着自己的名片,用左手接对方的名片后,用双手托住。

互换名片时,也要看一遍对方职务、姓名等。

在会议室如遇到多数人相互交换名片时,可按对方座次排列名片。

会谈中,应称呼对方的职务、职称,如"×经理""×教授"等。无职务、职称时,称"×先生""×小姐"等,而尽量不使用"你"字,或直呼其名。

7.2.4 举止

谈判者的举止包括在谈判过程中的坐、站与行走所持的姿态及面部表情、手势等身体语言等。在商务谈判中,对举止总的要求是适度。

1. 坐

坐时,应从椅子的左边入座。坐在椅子上不要转动或移动椅子的位置。坐下后,身体应尽量坐端正,并把两腿平行放好,如图7-2所示。交谈时,可根据话题调整上身的前倾度。坐久了,可轻靠椅背,但最忌半躺半坐或将两腿平伸。

2. 站

正确的站立应该是两脚跟着地,腰背挺直,自然挺胸,脖颈伸直,须微向下,两臂自然下垂。在此基础上,可将足尖稍稍分开。女性可站丁字步,男性可将两脚自然分开,如图7-3所示。在正式场合,不宜将手插在裤袋里或交叉抱于胸前,更不要下意识地做小动作,否则不但显得拘谨,给人缺乏自信和经验的感觉,也有失仪表的庄重。

图7-2 坐姿

图7-3 站姿

3. 行

正确的走路姿势应是全身和谐具有节奏感,而且神采飞扬。男士行走时,上身不动、两肩不摇、步态稳健，以显示出刚健、英武、豪迈的男子汉风度。女性的步态应自如、轻柔而富有美感，以显示出女性的端庄、文静和温柔。具体说来，走时要挺胸、昂首、收腹、直腰、目光平视30米前方，有节奏地直线前进。

4. 微笑

在面部表情中，微笑是最具有社会意义的，是人际关系中最佳的润滑剂。它以友善、亲切、礼貌和关怀的内涵，沟通人与人之间美好的感情，传播愉快的信息，缩短人与人之间的距离，融洽交际气氛。俗话说"面带三分笑，生意跑不了"，谈判人员常常给予对方真诚的、自然的、亲切的微笑，有助于良好的人际关系的建立。

5. 手势

手势是体态行为中最具表现力的身体语言，人们在谈话时配以恰当的手势，往往能起到表情达意的良好效果。谈判人员可适时运用恰当的手势，配合说话内容，但手势幅度不宜过大，频率不宜过高，不要过于夸张，要清晰、简单，否则会给人以不自重或画蛇添足之感。禁止使用以下手势：用手或手中的物件指着对方；谈话过程中乱拍桌子；兴奋时拍自己的大腿；交谈时抓耳挠腮、搔首弄姿；等等。

背景资料7-1

手势与文化含义

不同的文化背景，有着不同的手势习惯，也有不同的文化含义。

"OK"手势。"OK"手势是用拇指和食指连成一个圈而构成的姿势。它在英语语系国家表示同意，但在法国则意味"零"或"无"，而在日本可以用来表示钱。

"V"手势。"V"手势是把食指和中指伸出而构成的姿势。手掌向外的"V"手势，代表胜利，而手掌向内的"V"手势，就变成侮辱人、下贱的意思，带有骂人的含义，这在英国及澳大利亚非常普遍，在欧洲许多地方，这一手势还可以表示数目"二"。

跷大拇指。在美国、英国、澳大利亚和新西兰，这种手势有3种含义：一种是搭便车；第二种表示OK的意思；若把拇指用力挺直，则表示骂人的意思。在希腊，这种手势的主要意思是"够了!"意大利人数数，竖起拇指表示一，加上食指为二。

7.2.5 交谈

商务谈判的过程无疑是交谈的过程。在商务谈判中，交谈并非只限于谈判桌前，交谈的话题并非只限于和谈判相关的问题，所以交谈中一定要注意以下有关的礼节。

第一，正确运用距离语言。谈判时，双方的距离一般在1～1.5米。如果过远，会使双方交谈不便而难于接近，有相互之间谈不拢的感觉；如果过近，会使人感到拘束，而不利于表达自己的意见。美国心理学家霍尔在他的《无声的空间》一书中。将人们所处的空间划分为4个层次，如表7-1所示。

表 7-1　人与人之间空间层次的划分

空间层次	距离	适用范围	与社交活动的关系
亲密空间	15～46 cm	最亲密的人	社交不能侵犯这一区域
个人空间	46 cm～1.2 m	亲朋好友之间	将社交活动按照适当的方式适时地进入这一空间，会增进彼此的情感与友谊，取得社交的成功
社交空间	1.2～3.6 m	凡有交往关系的人都可进入的空间	彼此保持距离，会产生威严感、庄重感
公众空间	大于 3.6 m	任何人都可进入的空间	在此空间，看见曾有过联系的人，一般都要有礼节地打招呼；对不认识的人，不能长久地注视，否则视为不礼貌

第二，交谈时运用眼神要得当。在谈判桌上就一般情况而言，比较理想的做法是以平静的目光注视对方的脸和眼。

第三，交谈现场超过三个人时，应不时地与在场所有人交谈几句，不要只和一两个人说话，而不理会其他人，所谈问题不宜让他人知道时，应另择场合。

第四，交谈时，一般不询问妇女的年龄、婚姻状况；不径直询问对方的履历、工资收入、家庭财产等私生活方面的问题；不谈荒诞离奇、耸人听闻的事情，对方不愿回答的问题不要刨根问底，对方反感的问题应立即转移话题；不对某人评头论足，不讥讽别人；不随便谈论宗教问题。

第五，谈判中说话的速度要平稳适中。

第六，交谈中要使用礼貌用语，并针对不同国别、民族、风俗习惯，恰当运用礼貌语言。

7.2.6　接待

接待是欢迎客人来访所做的一整套工作。在商务谈判中，接待是一门艺术。在接待过程中态度热情，行为恰当，就会赢得信任，增进关系。现将商务谈判中的接待礼仪分述如下。

1. 迎送

在谈判中，对前来参加谈判的人员，要视其身份和谈判的性质，以及双方的关系等，综合考虑安排。对应邀前来谈判的，无论是官方人士、专业代表团，还是民间团体、友好人士，在他们抵离时，都要安排相应身份的人员前往迎送。重要的客商，初次洽谈的客商，要去迎接。

陪车，应请客人坐在主人的右侧，小车的座位也有讲究：有司机时，后排右为上，左为次，中为三，司机旁边为四。若有两位客人，陪客坐司机旁边；车主当司机时，司机旁边为首，后排次序如上；车主为司机并有太太同坐时，太太应坐在车主司机的旁边，后排次序如上。

上车时，应为客人打开右边车门，主人从左侧车门上车，下车时主人先下，为客人打开车门，请客人下车。

陪客走路也有个顺序，一般是前右为上，应让客人走在自己右侧，以示尊重。若是三人行，中为上；如自己是主陪，应并排走在客人左侧，不能落后；如果自己是陪访随同人员，应走在客人和主陪人员后面。随同领导外出，一般应走在领导的两侧偏后一点或后面。

2. 宴请

宴请应选择对主客双方都合适和方便的时间，最好能先征得客人的同意。就我国来说，宴请一般以晚间较多。注意不要选择在对方重要的节假日、有重要活动或禁忌的日子。其地点的选择，一般来讲，正式隆重的宴请活动应安排在高级宴会厅举行，可能条件下，应另设休息厅，注意不要在客人住的宾馆设宴招待。

不论举行什么样的宴会，都应事先发出邀请，一般均发请柬，其优点在于礼仪郑重，同时又能起到提醒客人和备忘的作用。请柬一般应提前1~2周发出，以便客人及早安排。一般情况下，可根据实际发出口头邀请或电话邀请。

席位的安排，国际上的习惯是，以离主桌位置远近决定桌次高低，同一桌上，以离主人的座位远近决定座位高低，右高左低。

宴请程序及现场工作：主人应在门口迎接客人，主人陪同主宾进入宴会厅，全体客人就座，宴会即开始；吃饭过程中一般是不能抽烟的；吃完水果，主人与主宾起立，宴会即告结束；主宾告辞，主人送至门口。服务人员训练有素，服务应周到、得体。

接到宴会邀请，是否接受都应尽快作答，由于特殊情况不能出席，应尽快通知主人，并致歉意。出席宴会，身份高的可略晚抵达，其他客人应略早一些，在我国，也可正点或按主人的要求抵达。

背景资料 7-2

宴请的 4 种常见形式[①]

国际上通用的宴请形式有4种：宴会、招待会、茶会、工作进餐。每种形式均有特定的规格和要求。

形式一：宴会

宴会，指比较正式、隆重的设宴招待，宾主在一起饮酒、吃饭的聚会。宴会是正餐，出席者按主人安排的席位入座进餐，由服务员按专门设计的菜单依次上菜。按其规格又有国宴、正式宴会、便宴、家宴之分。

① 国宴。特指国家元首或政府首脑为国家庆典或为外国元首、政府首脑来访而举行的正式宴会，是宴会中规格最高的。按规定，举行国宴的宴会厅内应悬挂两国国旗，安排乐队演奏两国国歌及席间乐，席间主、宾双方有致辞、祝酒。

② 正式宴会。这种形式的宴会除不挂国旗、不奏国歌及出席规格有差异外，其余的安排大体与国宴相同。有时也要安排乐队奏席间乐，宾主均按身份排位就座。

---

① 资料来源：中华礼仪网.

许多国家对正式宴会十分讲究排场，对餐具、酒水、菜肴的道数及上菜程序均有严格规定。

③ 便宴。这是一种非正式宴会，常见的有午宴、晚宴，有时也有早宴。其最大特点是简便、灵活，可不排席位、不作正式讲话，菜肴也可丰可俭。有时还可以自助餐形式，自由取餐，可以自由行动，更显亲切随和。

④ 家宴。即在家中设便宴招待客人。西方人士喜欢采取这种形式待客，以示亲切。且常用自助餐方式。西方家宴的菜肴往往远不及中国餐之丰盛，但由于通常由主妇亲自掌勺，家人共同招待，因而它不失亲切、友好的气氛。

形式二：招待会

招待会是指一些不备正餐的宴请形式。一般备有食品和酒水饮料，不排固定席位，宾主活动不拘形式。较常见的有以下几种。

① 冷餐会。此种宴请形式的特点是不排席位，菜肴以冷食为主，也可冷、热兼备，连同餐具一起陈设在餐桌上，供客人自取。客人可多次进食，站立进餐，自由活动，边谈边用。冷餐会的地点可在室内，也可在室外花园里。对年老、体弱者，要准备桌椅，并由服务人员招待。这种形式适宜于招待人数众多的宾客。我国举行大型冷餐招待会，往往用大圆桌，设座椅，主桌安排座位，其余各席并不固定座位。食品和饮料均事先放置于桌上，招待会开始后，自行进餐。

② 酒会。又称鸡尾酒会，较为活泼，便于广泛交谈接触。招待品以酒水为主，略备小吃，不设座椅，仅置小桌或茶椅，以便客人随意走动。酒会举行的时间亦较灵活，中午、下午、晚上均可。请柬上一般均注明酒会起止时间，客人可在此间任何时候入席、退席，来去自由，不受约束。鸡尾酒是由多种酒配成的混合饮料，酒会上不一定都用鸡尾酒。通常鸡尾酒会备置多种酒品、果料，但不用或少用烈性酒。饮料和食品由服务员托盘端送，亦有部分放置桌上。近年来国际上举办大型活动广泛采用酒会形式招待。自1980年起我国国庆招待会也改用酒会这种形式。

形式三：茶会

茶会是一种更为简便的招待形式。它一般在西方人早、午茶时间（上午十时、下午四时左右）举行，地点常设在客厅，厅内设茶几、座椅，不排席位。如为贵宾举行的茶会，入座时应有意识地安排主宾与主人坐在一起，其他出席者随意就座。

茶会顾名思义就是请客人品茶，故对茶叶、茶具及递茶均有规定和讲究，以体现该国的茶文化。茶具一般用陶瓷器皿，不用玻璃杯，也不用热水瓶代替茶壶。外国人一般用红茶，略备点心、小吃，亦有不用茶而用咖啡者，其组织安排与茶会相同。

形式四：工作进餐

工作进餐是又一种非正式宴请形式。按用餐时间分为工作早餐、工作午餐、工作晚餐，主客双方可利用进餐时间，边吃边谈问题。我国现在也开始广泛使用这种形式于外事工作中。它的用餐多以快餐分食的形式，既简便、快速，又符合卫生。此类活动一般不请配偶，因为多与工作有关。双边工作进餐往往以长桌安排席位，其座位与会谈桌座位排列相仿，便于主宾双方交谈、磋商。

3. 日程及谈判场地

作为接待一方的安排者，应主动将会见、谈判的时间、地点、双方出席人员及有关注意事项通知己方和对方。作为要求会见、谈判的一方也可主动向对方了解上述情况。谈判地点的选择及谈判场景的布置在 3.4 小节中已经作了详细介绍，这里不再赘述。

7.2.7 签字

重要谈判达成协议后，一般要举行签字仪式。签字人视文件的性质由谈判各方确定，双方签字人身份大体对等。业务部门之间签署专业性协议，一般不举行这类签字仪式。

安排签字仪式，首先要做好文本的准备工作，及早对文本的定稿、翻译、校对、印刷、装订、盖章等做好准备，同时准备好签字用的文具。

参加签字仪式的，基本上是双方参加谈判的全体人员，人数最好相等。

签字位置，一般安排客方在右边，主方在左边。

政府间的签字仪式还要准备小国旗。

协议签订完毕，双方主要负责人应起立握手致意，对双方为达成协议所做的努力表示满意，并互祝为履行协议而继续努力。其他人员可鼓掌响应。

7.2.8 馈赠

在商务交往中，相互赠送礼物是常有的事。选择礼品时，要看对象，要根据不同层次的人的不同需求而"投其所好"。要寓情于物，要将自己的感情通过礼品表现出来。另外，赠送礼品要顾及民俗与禁忌。它是一种由习惯而形成的大众心理。如中国人不喜欢以钟、鞋、伞、药、白布为礼，不少国家讲究送喜礼忌单数，而逢丧事馈赠忌双数等。

接受礼物时，适当的谦让是必要的。接受之后，则应表示感谢。中国人收礼后一般是客人走后才打开，西方人则习惯于当着客人打开包装并欣赏赞美一番。若知道是较珍贵的礼物，还是当面打开惊讶地欣赏一番为好。一般不宜问价钱。

国内企业、单位之间的商务交往都是在同一国人之间进行的。也就是说，都是在同一社会文化背景之中进行的。因而，虽然各地在仪式上有所差别，但在交往中还是比较容易理解和接受的，我国加入WTO后，社会交往进入"与狼共舞"的时代，由于各自生活在不同的社会文化背景之中，各自的民族文化、习俗及礼仪等差别就比较悬殊，所以要想在商务中应付自如，无失礼之虞，就必须学会和掌握一整套礼仪，并适当考虑谈判对方国家在风俗礼仪等方面的特殊性。

背景资料 7-3

不同国家人们的馈赠风俗

类 别	风 俗
英国人	一般送价钱不贵但有纪念意义的礼品。切记不要送百合花,因为这意味着死亡。收到礼品的人要当众打开礼品
美国人	送礼品要送单数,且讲究包装,认为蜗牛和马蹄铁是吉祥物
法国人	送花不要送菊花、杜鹃花和黄色的花,不要送带有仙鹤图案的礼品,不要送核桃。因为他们认为仙鹤是愚蠢的标志,而核桃是不吉利的
俄罗斯人	送鲜花要送单数,用面包与盐招待贵客,表示友好和尊敬。最忌讳送钱给别人,这意味着施舍与侮辱
日本人	盛行送礼,探亲访友、参加宴请都会带礼品。接送礼品要双手,不当面打开礼品。当接受礼品后,再一次见到送礼的人一定要提及礼品的事,并表示感谢。送的礼品忌送梳子,切不要送有狐狸、獾的图案的礼品,因为梳子的发音与死相近。一般人不要送菊花,因为菊花是日本皇室专用花卉

关键术语

礼仪　　商务礼仪　　服饰　　握手礼　　鞠躬礼　　拥抱礼　　合十礼　　名片　　举止　　人际空间层次　　迎送　　宴请　　签字仪式　　商务馈赠

复习思考题

1. 为什么要重视和研究商务活动中的礼仪?
2. 对谈判者的服饰有什么要求?
3. 对谈判人员的举止有什么要求?
4. 人际空间距离可分为哪几个层次?各适用于什么范围?
5. 对客商的迎送和宴请要注意哪些问题?
6. 对谈判会场的座位安排有什么要求?
7. 签字仪式和礼物馈赠应注意哪些问题?

案例与训练

一、训练题

1. 体态练习

(1) 站姿练习

靠墙壁站直,让脚后跟顶住墙,把手放在腰和墙之间,手应当刚好能放进去,而没有多余的空间。如果有很大空隙，可以弯下腿，慢慢蹲下去，把手一直放在背后。这种方法能让你体会到正确体态的感觉。经过练习后，你会发现，你的手几乎插不进腰与墙之间的空间了，那时的站姿是最美妙的。

（2）行姿练习

可以把一本书放在头顶上，放稳之后再松手，接着把双手放在身体两侧，用前脚慢慢地、小心地从基本站立姿态起步走。这样练习走路姿态，关键是走路时要摆动大腿关节部位，而不是膝关节，步伐才能轻盈。

（3）微笑练习

请对着镜子做下列练习。

眼睛：美好笑容的关键在于"眼"，将视线调整为半圆状送出，视线柔和，表情明快。

嘴唇：美好笑容中，口部表情为一大要素。在做到上面眼部表情之后，再将唇的两边略上提（称作CHEESE），即可做出给人好感的微笑。

2. 体态展示

请数位同学依次走上讲台并站立，教师和其他同学对其行走、站立和微笑等体态进行总结评价，指出不足之处。

3. 角色模拟

作为上海A公司的业务员，林先生去上海虹桥机场接从北京前来洽谈设备采购事宜的B公司总经理陈先生（男，50岁，高级工程师）、项目经理吴先生（男，36岁，哈佛博士后）和办公室主任张女士（女，30岁）。在顺利接到北京客人后，林先生首先向对方进行了自我介绍，北京公司的张女士也向林先生介绍了一行人。之后，林先生将一行人带到自己公司总经理安排的酒店。在酒店门口遇到了前来接待欢迎的公司经理周先生（男，45岁，高级工程师）、销售经理郑女士（女，36岁，高级营销师）和职员张先生（男，24岁）。林先生当即向双方进行了介绍，双方相互交换名片，周经理向北京来的客人表示了欢迎。

角色扮演要点：① 林先生向对方做自我介绍；② 林先生为谈判双方相互介绍；③ 周经理向北京来的客人表示欢迎；④ 双方交换名片。注意其中的个人礼仪，交往礼仪是否恰当。

数日后，北京客人离开上海，上海A公司经理周先生、销售经理郑女士、林先生及职员一起分乘三辆车将北京客人送到机场，握手送别。

角色扮演要点：① 安排乘车座位次序；② 上下车礼仪；③ 北京客人向主人告别。注意乘车、握手告别礼仪。

4. 提高身份

作为某公司的谈判代表，你希望提高自己的地位，以免被对方看不起。选出适合提高身份的象征。

（1）穿上名牌西装。

（2）送给对方超级球赛的门票。

（3）让你的妻子佩戴上等珠宝。

（4）在对方面前显示出时间不够用，因为你一直很忙。
（5）你显得没有什么事好做。
（6）你显得人们总是有求于你——他们不断地想找你谈话。
（7）有知名人物为你捧场。
（8）你利用一个秘书来为你捧场。
（9）你做些自我炫耀的事。
（10）你不用公文皮包。
（11）你被一群对你唯命是从的人簇拥着。
（12）你亲自处理各种事务，以显示出你的独立性。
（13）你给别人分派工作任务，但内部事务则严格地由你自己亲自处理。
（14）你善于多听别人发表意见。
（15）你喜欢自己滔滔不绝地对别人讲。
（16）你爱开玩笑。
（17）安排在你的办公室里与对方会见。
（18）安排在对方的办公室里与他们会见。
（19）安排在对双方来说是中立的某地与对方会见。

二、案例思考题

【案例 7-1】

一场木炭交易谈判中的礼仪与服饰①

某年夏天，S市木炭公司经理尹女士到F市金属硅厂谈判其木炭的销售合同。S市木炭公司是生产木炭的专业厂，一直想扩大市场，因此对这次谈判很重视。会面那天，尹经理脸上粉底打得较厚，使涂着腮红的脸尤显白嫩，戴着垂吊式的耳环、金项链，右手带有两个指环、一个钻戒，穿着大黄衬衫。F市金属硅厂销售科的王经理和业务员小李接待了尹经理。王经理穿着布质夹克衫、劳动布的裤子，皮鞋不仅显旧，还蒙着车间的硅灰。他的胡茬发黑，更显苍老。

尹经理与王经理在会议室见面时，互相握手致意，王经理伸出大手握着尹经理白净的小手，但马上就收回了，并抬手检查手上情况。原来尹经理右手的戒指、指环扎到了王经理的手。看着王经理收回的手，尹经理眼中掠过一丝冷淡。小李眼前一亮，觉得尹经理与王经理的反差大了些。

双方就供货及价格进行了谈判，F厂想独占S厂的木炭供应，以加强与别的金属硅厂的竞争力，而S厂提出了最低保证量及预先付款作为滚动资金的要求。王经理对最低订量及预付款原则表示同意，但在"量"上与尹经理分歧很大。尹经理为了不空手而回，提出暂不讨论独家供应问题，预付款也可放一放，等于双方各退一步，先谈眼下的供货合同问题。王经理问业务员小李，小李没应声。原来他在观察研究尹经理的服饰和化妆，尹经理也等小李的回话，发现小李在观察自己，不禁一阵脸红，

---

① 贾蔚，栾秀云. 现代商务谈判理论与实务［M］. 北京：中国经济出版社，2006.

但小李没提具体合同条件,只是将F厂"一揽子交易条件"介绍了一遍。尹经理对此未做积极响应。于是小李提出,若谈判依单订货,可能要货比三家,愿先听S厂的报价,依价下单。尹经理一看事情复杂化了,心里直着急,加上天热,额头汗珠汇集成流,顺着脸颊淌下来,汗水将粉底冲出了一条小沟,使原来白嫩的脸变得花了。

见状,王经理说道:"尹经理别着急。若贵方价格能灵活些,我方可以先试订一批货,也让你回去有个交代。"尹经理说:"为了长远合作,我们可以在这笔交易上让步,但还请贵方多考虑我厂的要求。"双方就第一笔订单做成了交易,并同意就"一揽子交易条件"存在的分歧继续研究,择期再谈。

问题:结合案例分析谈判双方在谈判的礼仪和服饰上有什么不妥之处。

【案例7-2】

一次漏洞百出的接待[①]

小张今年大学毕业,刚到一家外贸公司工作,经理就交给他一项任务,让他负责接待最近将到公司的一个法国谈判小组,经理说这笔交易很重要,让他好好接待。

小张一想这还不容易,大学时经常接待外地同学,难度不大。于是他粗略地想了一些接待顺序,就准备开始他的接待。小张提前打电话和法国人核实了一下来的人数、乘坐的航班以及到达的时间。然后,小张向单位要了一辆车,用打印机打了一张A4纸的接待牌,还特地买了一套新衣服,到花店订了一束花。小张暗自得意,一切都在有条不紊地进行。

到了对方来的那一天,小张准时到达了机场,谁知对方左等不来右等也不来。他左右看了一下,有几位老外比他还倒霉,等人接比他等得还久。他想,该不会就是这几位吧?于是又竖了竖手中的接待牌,对方没有反应。等到人群散去很久,小张仍然没有接到。于是,小张去问询处问了一下,问询处说该国际航班飞机提前了15分钟降落。小张怕弄岔了,赶紧打电话回公司,公司回答说没有人来。小张只好接着等,周围只剩下那几位老外了,他想问一问也好。谁知一询问,就是这几位。小张赶紧道歉,并献上一大束黄菊花,对方的女士看看他,一副很尴尬的样子接受了鲜花。接着,小张引导客人上车,客人们便大包小包地上了车。

小张让司机把车直接开到公司定点的酒店,谁知因为旅游旺季,酒店早已客满,而小张没有预订,当然没有房间。小张只好把他们一行拉到一个离公司较远的酒店,这家条件要差一些,至此,对方已露出非常不快的神情。小张把他们送到房间。一心想将功补过的他决定和客人好好聊聊,这样可以让他们消消气,谁知在客人房间待了半个多小时,对方已经有点不耐烦了。小张一看,好像又吃力不讨好了,以前同学来我们都聊通宵呢!小张于是告辞,并和他们约定晚上七点在饭店大厅等,公司经理准备宴请他们。

到了晚上七点,小张在大厅等,谁知又没等到。小张只好请服务员去通知法国人,就这样,七点半人才陆续来齐。小张想,法国人怎么睚眦必报,非得让我等。到了宴会

---

① 周晓琛. 商务谈判理论与实践[M]. 北京:知识产权出版社,2004.

地点，经理已经在宴会大厅门口准备迎接客人，小张一见，赶紧给双方作了介绍，双方寒暄后进入宴席。小张一看宴会桌，不免有些得意：幸亏我提前做了准备，把他们都排好了座位，这样总万无一失了吧。谁知经理一看对方的主谈人正准备坐下，赶紧请对方到正对大门的座位，让小张坐到刚才那个背对大门的座位，并狠狠瞪了小张一眼。小张有点莫名其妙，心想：怎么又错了吗？突然，有位客人问："我的座位在哪里？"原来小张忙中出错，把他的名字给漏了。法国人都露出了一副很不高兴的样子。好在经理赶紧打圆场，神情愉快地和对方聊起一些趣事，对方这才不再板着面孔。一心想弥补的小张在席间决定陪客人吃好喝好，频繁敬酒，弄得对方有点尴尬，经理及时制止了小张。席间，小张还发现自己点的饭店的招牌菜辣炒泥鳅，对方几乎没动，小张拼命劝对方尝尝，经理脸露愠色地告诉小张不要劝，小张不知自己又错在哪里。好在谈锋颇健的经理在席间和客人聊得很愉快，客人很快忘记了这些小插曲。等双方散席后，经理当夜更换了负责接待的人员，并对小张说："你差点坏了我的大事，从明天起，请你另谋高就。"小张就这样被炒了鱿鱼，但他仍不明白自己究竟错在哪里？

　　问题：本案例中小张究竟错在哪里？谈谈作为一名优秀的商务谈判人员，在整个商务谈判的过程中应该注意哪些基本的礼仪。

第 8 章

商务谈判签约

> **学习目标**
>
> 通过本章的学习,使学生了解和掌握以下知识点:
> ◎ 商务合同的种类和内容
> ◎ 商务合同的审核及签订
> ◎ 商务合同的履行及维护
> ◎ 涉外商务合同与国际惯例

谈判双方经过讨价还价,最终对交易内容和条件达成了完全一致的看法和意见,这可以说已经完成了谈判的一大半工作,但还不是全部工作。因为谈判的成果还必须以合同的形式来体现,取得法律的保护,这样它才是巩固的、确实的。同时,签订合同时还会涉及某些有关双方的责任、权利和义务承担的问题,而这些问题可能是前面的谈判所没有涉及的,或者没有充分展开讨论的,因此,在签订合同时必须将这些问题全部落实。商务合同要尽可能完善、全面、准确、肯定和严密,这样既可以清楚地规定合同双方的权利和责任,又能防止和减少日后不必要的矛盾和纠纷。

8.1 商务合同的种类及内容

8.1.1 商务合同的特点和种类

1. 商务合同的特点

商务合同是谈判双方在经济合作和贸易交往中,为实现各自的经济目标,明确相互之间的权利义务关系,通过协商一致而共同订立的协议。因此,商务合同一般具有以下特点。

① 商务合同是一种法律文件。一方面,商务合同必须遵守国家法律规定,符合国

家政策和计划要求，涉外商务合同还须遵守国际条约和国际惯例；另一方面，商务合同的签订是一种经济和法律行为，任何一方违反合同规定都要承担法律的和经济的责任。

② 体现权利义务平衡。即当事人一方所享受的权利，必须与其所承担的义务相对应，双方应互有权利和义务，这种平衡要体现在合同的每一条文之中，并贯穿始终。

③ 合同当事人应有合法行为能力。即签订商务合同的主体必须具有法人资格的企业或国家法律许可的个体工商户。

④ 合同条文必须明确、规范。合同作为一种法律文件，应同时具备严肃性、规范性和可保存性。商务合同除即时清结的以外，一般采用书面形式。

2. 商务合同的种类

商务合同的种类繁多，可从不同角度加以区分。

① 按业务性质和内容划分。这是目前最常用的分类方法。我国《合同法》的"分则"部分把常用合同按业务性质和内容分为15类，并对其条款作了具体规定。这15类合同是：买卖合同（又称购销合同）、供用电水气热力合同、赠与合同、借款合同、融资租赁合同、承揽合同、建设工程合同、运输合同、技术合同、保管合同、仓储合同、委托合同、行纪合同、居间合同。

② 按合同成立的程序分，有承诺合同和实践合同。凡双方意思表示一致，合同即告成立的，叫承诺合同，如购销合同、建筑工程承包合同等；凡双方达成协议后，还须交付标的才能成立的合同，叫实践合同，如借款合同、保管合同、运输合同等。

③ 从合同成立是否需要特定方式分，有要式合同与非要式合同。凡需要履行特定的方式才能成立的合同，称为要式合同。如需要经济签证、公证或有关机关核准登记才算成立的合同，属要式合同。要式合同未履行特定方式前，合同不算成立，也不发生法律效力。非要式合同则对合同成立的形式没有特别要求。

8.2.2 商务合同的构成及条款

1. 商务合同的构成

随着社会经济的发展、交易的复杂化，各类商务合同示范文本也应运而生。综观内容繁简不一的商务合同文本，可以发现其具有较为稳定的书面结构模式。商务合同的结构一般由首部、正文、尾部和附件四部分构成。

（1）首部

合同的首部称为约首。通常由标题、当事人基本情况及合同签订时间、地点构成。具体如合同的详细名称、签订合同当事人的名称（姓名）、签订合同的目的和性质、签订合同的日期和地点、合同的成立以及合同中有关词语的定义和解释等内容。

（2）正文

合同的正文是合同的内容要素，即合同的主要条款，是合同最重要的部分。其包括合同的标的与范围、数量与质量规格、价格与支付条款及相应条件、违约责任、合同效力等。由于此部分是合同关键所在，所以在签订合同时往往在内容上比较明确、具体而

（3）尾部

合同的尾部为合同的结尾部分，内容包括合同的份数、合同的有效期、双方当事人签名、通信地址、盖章、银行开户名称、开户银行账号、签证或公证等。

（4）附件

合同的附件是对合同有关的条款做进一步的解释与规范，对有关技术问题做详细阐释与规定，对有关标的操作性细则做说明与安排的部分。如技术性较强的商品买卖合同，需要用附件或附图形式详细说明标的全部情况。合同附件是合同的共同组织部分，同样具有法律效力。

除了以上主要内容外，根据不同谈判目的和合同类型的具体特点，都可以将谈判双方已经达成的一致意见以书面形式肯定下来，并以准确的词语加以表达，形成一份合同。

书写合同由于种类多，内容广，其具体格式在世界各国并无统一的规定，因此具体写作中可有一定的灵活性。但有的国家政府为了便于审查批准，对某些涉外合同的格式有具体专门的规定，书写时必须参照。

2. 商务合同的主要条款

商务合同的种类、形式极多，具体内容各异，不少国家的合同法对此均有各自的明确规定，但其主要条款则是稳定的。商务合同的主要条款是指一般商务合同都必须具备的共性条款，它规定了当事人双方的权利和义务，是确认商务合同是否合法有效的主要条件，也是当事人双方全面履行商务合同的主要依据。其包括的主要条款如下。

（1）标的

合同的标的物是整个谈判的中心内容，是合同当事人权利和义务共同指向的对象。商务合同种类不同，其标的也不相同。标的可以是货物，可以是货币，也可以是工程项目、智力成果等。但无论何种标的，都必须符合国家法律法规的规定，国家限制流通的物品不能作为商务合同的标的。同时，合同的标的要写明标的名称，以使标的特定化，以便确定当事人的权利和义务。

实 例 8-1

甲公司与乙公司订立一份合同，约定由乙公司在十天内，向甲公司提供新鲜蔬菜6 000公斤，每公斤蔬菜的单价1元。乙公司在规定的期间内，向甲公司提供了小白菜6 000公斤，甲公司拒绝接受这批小白菜，认为是为职工食堂订购所需求的蔬菜，食堂不可能有那么多人力用于洗小白菜，小白菜不是合同所要的蔬菜。

双方为此发生争议，争议的焦点不在价格，也不涉及合同的其他条款，唯有对合同的标的双方各执一词，甲公司认为自己的食堂从来没有买过小白菜，与乙公司是长期合作关系，经常向其购买蔬菜，每次买的不是大白菜就是萝卜等容易清洗的蔬菜，乙公司应该知道这种情况，但是其仍然送来了我公司不需要的小白菜，这是曲解了合同标的。

乙公司称合同的标的是蔬菜，小白菜也是蔬菜，甲公司并没有说清楚要什么样的蔬菜，合同的标的规定是新鲜蔬菜，而小白菜最新鲜，所以我公司就送了小白菜过去，这没有违反合同的规定，甲公司称蔬菜就是大白菜或萝卜的说法太过牵强附会，既没有合同依据也没有法律依据，不足为凭。

（2）数量和质量

数量是标的在量的方面的具体化，是计算和衡量合同当事人权利、义务的尺度。在数量条款中，应当根据标的的种类，规定计量标的的单位和方法。此外，还应当考虑可能发生的误差幅度和自然损耗程度等问题。质量是标的内在素质和外观形象的综合状况，包括标的名称、品种、规格、型号、等级、标准、技术要求、物理和化学成分、款式、感觉要素、性能等。关于质量标准，有国家标准或者行业标准的，按国家标准或者行业标准；没有国家标准或者行业标准的，由双方协商。

数量和质量条款是合同的主要条款。没有数量，权利义务的大小很难确定；没有质量，权利义务极易发生纠纷。因此，该条款应力求规定得明确、具体。

（3）价款或酬金

价款是根据合同的规定，取得财产的一方当事人向另一方当事人支付的以货币表示的代价。酬金是根据合同取得劳务、智力成果的一方当事人向另一方当事人支付的货币。价款和酬金是有偿合同的必备条款，合同中应说明价款或酬金数额及计算标准、结算时间、结算方式和程序等。如果有政府定价和政府指导价的，要按照规定执行。

（4）合同的期限、履行地点和方式

合同的期限包括有效期限和履行期限。有的合同如租赁合同、借款合同等必须具备有效期限。合同的履行期限是当事人履行合同的时间界限。履行期限直接关系到合同义务完成的时间，涉及当事人的期限利益，也是确定合同是否按期履行或者逾期履行的客观依据。正因如此，期限条款还是应当尽量明确、具体，或者明确规定计算期限的方法。

履行地点是指当事人履行合同义务的地点，亦即交付或提取标的物的地方。不同种类的商务合同，履行地点也有不同的特点。如买卖合同中，买方是提货的，在提货地履行；卖方是送货的，则在买方收货地履行。在工程建设合同中，在建设项目所在地履行。履行地点有时是确定运费由谁负担、风险由谁承担以及所有权是否转移、何时转移的依据。履行地点也是在发生纠纷后由哪一地方法院管辖的依据。

履行方式是指当事人采用什么方式履行合同义务。它包括标的的交付方式和价金的结算方式。不同的商务合同，决定了履行方式的差异。履行可以是一次性的，可以是在一定时期内的，也可以是分期、分批的。履行方式与当事人的利益密切相关，应当从方便、快捷和防止欺诈等方面考虑采取最为适当的履行方式，并且在合同中应当明确规定。

（5）违约责任

违约责任是指因当事人一方或双方的过错，造成商务合同不能履行或不能完全履行而责任方必须承担的法律责任。合同规定违约责任有利于督促当事人自觉履行合同,发生纠纷时也有利于确定违约方所承担的责任,这是合同履行的保障性条款。通常有关合同的法律对于违约责任都已作出较为详尽的规定,但为了保证合同义务严格按照约定履行,和更加及时地解决合同纠纷,可以在合同中约定违约责任,如约定定金、违约金、赔偿金额及赔偿金的计算方法等。

(6) 解决争议的方法

解决争议的方法指合同争议的解决途径,对合同条款发生争议时的解释及法律适应等。合同发生争议时,其解决方法包括当事人协商、第三人调解、仲裁、诉讼 4 种途径。解决争议的方法选择对于纠纷发生后当事人利益的保护是非常重要的。如果意图通过诉讼解决争议,可以不进行约定;如果选择适用仲裁解决,则要经过事先或者事后约定,还要明确选择是哪一个仲裁机构。

(7) 其他

除合同主要条款以外,双方当事人应根据实际情况约定其他有关双方权利和义务的条款。如果是涉外商务合同,还有合同适用法律的选择和确定问题。

8.2 商务合同的审核及签订

8.2.1 商务合同的订立程序

订立合同的程序是指当事人在签订协议时所采用的方式和方法以及订立合同的过程。整个订立合同的过程是当事人双方使其意思表示趋于一致的过程,这一过程在合同法上称为要约和承诺。要约和承诺既是订立合同的方式,又是订立合同的必经程序。

1. 要约

(1) 要约的概念及特征

要约是指一方当事人向另一方作出的以一定条件订立合同的意思表示。在商业活动及对外贸易中,要约常被称作发价、发盘、出盘、报价等。要约的特征为:是以订立合同为目的的意思表示;要约的内容具体确定,即要约的内容应当包括合同得以成立所必需的条款;要约经受要约人承诺,要约人即受该意思表示约束。

要约不同于要约邀请。要约邀请是希望他人向自己发出要约的意思表示,是订立合同的预备行为。

(2) 要约的约束力

要约的约束力就是指要约对要约人和受要约人的法律约束力。要约对要约人的约束力表现为要约一经生效,要约人即受要约的约束。要约对受要约人的约束力是指受要约人于要约发生效力时有权作出承诺以使合同成立。受要约人的承诺应当在要约确定的承诺期限内作出，并不得对要约作出实质性变更。

(3) 要约的生效时间

关于要约的生效时间，不同的国家采取的立法体例并不一致，有的国家采取发信主义，有的国家采取到达主义。我国合同立法借鉴了《联合国国际货物买卖合同公约》的规定，采取了到达主义，即要约到达受要约人时生效。

(4) 要约的撤回和撤销

要约的撤回，指要约人在要约发生法律效力之前，使其丧失法律效力的意思表示。要约可以撤回，但撤回要约的通知应当在要约到达受要约人之前或者与要约同时达到受要约人。

要约的撤销，指要约已发生法律效力之后，受要约人未作出承诺之前，要约人欲使其丧失法律效力的意思表示。要约可以撤销，撤销要约的通知应当在受要约人发出承诺通知之前到达受要约人。虽然要约原则上可以撤销，但有下列情形之一的，要约不得撤销：① 要约人确定了承诺期限或者以其他形式表明要约不可撤销的；② 受要约人有理由认为要约是不可撤销的，并且已经为履行合同做了准备工作。

(5) 要约的失效

要约的失效，是指要约丧失其法律效力。要约失去效力后，要约对要约人和受要约人均不再有约束力。有下列情形之一的，要约失效：① 拒绝要约的通知到达受要约人；② 要约人依法撤销要约；③ 承诺期限届满，受要约人未作出承诺；④ 受要约人对要约的内容作出实质性变更。

2. 承诺

(1) 承诺的概念及特征

承诺是指受要约人在有效期间内完全同意要约内容的意思表示。在商业活动及对外贸易中，承诺常又称为"收盘"或"接盘"。它是合同订立的重要环节，特征为：承诺应是由受要约人作出的；承诺方式应符合要约的要求；承诺的内容应当与要约的内容一致；作为有效承诺的要件之一，承诺应当在要约确定的期限内到达要约人。

(2) 承诺的生效

承诺生效时合同成立，所以承诺生效的时间在交易中是非常关键的。承诺通知到达要约人时，承诺生效。承诺不需要通知的，根据交易习惯或者要约的要求作出承诺的行为时生效。

(3) 承诺的撤回

承诺的撤回是指受要约人做出承诺后，为阻止其发生法律效力的一种意思表示。我国《合同法》第27条规定："承诺可以撤回，撤回承诺的通知应当在承诺通知到达要约人之前或者与承诺通知同时到达受要约人。"

要约与承诺，是订立商务合同的两个主要程序，但不是全部程序。有的商务合同须报上级机关审核的，待审核批准后才能成立。有的商务合同经当事人协商实行签证或公证的，须待签证或公证后才能成立。

背景资料 8-1

合同签证怎样进行

合同签证，是指国家法定机关——工商行政管理部门本着合同当事人自愿的原则，对经济合同的合法性、真实性进行审查并予以证明的一项制度。它可以及时地纠正合同中未依法律法规签订的合同条款或显失公平的合同，利用行政手段强行制止违反合同和利用经济合同进行诈骗的行为，保证合同顺利实施，减少纠纷。

合同签证需提供下列材料：

① 当事人的经济合同文本；② 营业执照正本或副本；③ 签订经济合同的法定代表人或委托代理人资格证明；④ 其他有关证明材料（如建筑合同还需技术资格证明等）。

合同签证的内容包括以下方面。

(1) 是否具有主体资格，即是否为平等民事主体的法人、其他经济组织、个体工商户、农村承包经营户。

(2) 内容是否合法，即合同是否符合法律法规之规定，标的是否为国家限制流通物。当事人双方（或多方）权利、义务是否明确，表述是否准确，文字是否清晰，包括不能有错别字，合同的几大要素是否具有（标的数量和质量，价格或酬金，履行的期限、地点及方式，违约责任，解决纠纷的方式等）。

(3) 代理人的资格审查（法定代表人的委托书及其更换的时间、范围、内容等是否符合法律法规之规定）。

(4) 资信证明（注册资金和信誉程度的证明）。

签证后的经济合同有签证机关（工商部门）的印章、签证人的签名，工商部门还会对通过签证的经济合同发给《经济合同签证书》，对不坚持原则任意签证给当事人代带损失的，要追究签证人的责任。

3. 合同的成立

(1) 合同成立的时间

根据《合同法》的规定，承诺生效时，合同成立，但当事人采用合同书形式订立合同的，自双方当事人签字或盖章时，合同成立。

(2) 合同成立的地点

根据《合同法》的规定，承诺生效的地点为合同成立的地点。采用数据电文形式订立合同的，收件人的主营业务地为合同成立的地点；没有主营业务地的，其经常居住地为合同成立的地点。当事人另有约定的，按照其约定。当事人采用合同书形式订立合同的，双方当事人签字或者盖章的地点为合同成立的地点。

8.2.2 商务合同的拟定与审核

1. 合同文本的起草

当谈判双方就交易的主要条款达成一致意见后，就进入合同的起草阶段，自然就提出由谁起草合同文本的问题。一般来讲，文本由谁起草，谁就掌握主动。因为口头上商议的东西要形成文字，还有一个过程，有时仅仅是一字之差，意思则有很大区别。起草一方的主动权在于可以根据双方协商的内容，认真考虑写入合同中的每一条款，斟酌选用对己方有利的措辞，安排条款的顺序或解释有关条款，而对方对此则毫无思想准备。因此在谈判中应重视合同文本的起草，尽量争取由己方起草合同文本。即使做不到这一点，也要与对方共同起草合同文本。

2. 合同文本的审核

关于合同文本的审核应从两个方面考虑，如果文本使用两种文字撰写，则要严格审核两种不同文字的一致性；如果使用一种文字撰写，则要严格审核合同文本与协议条件的一致性。核对各种批件，包括项目批文、许可证、用汇证明、订货卡等是否完备以及合同内容与各种批件内容是否一致。

这种签约前的审核工作相当重要，因为常常发生两种文本与所谈条件不一致的情况。审查文本务必对照原稿，不要只凭记忆阅读审核。同时要注意，合同文本不能太简约。啰唆固然不好，过于简约的弊端更多。散文的简约可以给读者造成想像的空间，合同的简约往往只会造成空子，前者是文学的美，后者则是经济的亏了。

当审核中发现问题时，应及时互相通告，并调整签约时间，使双方互相谅解，避免因此而造成误会。对于文本中的问题，一般指出即可解决。有的复杂问题需经过双方主持人再谈判，对此思想上要有准备。不过态度要注意，对不当的地方，自然应明确指正，以信誉相压，不可退却；否则，对方会得寸进尺，全面反扑，争取更多条件。过去未明确的问题，或提过但未认真讨论，或讨论未得出统一结论的问题，可耐心再谈。能统一则统一，不能统一又非原则性的问题可删去。

3. 合同主体、客体以及合同签订过程的审查

由于合同是具有法律效力的法律文件，因此签订合同的双方都必须具有签约资格；否则，合同主体不合格，所签订的合同书就无效。因此，签约时必须对合同的主体进行严格的审查。同时，商务合同客体必须合法，即合同的交易对象、交易范围以及交易程序都应符合国家的有关法律、法规，都是政策所允许的。另外，合同的签订过程必须合法，即合同的签订过程必须具有合法的形式和完备的手续。对于口头形成的商务合同，必须即时清结；对于不能即时清结的商务合同，必须采用书面形式。为了确保合同的有效成立，签订合同时手续必须完备。凡是依法须由主管部门批准或者履行必要的手续才能签订的商务合同，必须报经批准或者履行必要手续后才能签约。

8.2.3 合同签订中有关问题的处理

在商务谈判中，必须十分重视合同的签约，不仅要严肃、认真地讨论合同的每一条款，还要慎重地对待合同签订的最后阶段。因为在合同的敲定阶段，每一个漏洞都可能影响合同的实际履行，造成无可挽回的损失。

特别在商务合同起草、签订过程中，往往可能会出现一些新情况、新问题。① 谈判当时未涉及的一些细节，在合同拟定时必须详细加以说明，如果这些说明不涉及有关各方的重大利益，双方均易于接受；否则，就可能重开谈判，慎重处理有关问题。

② 口头谈判时或因自己考虑不周，或因对方施展的策略未能识透，当时已作出某些承诺，而当口头谈判转为书面表述时，往往认识已经深化，头脑开始清醒，此时对关系各方利益的一些新问题，会引起新的争议和洽商。③ 谈判的某一方或双方因外部环境的影响（如汇率变动、价格暴跌），往往对前期谈判中的口头承诺在签约时寻找各种借口或托辞，企图改变以前的承诺，重新调整相关关系等。对此，谈判人员应当冷静妥善地进行处理，要审时度势，权衡利弊，找出问题的症结所在并对症下药，还要把握时机，当机立断。

8.3 商务合同的履行及维护

8.3.1 商务合同的履行

1. 合同的履行

合同的履行是指合同生效后，双方当事人按照合同的约定或法律的规定，全面地、正确地履行自己所承担的义务。

（1）合同的履行原则

合同的履行原则是指合同的双方当事人正确、适当、全面地完成合同中规定的各项义务的行为。具体的原则有：

① 实际履行的原则；
② 全面履行的原则；
③ 协商履行的原则；
④ 诚信履行的原则。

违反合同履行的原则，当事人一般应当承担违约责任。

（2）合同履行的基本规则

商务合同生效后，当事人就质量、价款或者酬金、履行地点等内容没有约定或者约定不明确的，可以协议补充；不能达成补充协议的，按照合同有关条款或者交易习惯确定；按照上述规定仍不能确定的，适用下列规定。

① 质量要求不明确的，按照国家标准、行业标准履行；没有国家标准、行业标准的，按照通常标准或者符合合同目的的特定标准履行。

② 价款或者报酬不明确的，按照订立合同时履行地的市场价格履行；依法应当执行政府定价或政府指导价的，按照规定履行。

③ 履行地点不明确，给付货币的，在接受货币一方所在地履行；交付不动产的，在不动产所在地履行；其他标的，在履行义务一方所在地履行。

④ 履行期限不明确的，债务人可以随时履行，债权人也可以随时要求履行，但应当给对方必要的准备时间。

⑤ 履行方式不明确的，按照有利于实现合同目的的方式履行。

⑥ 履行费用的负担不明确的，由履行义务一方负担。

⑦ 执行政府定价或政府指导价的，在合同约定的交付期限内政府价格调整时，按照交付时的价格计价。逾期交付标的物的，遇价格上涨时，按照原价格执行；价格下降时，按照新价格执行。逾期提标的物或者逾期付款的，遇价格上涨时，按照新价格执行；价格下降时，按照原价格执行。这一规则同时也体现了对违约方的制裁。

（3）合同履行中的抗辩权

抗辩权相对请求权而言，指在商务合同中，一方当事人享有的依法对抗对方要求或否认对方权利主张的权利。履行抗辩权包括同时履行抗辩权、后履行抗辩权和不安抗辩权。

① 同时履行抗辩权。指当事人互负债务，没有先后履行顺序的，应当同时履行；一方在对方未履行前，有拒绝对方请求自己履行合同的权利。

② 后履行抗辩权。指合同中应当先履行义务的一方当事人未履行时，对方当事人有拒绝其请求履行合同的权利。

③ 不安抗辩权。指合同中应当先履行债务的当事人有证据证明对方不能履行债务或者有不能履行债务的可能的情形存在时，在对方没有提供担保或履行前，有中止履行合同债务的权利。

（4）合同的保全制度

合同的保全制度是指法律为防止因债务人财产的不当减少给债权人债权带来危害，允许债权人对债务人或者第三人行使代位权或者撤销权，以保护其债权的制度。合同保全制度主要包括两种保全方法，即债权人的代位权与撤销权。

① 代位权。指因债务人怠于行使其到期债权，对债权人造成损害的，债权人可以向人民法院请求以自己的名义代位行使债务人的债券的权利，但该债权专属于债务人自身的除外。

② 撤销权。撤销权是指债权人对债务人滥用其处分权而损害债权人的债权的行为，请求人民法院撤销债务人的处分行为。

2. 合同的变更与转让

合同变更是指合同有效成立以后、履行完毕之前，由双方当事人依据法律规定的条件和程序对合同内容进行修改和补充。合同变更除合同内容变更外，还包括合同主体的变更，即合同转让。合同的转让是指当事人将依据合同享有的权利或者承担的义务，全部或部分转让给第三人的行为。

3. 合同的权利、义务终止

合同的权利、义务终止，即合同关系的消灭。《合同法》第91条规定，有下列情形之一的，合同的权利、义务终止：债务已经按照约定履行；合同解除；债务相互抵消；债务人依法将标的物提存；债权人免除债务；债权债务同归于一人；法律规定或者当事人约定终止的其他情形。

8.3.2 商务合同争议的处理

1. 违约责任

违约责任指违反合同的责任，是当事人因违反合同义务而依法应当承担的责任。其实质是对合同有效性的维护。认定合同当事人的违约责任必须在客观上具备4个条件：

① 当事人有违反合同义务的行为；
② 当事人的违约行为并非因不可抗力所致；
③ 违反合同义务的行为已经造成损失；
④ 在违反合同的行为和有关损失之间存在因果关系。

承担违约责任的形式主要有以下两种。

① 违约金。即法律规定或者合同约定的，一方当事人一旦违反合同义务便应当向对方支付的金钱。违约金带有对违约人的经济处罚和对受损失方予以补偿的性质。

② 赔偿金。即由违反合同义务的当事人对于因自己违反合同义务给对方造成的损失，以支付金钱的方式来予以补偿。被用于赔偿损失的金钱称为赔偿金。

2. 争议的处理方法

商务合同的履行过程中，由于市场主体之间的利益总是存在不一致，经济权利义务之间可能会发生冲突，从而导致各种权益纠纷的产生，即商务合同的争议。商务合同争议的处理方式主要有协商、调解、仲裁和诉讼4种。

（1）协商

合同纠纷的协商是指在经济合同发生纠纷时，由双方当事人在自愿、互谅的基础上，按照《合同法》以及合同条款的有关规定，直接进行磋商，通过摆事实、讲道理，取得一致意见，自行解决合同纠纷。通过协商解决商务合同纠纷，不必经过第三者，既可以免伤和气，避免事态扩大，也可以节约时间、精力和费用，同时也有利于双方当事人继续保持经济合作关系。

（2）调解

调解是指如果当事人双方通过协商未达成一致，任何一方均可向合同管理机关等申请调解，通过对当事人进行说服教育，促使当事人双方相互让步，并以双方当事人自愿达成合同为先决条件，达到平息争端的目的。调解通常有行政调解和司法调解两种形式。通过调解方法使问题得到恰当解决，是合同管理机关解决经济合同纠纷的基本方法。它与仲裁明显的区别是：调解不能强制当事人接受解决方法，它只能通过建议、方案或利用调解人的威信促使当事人接受某种解决方法。

（3）仲裁

仲裁又称公断，是指发生纠纷的当事人达成协议，根据所达成的协议内容，自愿将纠纷提交非司法机构的第三者居中判断，并做出对争议各方均有约束力的裁决的一种纠纷解决制度。仲裁既具有一定的灵活性，又有法律强制性，它是使用非常广泛的解决争议的一种方法。

（4）诉讼

当事人没有在商务合同中订立仲裁条款，事后又没有达成书面仲裁协议的，可以向人民法院起诉。可见，诉讼是解决商务合同纠纷的最终手段。所谓诉讼，是指合同纠纷当事人依民事诉讼程序向人民法院起诉，请求人民法院运用审判程序来解决商务合同纠纷的一种方法。

8.4 涉外商务合同与国际惯例

8.4.1 涉外商务合同的特殊性

涉外商务合同是我国的企业或其他经济组织同外国的企业、其他经济组织或个人之间，在进行经济合作和贸易往来中为实现一定的经济目的、明确相互之间的权利义务关系、通过协商一致而共同订立的协议。涉外商务合同因其"涉外"而有其特殊性，具体表现在以下3个方面。

① 它涉及合同双方当事人所属国家的经济法规和对外经济贸易政策。两国企业之间的经济是受两国对外经济贸易政策的影响与制约的，任何企业都不能违背本国政府制定的对外经济贸易政策；同样，任何企业或经济组织，都必须遵守所在地国家的法律制度。

② 它引起当事人双方所属国家的经济权益关系。两国企业之间的经济往来关系是两国之间经济关系乃至外交关系的一部分，它使得资源在两国之间发生流动，从而影响两国的经济利益。

③ 它导致了司法管辖权以及法律适用选择的问题。在涉外商务活动中，当事人国家的法律对商务活动都有一定的管辖权，它们之间往往需要分清各自的范围，以及确定在冲突情况下如何调整解决。

8.4.2 涉外商务合同的重点条款

涉外商务合同的结构与普通的商务合同是一样的，但在合同条款中确有一些不同。与普通商务合同相比，涉外商务合同应该特别注意以下条款。

1. 价格条款

单位国际贸易中的价格条款不仅涉及货物的长距离运输、外国货币的使用，还要反映买卖双方在交货过程中所承担的责任、风险和费用。因此，在价格条款中，一般使用固定的价格术语。

2. 装运条款

实际上，在价格术语中已经包括了由谁承担运输责任，装运条款只是将运输中的一些具体事项明确化，主要应订明运输方式、装运日期、装运港和目的港、滞期费的支付以及装运工具的提供和装运单证等。其中，装运日期尤为重要，如果卖方不能在规定时间内装运，买方有权拒收货物。

3. 保险条款

这是国际商务合同中很重要的一项条款，它主要包括由谁负责投保和支付保险费用，以及投保的险别与保险的金额和赔偿责任等内容。保险条款的规定方法同合同所采用的价格术语有着直接的联系。在按 FOB（离岸价）和 CFR（到港价）条件成交时，由于保险由买方自行负责，保险条款也比较简单，一般只原则性地规定：保险由买方负责。但在 CIF（到岸价）条件成交时，保险条款就必须订得明确、具体。

4. 结算条款

此条款亦称为支付条款，是指合同中有关买方支付货款的各个条文，主要规定支付手段、支付方式和支付时间、地点等内容。

5. 商检条款

由于检验与索赔往往连在一起，因而合同中的检验条款常与索赔条款合在一起。它规定买方何时、何地、通过何种机构、以何种方法对货物进行检验，以及拒收货物或提出索赔的权利。

6. 法律适用条款

根据各国法律和有关国际条约的规定，合同当事人可以根据意思自治原则选择合同所适用的法律，即法律适用选择。这些法律可以是当事人的本国法，可以是第三国法，也可以是国际条约或国际惯例。所谓法律适用选择，主要是指采用何国法律来解释合同或者合同中的某些特定条款。合同签订的地点与合同适用的法律有关，当某个合同没有规定选择的法律时，一旦因合同产生争议，即可以依照惯例适用合同缔结地法律。因此，在我国企业与外商订立涉外商务合同时，应尽力争取在中国境内订立。[①]

8.4.3 国际规则及惯例

1. 国际规则

国际规则主要由国际条约构成，国际条约是国家间缔结的确定、变更或终止相互权利义务关系的协议。现在适用得最广泛的国际规则莫过于 WTO 规则。我国加入 WTO 后，对任何经济组织和个人来说，应该遵守的 WTO 规则不仅仅是乌拉圭回合达成的协议文本，还包括我国加入 WTO 的承诺，这些都是具有约束力的规则。WTO 规则中规定和确认当事人的权利、义务等实体问题的内容主要包括 3 部分：货物贸易规则、服务贸易规则、与贸易有关的知识产权规则；另外还有用以保证当事人的权利和义务得以实施的有关程序，包括争端解决规则与程序、贸易政策审议机制。

专栏 8-1

WTO 的争端解决机制

WTO 的争端解决机制共有 6 个程序。（1）磋商程序。贸易争端发生后，当事成员方政府就此问题进行贸易谈判，达成一致意见。（2）斡旋、调解与调停程序。如果谈判没有达成共识，争端双方选择中立第三方（如世界贸易组织总干事）在世界贸易组织框架内进行斡旋、调解与调停程序。（3）专家组程序。调解无效的情况下，成立专家组提出调查处理方法。（4）上诉程序。WTO 的争端解决机制中有一个七人组成的常设上诉小组，专家组的工作报告出来后，争端一方如有不同看法，可以上诉重新

---

① 郭芳芳. 商务谈判教程：理论·技巧·实务 [M]. 上海：上海财经大学出版社，2006：4.

进行审议。(5) 执行程序。WTO 规定已通过的专家组和上诉机构报告，有法律效力，并具有报复性惩罚措施，当事方应予执行。(6) 仲裁程序。若一方仍然反对，可以提出仲裁。

资料来源：毛燕琼. WTO 的争端解决机制问题与改革. 北京：法律出版社，2010.

2. 国际惯例

在国际商务活动中，经常需要引用国际惯例的规定。所谓国际惯例，是指在长期的普遍的国际商务实践中形成的习惯做法，它常常表现为一些约定俗成的成文或不成文的规章。国际惯例虽然是"不成文的"，但它确实构成了国家间谈判磋商的依据。通常，国际惯例大体上形成于以下 3 种情况。

① 国家之间的外交关系，表现于条约、宣言、声明、各种外交文书等。
② 国际机构的实践，表现于决议、判决等。
③ 国家内部行为，表现于国内法规、判决、行政命令、社会习俗等。

以上 3 种构成了国际惯例的证据。当然，依据国际惯例进行谈判，情况是非常复杂的，必须灵活运用。

实例 8-2

刘先生本科毕业后就职于某大型公司的销售部，工作积极努力，成绩显著，不久升任销售部经理。一次，公司要与美国某跨国公司就开放新产品问题进行谈判，公司将接待安排的重任交给张先生负责，张先生为此也做了大量的、细致的准备工作，经过几轮艰苦的谈判，双方终于达成协议。可就在正式签约的时候，客方代表团一进入签字厅就拂袖而去，是什么原因呢？原来在布置签字厅时，张先生错将美国国旗放在签字桌的左侧。项目告吹，张先生也因此被调离岗位。中国传统的礼宾位次是以左为上，右为下，而国际惯例的座次位序是以右为上，左为下；在涉外谈判时，应按照国际通行的惯例来做；否则，哪怕是一个细节的疏忽，也能会导致谈判功亏一篑，前功尽弃。

在国际商务活动中，采用国际惯例主要有两方面的作用：一是把国际商务活动中的一些做法逐步加以统一，这有利于方便国际商务活动的进行，减少或避免纠纷，发生了纠纷也较易于处理；二是可以补充合同的法律规定之不足，对有些合同和法律中均未作明确规定的事项，就可以引用国际惯例的规定来处理。

但应当指出的是，由于国际惯例不是各国的共同立法，也不是一国的法律，因而在未经国家认可的情况下不具有法律的约束力。国家认可国际惯例的方式有两种。

① 直接认可。即将某一国际惯例的内容直接纳入本国的法律规范中。
② 间接认可。允许谈判者协议是否接受某一国际惯例。如果在涉外商务合同中双方当事人确认了以某个国际惯例为原则，那么它就具有了法律效力。

我国法律明确规定，我国法律及我国缔结或者参加的国际条约没有规定的，可以适用国际惯例。因此，当双方在某个问题上发生争议时，如果法律没有明确的规定，可以以国际惯例为准判断是非，解决纠纷或争议。

8.4.4　合同、法律和国际惯例三者之间的关系

涉外商务活动既是一种经济行为，又是一种法律行为。涉外经济合同的洽商、订立和履行，都必须符合有关的法律规范，才能得到法律的承认和保护。这里所说的法律规范，既包含各有关国家的法律，也包含有关的国际条约和公约，还包含有关的国际贸易惯例。

关于涉外商务合同、法律和国际贸易惯例三者之间的关系，可以扼要概括为以下3条。

① 凡在依法成立的合同中明确规定的事项，应当按照合同规定办理。

② 如果合同中没有明确规定的事项，应当按照有关的法律或国际条约的规定来处理。

③ 如果合同和法律中都没有明确规定的事项，则应当按照有关的国际惯例的规定来处理。

关键术语

合同种类　合同文本　合同条款　合同审核　合同履行　违约责任
要约　承诺　抗辩权　代位权　撤销权　保全制度　协商　调解
仲裁　诉讼　涉外商务合同　国际规则　国际惯例

复习思考题

1. 商务合同有什么特征？
2. 商务合同的结构是怎样的？包括哪些主要条款？拟定这些条款时应注意什么问题？
3. 商务合同的订立程序是怎样的？
4. 为什么必须重视合同的审核？如何做好合同审核？
5. 合同履行的原则和基本规则主要有哪些？
6. 合同权利、义务终止的情形有哪些？
7. 合同争议有哪几种处理方式？各有什么特点？
8. 涉外商务合同有哪些特殊性？与普通的商务合同相比，其哪些条款应该特别注意？
9. 合同、法律和国际贸易惯例三者之间的关系是怎样的？

案例与训练

【案例 8-1】

谈判中的合同文本复核[①]

日本甲公司为向中国乙公司出售一条成套的电子产品生产线,已在东京与北京之间往返四五次,历经 4 个多月了。由于求成心切,甲公司谈判组全体人员全力以赴,加班加点,及时提供了中方所需的各种资料。好不容易把技术方面的问题解决了,价格条件的谈判又陷入胶着之中。甲公司原以为只要服务好、供货全,中方应在价格上放松些,没想到中方谈判组是"一码说一码",把两者分得清清楚楚。这么做,甲公司人员也只好认同,耐下心来与中方人员周旋。无奈价格条件中水分较多(有的是甲公司故意隐藏的利润,有的让中方紧追不放),使谈判紧张辛苦。

尽管价格谈判很艰苦,但中日双方谈判人员均清楚:双方必须成交。所有的问题均在寻找"成交点"。为使谈判结果对己方更有利,双方均小心翼翼地前进,谈判的进展自然很慢。但日方上层领导对谈判组提出了要求,中方企业项目主人也有些着急,两种因素促使日方谈判组提出:增加谈判时间,一鼓作气解决谈判分歧。对这个建议中方谈判组自然不反对。于是双方谈判人员加大了谈判力度,连续三天从粗到细,使不少分项交易内容的价格达成协议,最后仅剩设备价格存在分歧。由于设备有 150 多套,价格合理性不同,中方采取分类谈判价格的方式,而日方也只好相随,客观上谈判量加大了许多,直到周末也未谈完。日方为了早日结束谈判,又建议加班,作为主人的中方谈判组出于礼貌,也为了早日结束谈判,同意加班,但希望日方能客观听取意见,诚意解决问题。周末加班对谈判促进不小,上午、下午各有收获,设备价格差距也因不同工序的设备价格改善,逐渐拉近双方距离,这种谈判形势使双方均受到鼓舞。在下午结束谈判、日方谈判组离开中方会议室时,又建议晚上到其所住宾馆继续谈判,以"趁热打铁",中方谈判组欣然同意。

晚八点钟双方准时在日方谈判组下榻的饭店会议室重开谈判。尽管双方热情很高,态度友好,可是价格立场一点也不含糊,时间在相互的解释中一分一秒地过去了。眼看过了深夜 12 点,有人已开始疲惫、烦躁,这时双方主谈人提议双方休息 15 分钟后,认真拿出最后意见来。15 分钟后,恢复谈判时,日方主谈首先抛出了日方意见。该方案表明其又让了一大步,但离中方要求还差 100 多万美元。中方也让了一步,但双方差距还有 50 多万美元,这下子双方谈判人员僵住了,这 50 多万美元的差距怎么解决?

日方主谈是个资深的公司专务,年龄比中方主谈大,他先慢悠悠地表述了一通遗憾之情,再把他们所做的努力归纳一遍,又把中方的理由复述了一遍,最后很礼貌地把球踢给中方主谈,问:"中方意下如何?还有挽救的余地没有?"中方主谈也在想怎么处理目前的情况。最着急的是中方谈判组的企业代表,他是项目主人,成交后合同才能签,才能最终报项目,但又不好意思当着日方人员的面表露出着急的情绪。他写了个纸

[①] 资料来源:丁建忠. 商务谈判教学案例[M]. 北京:中国人民大学出版社,2005.

条给中方主谈：建议双方去研究怎么办后再谈。中方主谈采纳了这个建议，向日方主谈表示："我赞同您所作的小结。目前双方均有困难，能否克服这个困难呢？我建议双方再研究一下。"日方主谈感到有一丝希望，马上答应。这次休会双方均认真对待，各自研究了半个多小时，才恢复会谈。这回中方的方案主要是由企业提出，该方案仔细分析了全线生产设备和装置后，选出一部分可由中国供货的设备由中方自己负责，以减少价格差距20多万美元，仍要求日方降价20多万美元，从而解决目前的价格分歧。中方主谈让企业代表详细解释了供货调整的原因，重申该方案充分表达了中方的合作诚意，希望日方接受。

  日方也拿出了新方案，他们的新方案是再降8万美元，即50多万美元差距让8万美元。主要理由是他们已做了巨大努力，再降价实在有困难。日方表示对于中方的方案很乐意考虑，因为中方减货使差距明显缩小。但20多万美元的纯降价要求与8万美元的降价条件仍然相差十几万美元。不过无论如何，所有参加谈判的人员均看到了希望。问题是这10多万美元的差距怎么解决？

  双方主谈又回到本已谈完的技术指导费、培训费、技术费、工程设计费上。中方认为有些部分还有调整的余地，中方可以配合，但供货部分，日方也还有不合理之处应予以改正。中方把谈判的焦点指出后，双方即进入细节谈判。先在指导、培训费上进行服务量的研究，看有否减少的可能，然后看在工程设计任务分配上可否再调整，以减少费用支出。虽然这些讨论很琐碎，却有效果，双方差距有所减少，不过量仍不够。最后双方又回到供货上，这部分价值约500万美元。日方建议再减少供货内容。中方不同意，认为应降价。谈判又开始加快节奏，争了一阵后，谁也说服不了谁，会议室空气很紧张。中方人员不说话了，日方主谈看中方不说话了，也觉得不好收场。

  沉默了一阵子后，中方主谈先开口："我认为贵方缺乏诚意，这么大的交易，却为10多万美元纠缠这么久，让我很失望。"这下日方主谈松了一口气，他马上应道："诚意不是问题，问题是认识与能力。"中方主谈说："我方已做了很多努力，与贵方共同解决问题。总不能要求贵方自己的问题也由我方解决吧！明明设备价存在问题，贵方一听我方说贵，就让减去该设备，这算什么态度？"日方主谈针对中方主谈的埋怨又解释了一阵，会议室的紧张空气才算渐渐松弛下来。可问题怎么解决呢？中方主谈决定这回应由日方提出方案。在气氛平和后，他把话丢给日方主谈："我方意见很明确了，贵方看怎么办吧！"这回，轮到日方主谈沉默了。过了一会儿，他的助手递给他一个纸条，他仍没说什么。中方主谈看着日方主谈，时而扫一眼日方谈判组其他成员，似乎在说："这可不怪我，这是贵方主谈的事。"终于，日方主谈欠了欠身，不紧不慢地以试探的口吻对中方主谈说："刚才仔细想了想贵我双方的条件，我认为双方均做了很大努力，实事求是地讲，目前差距不大。既然分歧不大，绝不能为此而让谈判破裂。"听到这儿，双方人员脸上掠过一丝笑容。"不过，这个分歧不应只由日方一方解决，还是要由双方解决。""您这是什么意思，请具体讲。"中方主谈疑惑地说道。日方主谈回答："具体建议就是贵方再减几万美元的货，我方再降几万美元的价。"中方主谈一脸严肃地看着日方主谈，双方人员被中方主谈严肃的脸部表情弄得又紧张起来。过了一会儿，中方主谈站起来说："好吧！"日方主谈马上伸过手来相握。

  谈判结束了，此时已到凌晨4点。日方人员在伸了几个懒腰后，躺在沙发上就睡着了。中方主谈让谈判组人员检查了一遍合同文本及附件，发现没有什么遗漏之处，才起身离开饭店会议室。看到日方人员已入睡，就不辞而别了。

一个月后，双方互换打印的合同文本，并组织签字仪式。两个月后，双方互相通报政府对合同审批的结果，合同也自互相通报后正式生效。三个月后，日方开始备货。这时中方收到日方传真，称："合同的供货附件清单中，有十几台设备应减去而没有减。"中方回复："不可能。因为谈判过程中，多次调整价格与供货范围，别的都减了，为什么这十几台设备会没减呢？目前状态应是讨价还价的结果、互相让步的结果。贵方不能后退。"日方又来电称："当时的谈判很艰苦，到了次日凌晨，双方达成协议后，我方人员都睡觉了，没与贵方全面核对供货内容，才造成目前局面。"中方回复："这不是理由，因为双方签合同是在一个月以后，而双方报政府审批是在两个月以后，贵方这一觉睡得也太长了吧！这个理由不充分。"

日方派人到中方公司来交涉。讨论中，中方认为："商务谈判与合同文本谈判在最后阶段是同步进行的，各种条件进退是互相的。就是这十几台设备，价值不过20来万美元，远比我方要求的降价数低。我方只当是贵方的让步。"日方认为："解决分歧的过程十分复杂，日方没能及时清点合同文本，有过失，但从谈判过程来讲实应去掉。"各有各的理。最后中方提出："目前的交易条件及供货内容均已正式签合同生效，报政府批过，已具法律效力，怎么能说句'因为睡觉而漏审'就修改呢？"

日方代表承认给中方添麻烦了，仍坚持清单中有该调整而未调整的设备。中方直说："目前日方所提问题实属利益问题。不论由什么原因造成，从法律角度讲合同文本已正式签署并生效。作为利益的平衡，可以商量双方如何解决的办法。"日方自知理亏，也只好顺着中方的调子谈："实质是利益问题。日方目前多付出了20多万美元的代价，难以接受。"中方指出："我们以为谈判早已结束，贵方现在提出的问题，绝不可能由我方一方单独解决。为了保证合同的顺利履行，我方可以协助贵方解决问题。"日方代表听到中方松动的信息，十分感激，连声感谢中方的体谅与配合态度，并希望中方说说具体方案。中方主谈提出了两个具体方案，请日方选择：一是将日方核出的十几台设备减去，同时成交价下调10几万美元（依成交价计算，相当于这些设备价的一半价）；二是不减这十几台设备，合同成交价增加10几万美元（亦即这些设备价的一半价）。对中方的建议，日方代表十分感谢，因为这是中方最终的不可谈判立场，日方代表希望请示国内后再回复中方。第二天，日方代表来电，表示同意中方的第二方案。

问题：为什么"合同条款成文后的审核与复核要严"？在此案例中，日方谈判人员有何失误？双方人员又应如何对合同文本的所有部分进行审核？

附录 A 试 卷 一

总分	题号	一	二	三	四	五
	题分	28	12	20	20	20
	得分					

一、单项选择题（每小题 2 分，共 28 分）

在下列每小题的四个备选答案中选出一个正确答案，并将其字母标号填入题干的括号内。

1. 在商务谈判中，双方地位平等是指双方在（　　）上的平等。
   A. 实力   B. 经济利益
   C. 法律   D. 级别

2. 价格条款的谈判应由谈判小组中的（　　）承担。
   A. 法律人员   B. 商务人员
   C. 财务人员   D. 技术人员

3. 在国际商务谈判中，有两种典型的报价战术，即西欧式报价和（　　）。
   A. 中国式报价   B. 日本式报价
   C. 东欧式报价   D. 中东式报价

4. 评价商务谈判成败的标准是（　　）。
   A. 取得最大经济利益   B. 谈判目标的实现程度
   C. 双方关系改善的程度   D. 付出的成本大小

5. 谈判中，双方互赠礼品时，西方人较为重视礼物的意义和（　　）。
   A. 礼物价值   B. 礼物包装
   C. 礼物类型   D. 感情价值

6. 商务合同争议的处理方式中，哪种处理方式既具有一定的灵活性，又有法律强制性，是使用非常广泛的一种方法？（　　）
   A. 协商   B. 调解   C. 仲裁   D．诉讼

7. 你在报纸上看到一则出售房屋的广告，广告中要求有意购买者亲自去面谈。但是当你亲自出面时，却发现对方并非出售者本人，而是他指定的代理人。这种情况下，你该怎么办？（　　）
   A. 指责对方缺乏诚信，拂袖而去
   B. 坚持与卖主本人谈判
   C. 问该代理人是否为全权代理
   D. 以边谈边看的方式与代理人进行谈判

8. 你手头有一批货物可供外销。你认为若能卖到 100 000 美元，则感到十分满足。某外商提议以 200 000 美元的现汇购买这批货物，此时，你最明智的做法是什么？（　　）

A. 毫不犹豫地接受该客商的建议
B. 告诉他一星期后再作答复
C. 跟他讨价还价
D. 还价 150 000 美元

9. 卖方对某成套设备的最低可接纳水平定为 620 万元，但他开价 720 万元，这表示他在整个谈判过程（假定整个过程分成四个阶段）中，他最大的减价数额为 100 万元。下面是四种让步方式，你认为哪一种较好？（　　）
　A. 13-22-28-37　　　　　　　　B. 25-25-25-25
　C. 83-17-0-0　　　　　　　　　D. 43-33-20-6

10. 对老客户或大批量购买的客户，为巩固良好的客户关系或建立起稳定的交易联系，可适当实行价格折扣。请问这是哪种报价策略？（　　）
　A. 心理价格策略　　　　　　　B. 价格分割策略
　C. 报价的时机策略　　　　　　D. 差别报价策略

11. 巴黎地铁公司的广告是："每天只需付 30 法郎，就有 200 万旅客能看到你的广告。"请问这是哪种报价策略？（　　）
　A. 心理价格策略　　　　　　　B. 价格分割策略
　C. 报价的时机策略　　　　　　D. 差别报价策略

12. 如果与你谈判的是由几方组成的联盟，你的对策是要使联盟的成员相信，你与他们单个之间的共同利益要高于联盟成员之间的利益。这是（　　）。
　A. 虚张声势策略　　　　　　　B. 各个击破策略
　C. 制造竞争策略　　　　　　　D. 最后通牒策略

13. "我没有权力批准这笔费用，只有我们的董事长能够批准，但目前他正在国外。"推销人员的这种说法属于哪种谈判策略？（　　）
　A. 权力极限策略　　　　　　　B. 政策极限策略
　C. 财政极限策略　　　　　　　D. 先例控制策略

14. 谈判过程中，对方实际上并不存在竞争对手，但谈判者仍可巧妙地制造假象来迷惑对方，以借此向对方施加压力。这是谈判策略中的哪种策略？（　　）
　A. 软硬兼施策略　　　　　　　B. 制造竞争策略
　C. 虚张声势策略　　　　　　　D. 最后通牒策略

二、名词解释（每小题 3 分，共 12 分）

15. 软式谈判法

16. 模拟谈判

17. 软硬兼施策略

18. 诡辩术

三、简答题（每小题 5 分，共 20 分）

19. 谈判活动具有哪些一般特征？

20. 什么是主谈人？什么是辅谈人？二者关系如何？

21. 跨文化谈判成功的基本要求有哪些？

22. 在商务谈判中，怎样促成协议的最后缔结？

四、论述题（每小题10分，共20分）

23. 论述在谈判开局阶段如何建立良好的谈判气氛。

24. 在商务谈判中，谈判者应遵循哪些基本原则以便有效地规划现实的谈判行为？

五、案例分析题（每小题10分，共20分）

25. 果园里的谈判

一家果品公司的采购员来到果园，问："多少钱1斤？"

"四块。""三块行吗？"

"少一分也不卖。"目前正是苹果上市的时候，这么多的买主，卖主显然不肯让步。

"商量商量怎么样？""没什么好商量的。"

"不卖拉倒！死了张屠夫，未必就吃混毛猪！"几句说呛了，买卖双方不欢而散。

不久，又一家公司的采购员走上前来，先递过一支香烟，问：

"多少钱1斤？""四块。"

"整筐卖多少钱？""零买不卖，整筐四块1斤。"

卖主仍然坚持不让。买主却不急于还价，而是不慌不忙地打开筐盖，拿起一个苹果在手里掂量着，端详着，不紧不慢地说："个头还可以，但颜色不够红，这样上市卖不上价呀。"接着伸手往筐里掏，摸了一会儿摸出一个个头小的苹果：

"老板，您这一筐，表面是大的，筐底可藏着不少小的，这怎么算呢？"

边说边继续在筐里摸着，一会儿，又摸出一个带伤的苹果：

"看！这里还有虫咬，也许是雹伤。您这苹果既不够红，又不够大，有的还有伤，无论如何算不上一级，勉强算二级就不错了。"

这时，卖主沉不住气了，说话也和气了："您真的想要，那么，您还个价吧。"

"农民一年到头也不容易，给您三块钱吧。"

"那可太低了……"卖主有点着急，"您再添点吧，我就指望这些苹果过日子哩。"

"好吧，看您也是个老实人，交个朋友吧，三块二毛1斤，我全包了。"

双方终于成交了。

请问,为什么第一个买主遭到拒绝,而第二个买主却能以较低的价格成交?请从谈判策略上进行分析。

26. 你看中了一间房子,地点非常理想,想租下来,对方开价1 500元,你觉得这房子只值1 200元,而你打算出1 000元。

从下面四种方案中,选择你认为最佳的方案,陈述你的理由,并指出其他方案的不足之处。

(1) 告诉对方1 500元简直是个天文数字,你还价700元。
(2) 告诉对方你出的价格太高,马上走开。
(3) 向对方询问出价1 500元的理由。
(4) 让对方讲述出价1 500元的理由,并告诉对方,根据市场情况,价格应在1 000元左右。

附录 B 试 卷 二

总分	题号	一	二	三	四	五
	题分	28	12	20	20	20
	得分					

一、单项选择题（每小题 2 分，共 28 分）

在下列每小题的四个备选答案中选出一个正确答案，并将其字母标号填入题干的括号内。

1. 商务谈判的核心内容是（　　）。
   A. 成本　　　　B. 价格　　　　C. 时间　　　　D. 利益

2. 谈判首席代表是（　　）。
   A. 谈判负责人　　　　　　　　B. 陪谈人
   C. 主谈人　　　　　　　　　　D. 企业经理

3. 你奉命前往各地拜访客户并争取订单。甲地的客户说"你们的报价太高"；乙地的客户说"你们的订价不切实际"；丙地的客户则告诉你"经销你们的产品赚头太少"，你碰了这些钉子以后怎么办？（　　）
   A. 立即致电工厂，说明现行价格政策很可能有毛病，希望领导马上考虑更动
   B. 按原计划继续拜访客户及争取订单
   C. 致电工厂要求削价
   D. 致电工厂要求加强对客户的促销

4. 某单位采购人员正向你厂采购某种车床，他表示希望买一台 12 万元的车床，但他的预算只容许他购买价格不超过 11 万元的车床，此时你怎么处理？（　　）
   A. 向他致歉，表示你无法将该车床的价格压低到他预算所允许的范围内
   B. 运用工厂给你的权力，为他提供特优价
   C. 请他考虑购买价格较低廉的其他型号车床
   D. 表示研究后再给他答复

5. 你是某饮料厂的销售科长，正与某客户磋商供应汽水事宜。该客户要求你厂的汽水每打必须削价 1 元，否则他就改买其他饮料厂不同品牌的汽水。该客户每年向你厂采购汽水 8 000 万打，面对他的要求，你的做法是（　　）。
   A. 礼貌地拒绝他　　　　　　　B. 接纳他的要求
   C. 提出一个折中的解决办法　　D. 表示你可以考虑

6. 你正准备对有意向你购买客车渡轮的客商报价，你的报价方式将是（　　）。
   A. 在报价单上逐项列明船体、主机、客舱等的详细价格
   B. 在报价单上只粗略地将整船分为若干部分，并标出每一部分的价格
   C. 只报以整船价格，避免分项标价

D. 既报整船价格，又报各部分的详细价格

7. 对某些需求弹性较小的商品，适当实行高价。这是哪种报价策略？（   ）
   A. 心理价格策略   B. 价格分割策略
   C. 报价的时机策略   D. 差别报价策略

8. 告示中说"一袋去污粉能把1 600个碟子洗得干干净净。"这是属于（   ）。
   A. 心理价格策略   B. 价格分割策略
   C. 报价的时机策略   D. 差别报价策略

9. "如果答应了你的要求，对我们来说等于又开了一个先例，今后我方对其他客商就必须提供同样优惠，这是我方无法负担的。"推销员这种说法属于（   ）。
   A. 权力极限策略   B. 政策极限策略
   C. 财政极限策略   D. 先例控制策略

10. 谈判中，先用苛刻的虚假条件使对方产生疑虑、压抑、无望等心态，以大幅度降低对手的期望值，然后在实际谈判中逐步给予让步。这是（   ）。
    A. 软硬兼施策略   B. 制造竞争策略
    C. 虚张声势策略   D. 最后通牒策略

11. 你是汽车制造厂商。你最近与一客户经过了艰难的谈判，最后终于达成协议。但在签订协议书之前，该买家又提出了一个最后要求：汽车要漆成红、白两色。这两种颜色正好是你心中准备将要使用的颜色，面对这种"额外"要求，你该怎么办？（   ）
    A. 告诉他必须付额外费用   B. 告诉他可以按他的要求办
    C. 问他这两种颜色对他有何重要性 D. 要求重新谈判

12. 对新客户，有时为开拓新市场适当给予折让。这是哪种报价策略？（   ）
    A. 心理价格策略   B. 价格分割策略
    C. 报价的时机策略   D. 差别报价策略

13. 谈判者以退为攻，用中止谈判等理由来迫使对方退让。这是（   ）。
    A. 软硬兼施策略   B. 制造竞争策略
    C. 虚张声势策略   D. 最后通牒策略

14. 谈判中不免遇到一种锋芒毕露、咄咄逼人的谈判对手。他们以各种方式表现其居高临下、先声夺人的挑战姿态。对于这类谈判者，较好的应对策略是（   ）。
    A. 吹毛求疵策略   B. 积少成多策略
    C. 各个击破策略   D. 疲劳战术

二、名词解释（每小题3分，共12分）

15. 非零和博弈

16. 制造竞争策略

17. 互补式让步

18. 一揽子交易

三、简答题（每小题 5 分，共 20 分）

19. 什么是成功的商务谈判？

20. 谈判活动中如何坚持"客观标准的原则"？

21. 你认为报价时应遵循什么原则？

22. 在商务谈判中，为了阻止对方进攻，你可以采用哪些策略？

四、论述题（每小题10分，共20分）

23. 试述软式谈判法、硬式谈判法、原则型谈判三种谈判方法的基本内涵，并说明在选择或运用时要考虑到哪些制约因素。

24. 如何理解"把人与问题分开"这一谈判原则？如何处理谈判中"人的问题"？

五、案例分析题（每小题10分，共20分）

25. 背景内容：甲乙双方就某种产品交易价格进行谈判。目前的市场价格为100元，卖方甲在制定谈判价格目标时认为，自己产品的销售价格至少不低于该市场价格，但凭借品牌优势，争取加价10%，以110元价格成交。

问题：对于卖方而言：
(1) 110元属于哪一种目标价格？
(2) 此种谈判目标确定后有什么作用？
(3) 此种谈判目标会带来什么风险？
(4) 如何实施这一谈判目标？

26. 阅读下列案例。

美国某公司商务主管赫本·柯思初次受命谈判，他雄心勃勃地坐上飞机，到东京去进行为期14天的谈判。

赫本虽做了大量准备工作，可一下飞机却坠入"友好而有礼貌"的隆重接待之中。

日本人为他提供周到、舒适的服务，甚至热情地帮助他学习日语。闲谈中日本人问他："你是要按时坐飞机回去吗？我们好安排车送你返回机场。"这时他心中暗想："考虑得多周到啊！"赫本不假思索地伸手从口袋里拿出回程机票给日本人看，好让他们知道什么时候送他。可是，他当时并没有察觉到日本人已知道了他的"死线"（赫本后来幽默地把截止期限称为"死线"）。尽管如此，日本人仍不及时开始谈判，反而继续派人陪同他去"体验日本文化"。一个多星期的时间，让赫本尽兴旅游了整个国家。每天晚宴及"余兴"节目，都在4小时以上。

赫本时常焦急地督促日方快快谈判，日方却总是说："不忙，还有很多时间，时间足够用。"最后，到了第12天谈判才正式开始。这一天的下午，日本人有意拉他一起去打高尔夫球，使谈判早早休会。第13天谈判重新开始，但由于饯行晚宴的关系，谈判很早又结束了。最后到第14天，亦即按预期将离开东京的最后时间，这时仍在继续谈判，正当谈判进行到关键时刻，等候送赫本去机场的轿车已停在门外。为了不耽误计划行程，赫本只得同日本人草草讨论条件，并赶在轿车开动时完成了交易。不言而喻，这一次谈判以日方获胜而结束。这给赫本以极深刻的教训。

根据案例，分析谈判者在谈判行程安排方面应注意哪些问题。

参 考 文 献

[1] 樊建廷,干勤. 商务谈判[M]. 大连:东北财经大学出版社,2008.
[2] 王军旗. 商务谈判:理论、技巧、案例[M]. 北京:中国人民大学出版社,2014.
[3] 郭芳芳. 商务谈判教程:理论·技巧·实务[M]. 上海:上海财经大学出版社,2012.
[4] 李成建,左建辉,朱臣. 新编经济法学[M]. 北京:北京工业大学出版社,2004.
[5] 李扣庆. 商务谈判概论:理论与艺术[M]. 上海:东方出版中心,1998.
[6] 李昆益. 商务谈判技巧[M]. 北京:对外经济贸易大学出版社,2007.
[7] 李品媛. 现代商务谈判[M]. 大连:东北财经大学出版社,2005.
[8] 刘昊. 商务谈判与技巧[M]. 西安:西安地图出版社,2002.
[9] 刘园. 国际商务谈判:理论、实务、案例[M]. 北京:对外经济贸易大学出版社,2001.
[10] 马克态. 商务谈判:理论与实务[M]. 北京:中国国际广播出版社,2004.
[11] 马宗连. 商务谈判与推销技巧[M]. 大连:东北财经大学出版社,1998.
[12] 毛国涛. 商务谈判[M]. 北京:北京理工大学出版社,2006.
[13] 潘肖珏,谢承志. 商务谈判与沟通技巧[M]. 上海:复旦大学出版社,2012.
[14] 商立刚,易湘君,罗晓斐. 实用经济法教程[M]. 北京:北京工业大学出版社,2005.
[15] 石永恒. 商务谈判精华[M]. 北京:团结出版社,2003.
[16] 实用文库编委会. 实用谈判技法大全[M]. 北京:电子工业出版社,2008.
[17] 孙庆和. 实用商务谈判大全[M]. 北京:企业管理出版社,2000.
[18] 孙绍年. 商务谈判[M]. 北京:北京交通大学出版社,2007.
[19] 王德新. 商务谈判[M]. 北京:中国商业出版社,1996.
[20] 吴金法. 现代推销理论与实务[M]. 大连:东北财经大学出版社,2002.
[21] 颜宏裕. 绝佳谈判术[M]. 北京:经济管理出版社,2004.
[22] 杨群祥. 商务谈判与推销[M]. 大连:东北财经大学出版社,2005.
[23] 张炳达,满媛媛. 商务谈判实务[M]. 上海:立信会计出版社,2007.
[24] 张春法,崔新有. 推销技巧与商务谈判[M]. 成都:西南交通大学出版社,1995.
[25] 张昊民. 管理沟通[M]. 上海:上海人民出版社,2008.
[26] 章瑞华. 现代谈判学[M]. 杭州:浙江大学出版社,1995.
[27] 赵国柱. 商务谈判[M]. 杭州:浙江大学出版社,2000.
[28] 周庆. 商务谈判实训教程[M]. 武汉:华中科技大学出版社,2007.
[29] 周琼,吴再芳. 商务谈判与推销技术[M]. 大连:东北财经大学出版社,2005.
[30] 周晓琛,张晓月,辛天. 商务谈判理论与实战[M]. 北京:中国水利水电出版社,2004.

[31] 周忠兴. 商务谈判原理与技巧 [M]. 南京：东南大学出版社，2003.
[32] STANTON N. 商务交流 [M]. 北京：高等教育出版社，1998.
[33] 尼尔伦伯格. 谈判的艺术 [M]. 曹景行，陆延，译. 北京：中国人民大学出版社，2008.
[34] 道森. 优势谈判 [M]. 重庆：重庆出版社，2009.
[35] 列维奇. 谈判学：阅读、练习与案例 [M]. 北京：中国人民出版社，2006.
[36] 朱春燕，陈俊红，孙林岩. 商务谈判案例 [M]. 北京：清华大学出版社，2011.
[37] 陈文汉，徐梅. 商务谈判实务 [M]. 北京：清华大学出版社，2014.